本书为国家社会科学基金一般项目
"公务员去职行为实证研究"（编号：14BZZ055）的研究成果

新时代公共管理丛书

# 公务员去职行为
# 与去职意向实证研究

AN EMPIRICAL STUDY ON TURNOVER BEHAVIOR
AND TURNOVER INTENTION OF CIVIL SERVANTS

李永康　薛　博　著

社会科学文献出版社
SOCIAL SCIENCES ACADEMIC PRESS (CHINA)

# 摘　要

党的十八大以来，新一届中央领导集体提出并实施了许多执政新理念和新思路，特别是 2013 年以来陆续推出了一系列禁令，规范公务员的公务行为，从而引发了对"公务员不好当"以及"新一轮公务员去职潮即将到来"等问题的讨论。去职是公务员的一项权利和个人行为，但是公务员去职意向高而去职率低则会影响其服务公众的态度和质量。面对这一问题，本研究采用实地访谈、问卷调查、统计分析等实证研究方法，从公务员队伍的去职现状出发，分析已去职公务员的行为，在此基础上重点关注在职公务员，通过构建公务员去职模型分析公务员的去职意向及其影响因素，从而提出针对性措施减少其去职行为。

本研究通过实证研究获得以下三个方面的结论。

第一，我国公务员的去职率较低，平均每年为 0.1% 左右，公务员队伍非常稳定，但公务员去职正在成为人才流动的正常现象，公务员"出口"基本畅通。

第二，对 286 份已去职公务员的调查样本分析后发现：一是男性公务员去职较多，工作 5~10 年的公务员去职较多；二是公务员去职的主要原因是薪酬偏低、个人遇到更好的发展机会；三是公务员去职后的主要去向是企业和自己创业；四是保留公务员人才的建议有积极沟通、呼吁各方关注、领导和高层重视、提高薪酬福利待遇等，而薪酬、晋升、考核、"三公"等制度是去职公务员认为政府在留住人才方面需要改进的主要方面。

第三，笔者采用 2046 份公务员有效调查样本对公务员去职模型进行检验，通过 AMOS 分析软件构建结构方程模型进行分析，得出如下结论。

一是影响公务员去职意向的主要因素是晋升机会、职业成长机会、工作压力、绩效考核、分配公平性、过程公平性、上司支持、转换成本、政治经济形势、退出倾向、工作参与度和积极感情等。内生变量工作满意度和组织承诺对公务员去职意向影响的绝对值较大。这些因素在公务员去职管理中值得重视。二是两组调节变量的存在及其价值为：价值观在结构化变量对去职意向的影响中存在调节作用，可以强化正面效应、抑制负面效应；工作自主权、上司支持和同事支持在工作压力对去职意向的影响中存在调节作用，可以减少工作压力。三是保留公务员人才的策略为：适当增加公务员去职的"转换成本"；实施家庭友好政策，帮助公务员落实亲属责任；注重培训的针对性；分类管理"退出倾向"强的公务员；加强对公务员的理想信念和职业荣誉感教育，培养积极情感；在政治生态的净化中推进中国式关系在公共领域中转型为契约型和平等型关系；制定"内外兼修"的人力资源管理政策，塑造公务员的公共服务精神；适时增加报酬并注重分配的公平性；积极落实职务职级晋升规定，实现公务员"双梯制"晋升；采取有效措施，合理减小公务员工作压力；重视绩效考核的"前因后果"，科学运用考核结果；提升公务员的社会支持获取能力；注重对公务员的工作满意度和组织承诺的培养，强化人性化管理。

**关键词：公务员 去职行为 去职意向 人才保留 人才流动**

# 目　录

# 第一章 绪论

本研究所说的公务员去职是指公务员辞去公职，学术界也称（主动）离职，是指公务员依照法律、法规规定，根据自己的意愿申请终止与政府机关任用关系的行为。公务员去职后，不再具有公务员身份。它是公务员辞职制度（包括辞去公职和辞去现职）的一种形式，是公务员享有的一项权利。

党的十八大以来，党和政府加大了从严治理官员的力度，加之部分公务员对新情况新问题产生不适，公务员队伍出现了去职意向和去职行为增加的现象。基于这种情况，本研究通过问卷调查和深度访谈等实证方法，掌握公务员去职意向和去职行为的最新趋势，为畅通公务员"出口"和留住人才提出有针对性的对策建议。

## 第一节 研究问题的提出

国外对公务员辞职（Civil Servants Resignation）的学术研究不多，但对广义上的雇员离职（Employee Turnover）的研究较多。首先，学者们认为雇员主动离职（Voluntary Turnover）等同于辞职，并且多围绕主动离职开展研究。Moriarty 和 Field 的研究总体上同意职员主动离职等同于去职，包括官员，并认为职员的去职会导致人力资源招聘、培训等成本增加，新入职人员工作效率低和组织士气降低等问题。[1] 韩国 Kwon 等学者的定量研究认为，主动离职和组织绩效之间的关系可以通过离职所发生的组

---

[1] Moriarty, A. R., Field, M. W., *Police Officer Selection*, *Springfield* (IL: Thomas, C. C., 1994).

织环境得到调节。① 雇员离职的研究方法和结论对开展公务员去职研究具有借鉴意义。

其次，国外对于雇员离职（等同于我们研究的去职）的理论模型研究起步较早，发展至今已形成较为成熟的模型。例如：1958 年的 March 和 Simon 的雇员离职模型；1977 年的 Price 雇员离职决定因素及中介变量模型；1979 年的 Mobley 中介链模型；1981 年的 Steers 和 Mowday 离职动因模型；1983 年的 Sheridan "尖峰突变" 模型；1994 年的 Lee 和 Mitchell 雇员离职展开模型；2000 年的 Price-Mueller 离职模型等。② 其中 2000 年的 Price-Mueller 离职模型兼收并蓄，较为成熟。该模型中的因变量是去职意向；自变量分别是环境变量（机会和亲属责任）、个体变量（一般培训、工作参与度和情感变量）、结构化变量（工作自主权、分配公平性、工作压力、薪酬、晋升机会、工作单调性和社会支持）；中介变量有工作满意度、组织承诺、工作寻找行为。③ 上述模型的研究主体是企业员工的离职问题，但雇员主动离职与公务员去职总体上具有相似性，因此可以借鉴各种雇员离职模型尤其是 Price-Mueller 离职模型的研究成果来建构公务员去职模型。

最后，近 10 年来以公务员为主体的去职实证研究逐步增多。Kim 和 Soonhee 研究政府 IT 雇员去职意向对人力资源管理的影响，结果显示晋升和发展机会、培训与开发、管理通信系统、薪酬满意度和家庭友好政策等都是影响政府 IT 雇员去职意向的重要变量。④ Huffman 等使用 5505 个美国陆军军官样本，评估四年来配偶职业支持在多大程度上影响职员工作满意度和离职行为，结果表明，配偶职业支持降低了离职的可能性。⑤ Wynant 和

---

① Kwon, K., Chung, K., Roh, H., Chadwick, C., Lawler, J. J., "The Moderating Effects of Organizational Context on the Relationship between Voluntary Turnover and Organizational Performance: Evidence from Korea," *Human Resource Management* 51 (2012): 47–70.

② 张勉：《企业雇员离职意向模型的研究与应用》，清华大学出版社，2006，第 16~17 页。

③ 张勉：《企业雇员离职意向模型的研究与应用》，清华大学出版社，2006，第 26~37 页。

④ Kim, Soonhee, "The Impact of Human Resource Management on State Government IT Employee Turnover Intentions," *Public Personnel Management* 2 (2012): 257–279.

⑤ Huffman, A. H., Casper, W. J., Payne, S. C., "How Does Spouse Career Support Relate to Employee Turnover? Work Interfering with Family and Job Satisfaction as Mediators," *Journal of Organizational Behavior* 2 (2014): 194–212.

lkwukananne 研究人力资源管理实践是否与组织公民行为和去职意向有关,多元回归分析的结果表明人力资源管理实践不能预测组织公民行为和离职意图。[1] 这些研究的结论可以与中国公务员去职情况进行比较。

国内对公务员辞去公职的研究始于改革开放。1984 年张伟呼吁国家借鉴各国人才去职的经验,建立适合中国国情的有法律保障的去职权利。[2] 1994 年王宝林呼吁对公务员进行离职审计。[3] 2000 年以后的研究重在分析去职的意义、出现的问题及对策。唐静认为去职打破了我国过去干部队伍中"能上不能下""能进不能出"的旧格局,有利于人尽其才、机构精简和行政效率的提高。[4] 李雪卿认为我国公务员去职存在以辞职代替辞退等避重就轻的问题,并提出应该严格遵循公务员辞职辞退制度的条件。[5] 李金认为公务员去职面临制度本身不完善和外部环境的双重挑战。[6] 骆立骞对广东省公务员去职状况进行调查,结果显示公务员去职率的高低与经济发展程度呈正相关。[7] 龙太江、博岚岚分析,公务员去职背后存在利益冲突,如"洗钱""权力兑付"等。[8] 高光宇通过比较《公务员辞去公职规定(试行)》与《公务员辞退规定(试行)》,认为公务员去职与辞退的区别是明显的。[9] 李永康的博士学位论文《中国公务员辞职及

① Wynant, W. B., lkwukananne, U., "The Relationship Between HRM Practices and Turnover Intentions: A Study of Government and Employee Organizational Citizenship Behavior in the Virgin Islands," *Public Personnel Management* 1 (2014): 58-82.

② 张伟:《青年人才流动与辞职权》,《上海青少年研究》1984 年第 12 期。

③ 王宝林:《建立国家公务员离职审计制度初探》,《中国审计信息与方法》1994 年第 3 期。

④ 唐静:《论中国公务员辞职、辞退制度》,《四川行政学院学报》2001 年第 3 期,第 18~19 页。

⑤ 李雪卿:《我国国家公务员辞职辞退制度存在的问题及对策分析》,《云南行政学院学报》2004 年第 2 期,第 76~78 页。

⑥ 李金:《新世纪推行公务员辞职辞退制度的挑战与创新》,《科技进步与对策》2004 年第 5 期,第 113~114 页。

⑦ 骆立骞:《广东省公务员辞职、辞退、开除状况进行调查》,《探求》2006 年第 5 期,第 36~39 页。

⑧ 龙太江、博岚岚:《公务员辞职后的利益冲突问题》,《探索与争鸣》2007 年第 6 期,第 38~41 页。

⑨ 高光宇:《完善辞职辞退制度 建立公务员正常退出机制》,《中国人才》2009 年第 17 期,第 9~11 页。

其管理研究》主要采用文献法和比较法，分析了公务员去职的基本概念和理论基础，中国官吏去职的历史沿革，当代中国公务员去职概况、去职管理及其问题，国外公务员去职管理及效果，最后提出完善我国公务员去职管理的对策体系。① 李永康和潘娜在论文《完善中国公务员辞职管理的三大机制研究》中提出完善中国公务员辞职管理的制度：衔接机制、压力机制和支持机制。② 但是这两篇论文所讨论的公务员辞职涵盖辞去公职和辞去领导职务的所有情况，并且由于时间和资金的限制，缺少问卷调查等实证数据的支撑，本研究专门对公务员去职意向和去职行为进行实证研究，是对公务员辞去公职（去职）内容的深入研究。

通过对国内外研究文献的梳理发现，国外的离职研究多集中在企业，对公务员的研究相对较少；国内的研究多停留在对公务员去职管理法规和去职现象的分析上，而笔者的前期研究也仍然是从定性的层面全面介绍公务员去职的类型、发展、演变及其存在的问题。国内外都缺少对公务员去职行为与去职意向的实证研究和深入探讨，本研究希望弥补这一不足。

## 第二节　研究意义

### 一　现实意义

党的十八大以来，新一届中央领导集体提出并实施了许多执政新理念和新思路，为推进从严治党，2013 年以来陆续推出了一系列禁令，规范公务员的公务行为，使得"公务员不好当"，并引发对公务员离职潮问题的讨论。去职是公务员的一项权利和个人行为，但是公务员去职意向高而去职率低则会影响其服务公众的态度和质量。面对这一问题，本研究采用规范的实证研究，为政府科学有效地疏通公务员"出口"和留住人才提供科学的对策建议。

---

① 李永康：《中国公务员辞职及其管理研究》，博士学位论文，中国人民大学，2013。
② 李永康、潘娜：《完善中国公务员辞职管理的三大机制研究》，2013 International Conference on Social Sciences Research（SSR2013）。

## 二 理论价值

研究雇员离职的实证模型较多，较为成熟，然而研究公务员去职的实证模型缺失。本研究希望通过借鉴 Price-Mueller 离职模型的经验，结合中国公务员去职的问题和特点，首先尝试构建中国本土化的公务员去职意向模型；其次通过对不同地区和部门的数据进行比较分析，尝试发现公务员去职的规律。

# 第三节 研究思路与方法

## 一 研究思路

本研究首先选取一些有代表性的公务员管理部门的干部和一般公务员进行访谈，收集、整理公务员的去职动态及在管理方面的初步问题。同时对已经去职的公务员进行追踪调查，由于已去职公务员人数不多，去向太广，因此本研究采取加入各种公务员辞职的微信群和 QQ 群的方式，对已去职公务员进行半开放式问卷调查（其中 5 个问题为开放式），分析影响公务员去职的主要因素。其次以 Price-Mueller 离职模型为基础，以前面的访谈结果和调查结果为依托，对 Price-Mueller 离职模型进行修正，确定公务员去职意向的相关变量；设计问卷（参考了张勉的问卷设计）；测试问卷的可信度和有效度；修正问卷中存在的问题；在正式调查阶段，共计发放 1400 份纸质问卷，同时通过问卷网进行网上在线调查，获得 5081 份数据；回收问卷并进行统计分析，汇报研究结果，如描述性结果，影响路径，直接、间接和总体效果值，中介效应，调节效应，差异性分析等。最后就研究发现进行深入讨论，从环境变量、个体变量和人力资源结构化变量角度提出针对性管理建议。因此本研究的逻辑是从公务员队伍的去职现状出发，分析已经去职的公务员行为，在此基础上把重点落在职公务员身上，通过去职模型分析公务员的去职意向及其影响因素，从而提出针对性措施管理其潜在的去职行为（见图 1-1）。

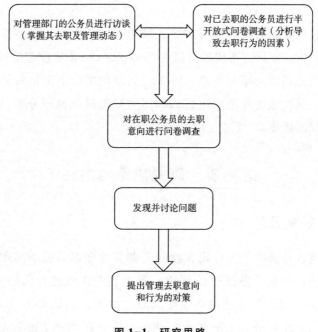

图 1-1  研究思路

## 二  研究方法

文献法。通过图书馆的各种数据库以及政府和人事部门网站收集和整理与研究相关的文献，紧跟国内外研究前沿，夯实研究基础。在本书写作期间，笔者还在美国佛罗里达大学访学一年，整理了关于美国公务员去职的大量文献资料。

问卷调查法。依据公务员去职意向的相关变量和模型设计公务员去职意向问卷。

定量分析法。采用 EXCEL、SPSS 和 AMOS 等统计软件对调查数据进行描述统计、假设检验、相关性分析和结构方程分析等。

访谈法。第一轮访谈：设计问卷和提出相关假设。第二轮访谈：在问卷调查的基础上，对公务员所在部门的管理者和相关公务员开展深度访谈，进一步验证问卷的信度和效度，同时发掘深层次问题及原因。

## 第四节　研究内容

本研究依据研究目的和研究思路，分十章展开，分别是：绪论、公务员去职的国内外文献述评、我国公务员去职现状及趋势分析、公务员去职行为实证分析、公务员去职意向的影响因素分析、公务员去职意向及其差异分析、结构化变量的调节效应检验、研究发现与讨论、畅通公务员流动的渠道与保留公务员的策略、研究不足与展望。

第一章　绪论。主要是提出研究问题，对其现实意义和理论价值进行分析，介绍研究思路和研究方法，提出研究的主要内容，并探讨可能存在的研究创新和不足。

第二章　公务员去职的国内外文献述评。本章首先对国外公务员去职的文献进行追踪和梳理，从中寻找研究方法、研究模型和思路的启示；其次对国内自改革开放以来的研究文献进行系统梳理，并总结之前研究的经验与存在的不足，从中逐步凝练研究问题与视角。

第三章　我国公务员去职现状及趋势分析。本章在调研的基础上，梳理自党的十八大以来，我国各地公务员去职的基本情况，从多重对比的角度发现，我国公务员的辞职率非常低，但存在一些基本的规律和趋势，如：公务员的辞职潮不会到来，但辞职已经成为正常现象。

第四章　公务员去职行为实证分析。本章分为两节，第一节介绍对各地各单位组织部门和人事管理部门以及部分公务员代表进行访谈的结果；第二节详细分析 286 份已去职公务员的调查样本，对公务员去职的态度、原因、离职后的去向、对管理部门的建议等内容进行梳理和总结。

第五章　公务员去职意向的影响因素分析。本章以 Price-Mueller 离职模型为基础，依据前面的调查分析发现，对模型进行中国化修订，提炼出 32 个变量，包括 1 个因变量（去职意向）、3 个中介变量和 28 个自变量。并对相关变量进行说明，根据模型图提出初步假设，对线上和线下获取的 2046 份有效问卷进行分析汇报，主要是进行描述性分析、相关性分析、结构方程分析（影响路径、效果值汇报和中介效应验证）。考虑到全书结构的合理性，本研究把人口变量的差异性分析和结构化变量的调节效应分单章进行分析。

第六章 公务员去职意向及其差异分析。依据本研究的最初假设，公务员的去职意向可能会在人口变量上存在明显差异，本章分别从性别、民族、年龄段、是否党员、学历、行政级别、日工作时间、单位层级、是否单身和有孩子等方面用单因素方差分析法来检验是否存在差异，并进行分析。

第七章 结构化变量的调节效应检验。本章主要验证 Price-Mueller 离职模型中提及的两类调节效应（交互效应）：第一类是结构化变量对工作满意度、组织承诺和去职意向的影响是否会受到个体对某个结构化变量价值观的调节作用；第二类是公务员工作压力的 4 个维度对工作满意度和组织承诺的影响是否会受到工作自主权和内部社会支持的调节作用。

第八章 研究发现与讨论。本章对前面的访谈和问卷的发现进行总结，并与前人的同类研究进行比较分析和讨论。为第九章的保留人才对策提供依据。

第九章 畅通公务员流动的渠道与保留公务员的策略。在本章，我们针对访谈调查发现提出对策建议。主要从两个方面展开：一是要充分认识到人才流动机制对民族复兴和国家经济发展的重要性，人才流动是国家战略和社会主义市场经济的需求；二是作为具体单位和部门，人才流动意味着人才流失，在人才竞争中吸引和留住人才是单位生存和发展的需要，结合环境变量、个体变量和结构化变量 3 个维度提出保留人才的具体建议。

第十章 研究不足与展望。主要分析研究不足及今后进一步研究的关注点。

# 第五节 研究创新

本研究虽然没有提出宏大理论设想，但希望通过科学的访谈和调查方法为公务员去职行为把脉，开出一剂有针对性的良方。

## 一 研究方法新

公务员去职问题在中国近 40 年里是一个阶段性的热门现象。因此从公共部门人力资源管理领域看，持续研究公务员去职行为的成果不多，采用实证研究方法进行研究的成果更少。本研究采用两套问卷进行实证研究。第一套问卷对已去职的公务员进行半开放式调查，了解他们对原工作的看法；去职的原因；对原工作最喜欢和最不喜欢的地方；对政府管理公务员去职的建议等。第二套问卷是基于 Price-Mueller 离职模型，在张勉的修订模板的基础上进行适合公务员特点的进一步修订，共涉及环境变量、个体变量、结构化变量 3 个维度 28 个自变量，工作满意度和组织承诺作为第一次中介变量，工作寻找行为作为第二次中介变量，观察自变量如何影响公务员去职意向。从已去职和在职公务员两类人群入手进行实证分析是本研究的一个亮点。

## 二　研究模型具有继承和创新的特点

Price-Mueller 离职模型在中国企业中的运用是比较早的，但是用公务员的样本进行完整的验证属首次。而且我们根据中国公务员的实际情况进行了修订，并根据实际情况放弃只用一个模型验证的思路，而采取环境变量模型、个体变量模型、结构化变量模型（不包含社会支持和工作压力）、社会支持和工作压力模型四个模型进行分析，模型与数据的匹配性较好。我们对路径进行了实事求是的修订，使模型更加符合中国公务员的实际情况。对 Price-Mueller 离职模型的运用不是单纯的"拿来主义"，而是有继承、发展和创新。

## 三　研究结论有新意

①在实证研究中发现晋升机会、职业成长机会、工作压力、绩效考核、过程公平性、上司支持、转换成本、政治经济形势、退出倾向、工作参与度和积极情感等变量对公务员去职意向的影响非常显著，绝对值较大。内生变量中工作满意度和组织承诺对公务员去职意向影响的绝对值较大。这些变量在管理中值得重视。

②发现了新的调节变量。除了发现 Price-Mueller 离职模型中提出的价值观在结构化变量对去职意向的影响中存在调节作用，以及工作自主权、上司支持和同事支持在工作压力对去职意向的影响中存在调节作用外，

还发现了公共服务动机在工作压力对去职意向的影响中存在调节作用，职业成长机会在公共服务动机对去职意向的影响中也存在调节作用。

③从对人口变量的差异性分析中有几点发现：一是经济发达地区的公务员去职意向高是因为机会多，而经济落后地区的公务员去职意向高是因为条件艰苦和收入偏低；二是51岁及以上年龄、21年及以上工龄、地厅级以上（含巡视员）的公务员去职意向分别在年龄、工龄和行政级别中排在前列，打破了传统的"七年之痒"的说法；三是公务员中的共产党员最稳定；四是最高学历、地厅级和最高收入群体的公务员去职意向高，说明他们的共同特点是机会多，无论在哪里，发展前景都不错；五是不同层级间公务员去职意向呈逐步上升趋势，中央机关单位的公务员因机会多，去职意向最高，县级单位的公务员因生活舒适而最稳定；六是加班越频繁、工作时间越长的公务员去职意向越高；七是普遍提高收入会带来公务员队伍的稳定。

# 第二章　公务员去职的国内外文献述评

本章梳理了国内外关于公务员去（离）职研究的主要文献，但是通过综述发现国内外对公务员去职问题的研究都比较薄弱，国内关于公务员去职的研究缺少连贯性、规范性和实证性。

## 第一节　公务员去职的国外文献综述

### 一　公务员去职文献的总体分布

#### （一）美国公务员去职文献分析

通过查阅文献发现，关于美国公务员离职的研究文献相对比较全面，笔者对20世纪80年代以来的19篇关于公务员去职或离职的文献进行梳理，对其研究变量、运用的数据来源、分析单元及研究结论进行梳理比较，为中国公务员去职研究提供参考（见表2-1）。

表2-1　美国公务员去职行为与去职意向研究主要文献

| 作者 | 自变量 | 因变量 | 数据与分析单元 | 研究结论 |
|---|---|---|---|---|
| 美国国会预算办公室（1986） | 联邦离职率 | 薪酬体系 | 联邦政府雇员离职（1960~1984）；联邦 | 报告包括三个部分：第一部分是介绍联邦公务员离职的原因及后果；第二部分是对联邦和非联邦雇员离职率的比较，主要包括与私有部门雇员离职率的比较，对较低的联邦雇员离职率的解释，以及与州政府雇员离职率的比较；第三部分是作 |

续表

| 作者 | 自变量 | 因变量 | 数据与分析单元 | 研究结论 |
|---|---|---|---|---|
| 美国国会预算办公室（1986） | 联邦离职率 | 薪酬体系 | 联邦政府雇员离职（1960~1984）；联邦 | 为评估薪酬体系的离职率，包括作为标杆的离职率、离职的代价以及人事管理① |
| Lewis（1991） | 一般职公务员 -控制变量：性别、年龄、服务年限、教育年限 | 联邦去职率 | 美国人事数据库（1973~1989）；个体 | 沃尔克委员会断言，由于为政府工作的相对工资和声望下降，美国联邦政府正在失去高素质的员工。这一说法是否正确？为了回答这个问题，Lewis查阅了1973~1989年的数千份联邦雇员人事档案。从表面上看，这一时期联邦白领的就业似乎"非常稳定"，这主要是受婴儿潮人口统计数据的影响。然而，他发现，在这种假象下"可能预示着未来的公务员会出问题"。在拥有丰富经验的联邦雇员中，或者在受过大学教育的雇员中，离职倾向有所上升。随着婴儿潮一代在10年后开始接近退休年龄，公务员的隐藏问题将变得更加明显。这给沃尔克委员会指出的"平静危机"留下了"发展政策应对的喘息空间"② |
| Selden 和 Moynihan（2000） | 失业率、工会、内部机会机构、薪酬、家庭友好政策（单位对孩子的关爱政策）、培训 -控制变量：地理区域及规模（年收入中等的州） | 离职率 | 1998年政府绩效项目、1999年全国州人事行政协会、州志、劳工部、美国统计局等的数据；州 | 这篇文章开发和测试美国州政府雇员主动离职模型。最明显的发现是有较好的儿童照顾场所的州，雇员离职的可能性较小；允许较多的内部流动机会的州政府的雇员保留较为成功。此外，工会回应性较好且工资较高的州雇员离职率较低③ |

---

① The Congress of the United States Congressional Budget Office, "Employee Turnover in the Federal Government," February 1986.

② Lewis, G.B., "Turnover and the Quiet Crisis in the Federal Civil Service," *Public Administration Review* 51 (1991): 145-155.

③ Selden, S.C., Moynihan, D.P., "A Model of Voluntary Turnover in State Government," *Review of Public Personnel Administration* 4 (2000): 63-74.

续表

| 作者 | 自变量 | 因变量 | 数据与分析单元 | 研究结论 |
|---|---|---|---|---|
| Kim（2005） | 职位特征（职业倦怠、角色清晰度、角色冲突）；工作环境（参与管理、资源）；人力资源管理（发展机会、培训与开发、薪酬与福利等的满意度）-控制变量：可获取的职位替代方案、性别、年龄、职业教育年限 | 去职意向（IT 部门雇员） | 联邦 IT 部门雇员调查（内华达州和华盛顿州政府，2003，美国）；个体 | 电子政府的扩张正在增加有效管理公共部门信息技术劳动力的复杂性和挑战性。调查问卷发送给在两个州政府核心 IT 部门工作的员工，分析他们的工作特点、工作环境和人力资源管理实践如何影响他们的离职意图。结果表明，工作倦怠、参与管理和晋升机会是影响政府 IT 部门员工去职意向的显著变量，而薪酬满意度并不是统计上的一个显著因素。最后为提高政府机构的 IT 员工留用率提供了建议① |
| Besich（2005） | 工作嵌入：组织适合性、组织牺牲和组织链接 | 自愿离职 | | 工作嵌入模型旨在研究比现有模型更好的自愿离职预测模型。工作嵌入包括组织适合性、组织牺牲和组织链接。这项研究的目的是双重的。第一个目的首先是对工作嵌入模型进行心理测量分析。对工作嵌入维度进行了探索性因素分析，揭示了由 5 个因素组成的综合模型。其次是采用验证性因素分析法分析该结构，评估第 1、3 和 5 因素模型结构。验证性因素分析法建立了该研究在后续分析中使用的 5 因素模型结构。该研究的第二个目的是比较工作嵌入模型与传统离职模型的预测能力② |

---

① Kim, S., "Factors Affecting State Government Information Technology Employee Turnover Intentions," *American Review of Public Administration* 35（2005）：137-56.

② Besich, J., "Job Embeddedness versus Traditional Models of Voluntary Turnover: A Test of Voluntary Turnover Prediction," *Unt Theses & Dissertations* 12（2005）：137-156.

续表

| 作者 | 自变量 | 因变量 | 数据与分析单元 | 研究结论 |
|---|---|---|---|---|
| Bertelli (2007) | 功能偏好（工作参与和内部激励）、和谐的工作场所、工作团队输出的质量、绩效不高问题、薪酬的质量、直接上司的水平、目标与评价管理回顾、上司对变化的接受程度、尊重领导的程度、合理的工作负荷、工作生活平衡度、基于绩效的晋升、高绩效的即时奖金、绩效反应评价、高绩效的激励性奖励、问责结果、影响效益变化的信息 -控制变量：性别、族裔 | 去职意向 | 2002 年美国联邦人力资本调查；个体 | 该研究采用新的统计策略，探讨政府服务人员去职意向的决定因素。为了正确衡量去职意向功能偏好的主要决定因素，作者使用美国联邦人力资本调查的数据设计了一个有序项目响应模型。选择这个样本是为了便于进行一个重要的比较：美国国税局（IRS）对监管者进行了基于绩效的薪酬改革，而货币监理署（OCC）——也是美国财政部的一个子单位——没有进行此项改革。去职意向模型结果显示功能偏好、和谐的工作场所是去职意向的重要决定因素，但责任感的增加与下属的离职率呈更高相关性。与没有此类激励措施的 OCC 同行相比，IRS 主管更不可能考虑离职[①] |
| Bright (2008) | 公共服务动机（PSM）、个人与组织的匹配度（P-O fit） -控制变量：年龄、族裔状况、性别、教育、具有在公共部门工作经验的年限 | 去职意向与工作满意度 | 美国印第安纳、肯塔基和俄勒冈等州的公共雇员调查；个体 | 公共行政学界的许多人假设公共服务动机对公共雇员的态度和行为有直接的积极影响。然而，在梳理挑战这一假设的 PSM 文献中存在不一致之处。这项研究试图找出个人与组织（P-O）匹配是否可以提供这些不一致的原因。具体地说，该研究探讨了员工满意度、工作满意度和去职意向之间的关系是否受到 P-O 匹配因素的调节。文章以公共机构的 205 名员工为样本，发现当考虑到 P-O 匹配时，PSM 与公务员的工作满意度和去职意向之间没有显著相关性[②] |

① Bertelli, A. M., "Determinants of Bureaucratic Turnover Intention: Evidence from the Department of the Treasury," *Journal of Public Administration Research and Theory* 17 (2007): 235-58.

② Bright, L., "Does Public Service Motivation Really Make a Difference on the Job Satisfaction and Turnover Intentions of Public Employees?" *American Review of Public Administration* 38 (2008): 149-66.

续表

| 作者 | 自变量 | 因变量 | 数据与分析单元 | 研究结论 |
|---|---|---|---|---|
| Lee 和 Whitford（2008） | 组织满意度、建言、忠诚度与薪酬 -控制变量：福利、培训、绩效晋升、身体条件、种族和性别 | 去职意向 | 2002 年美国联邦人力资本调查；个体 | 该文在公共劳动力组织自愿退出的情景下评估 Hirschman 的退出、建言和忠诚理论。具体来说，该文测试忠诚度和建言对一个人陈述离开意图的影响。统计发现对建言和忠诚度的看法限制了组织层次结构各个层次的退出。然而，对薪酬的不满也是有意离职的一个重要原因，这种影响对高管层员工来说是最大的。当强调基于薪酬的激励时，作者还展示了"激励拥挤"的证据① |
| Moynihan 和 Landuyt（2008） | -个体特征：首要挣钱方式、家庭规模、年龄、在得克萨斯州的年限、机构经历、教育、性别、种族； -职位特征：工作满意度、负荷、上司； -人力资源管理实践：工资、薪酬公平视角、福利、绩效晋升、家庭友好工作实践、多元化劳动力实践、雇员开发； -工作环境：组织忠诚度、授权和建言 | 去职意向 | 2004 年美国得克萨斯州政府雇员调查；个体 | 该文以得克萨斯州的一大样本雇员为研究对象，对其去职意向模型进行了实证研究。第一，研究结果支持生命周期稳定性假设，这表明年龄、经验和地理偏好降低了去职意向，这一影响与经济/家庭对初级工资收入者和大家庭成员的限制因素有关。第二，与之前的研究相反，女性明显不太可能陈述离职的意图。这一发现反映了劳动力参与模式的变化，以及公共部门为女性员工提供的特殊优势。第三，结果区分了三个维度的相对贡献：组织忠诚度、建言和授权。组织忠诚度和授权降低了去职意向，但建言不是一个重要因素。最后，该文对不同的人事政策进行了详细的测试，为多元化政策的实施提供了有效支持② |

① Lee, S. Y., Whitford, A. B., "Exit, Voice, Loyalty, and Pay: Evidence from the Public Workforce," *Journal of Public Administration Research and Theory* 18（2008）: 647-71.

② Moynihan, D. P., Landuyt, N., "Explaining Turnover Intention in State Government: Examining the Roles of Gender, Life Cycle, and Loyalty," *Review of Public Personnel Administration* 28（2008）: 120-43.

续表

| 作者 | 自变量 | 因变量 | 数据与分析单元 | 研究结论 |
|---|---|---|---|---|
| Moynihan 和 Pandey (2008) | 内部社会网络（同事的一致责任感、同事间的支持）、外部社会网络、个人与组织价值观的匹配度<br>-控制变量：工作满意度、年龄、职位年限、非营利状况 | 去职意向（短期和长期） | 2005 年美国东北部 12 个组织的调查；个体 | 该文研究了社会网络和价值一致性对公共和非营利员工去职意向的影响。作者认为员工存在于组织内外的社交网络中，这些网络塑造了员工的态度和行为。为了说明这一理论，他们使用了去职意向的概念。假设一个强大而积极的组织内部社会网络，其特征是与其他员工建立良好的关系，并对其他员工有义务感，从而使员工更可能留下。而一个强大的组织外部社会网络会增加员工必须离开的机会。研究结果为组织内部社会网络的作用提供了强有力的支持，但对组织外部社会网络的作用却相对较弱。研究结果还表明，在价值一致性方面，经历了强烈的 P-O 适应的员工更有可能提供长期承诺① |
| Choi (2009) | 种族差异、性别差异、年龄差异、管理差异、平等的雇员抱怨机会、工作满意度<br>-控制变量：规模、任期、性别、族裔、监管状况 | 去职意向 | 联邦人事数据库和 2004 年美国联邦人力资本调查；个体 | 研究发现，工作满意度在多元化管理和人口背景对员工去职意向的影响中起到部分中介作用。情景因素的调节效应有些含混不清。尽管有效的多样性管理能显著降低种族异质性群体的工作满意度，但对去职意向的影响并不显著。然而，对多样性的无效管理降低了不同种族机构的去职意向，这与作者的期望相反。结果表明，应控制更多的变量，以建立一种准确的模式来分析多样性和情景因素对离职的影响② |

① Moynihan, D. P., Pandey, S. K., "The Ties That Bind: Social Networks, Person Organization Value Fit and Turnover Intention," *Journal of Public Administration Research and Theory* 18 (2008): 205-227.

② Choi, S. J., "Diversity in the U. S. Federal Government: Diversity Management and Employee Turnover in Federal Agencies," *Journal of Public Administration Research and Theory* 19 (2009): 603-630.

续表

| 作者 | 自变量 | 因变量 | 数据与分析单元 | 研究结论 |
|---|---|---|---|---|
| Jung (2010) | 目标模糊性、薪酬满意度、内部人事关系、绩效晋升、政策差异、工作负荷满意度、福利满意度<br>-控制变量：组织规模、少数族裔的比率、女性的比率 | 去职率与去职意向率 | 2006 年美国联邦人力资本调查；机构 | 该研究通过使用组织实际离职率，将对公共行政部门，特别是对美国联邦政府的离职分析从个人层面扩展到组织层面。一些学者认为，公职人员的去职意向一般反映了实际的离职情况。然而，在公共行政部门，特别是在广泛的公共机构中，很少有实证证据支持这一论点。该研究通过显示组织实际去职率和加权去职意向率之间不显著或弱显著的相关性，否定了这一论点。此外，总体而言，组织实际去职和去职意向的两个回归结果也显示了与现有文献中关于个人层面去职意向的不同结果。组织实际去职率的重要预测因素是目标模糊性、薪酬满意度和多元化政策满意度。相关和回归结果表明，对去职预测因素的研究需要考虑使用不同分析单位可能产生的差异，并区分去职意图和实际去职行为[1] |
| Lewis (2010) | 多样性<br>-控制变量：年龄、教育、经验、职业等 | 离职率 | 联邦国内机构全职白领 1% 的人事记录样本；机构 | 作者用联邦国内机构全职白领 1% 的人事记录样本，分析了过去 3 个世纪教育、经验和年龄的增长情况。不断变化的职业组合——文职工作减少了 3/4，行政工作增加了一倍——促成了职业资格的提高，但每个职业类别的教育和经验水平都有所提高。当前的年龄和经验分布意味着未来十年的离职率将上升，这使得雇佣模式更加重要。作者证实了随着时间的推移，联邦新雇员的年龄、教育程度和多样性有多大变化，以及职业结构的变化的影响[2] |

---

① Jung, C., "Predicting Organizational Actual Turnover Rates in the U. S. Federal Government," *International Public Management Journal* 13（2010）：297–317.

② Lewis, G. B., "Turnover, Hiring, and the Changing Face of the Federal Service," *Social Science Electronic Publishing* 7（2010）.

续表

| 作者 | 自变量 | 因变量 | 数据与分析单元 | 研究结论 |
|---|---|---|---|---|
| Caillier (2011) | 工作满意度、员工绩效、公共服务动机、参与决策、任务贡献、奖励制度 | 去职意向 | 州政府雇员数据；个体 | 论文建立了一个模型来检验去职意向，并随后对州政府雇员进行了测试。该模型的结果有力地表明，高工作满意度和高绩效员工的去职意向较低。一方面，与预期相反，公共服务动机与员工去职意向呈正相关；另一方面，参与决策、任务贡献和公平的奖励制度与员工去职意向无关① |
| Lee 和 Jimenez (2011) | 基于绩效的奖励体系和绩效支持监督体系 -控制变量：工作关系变量（工作满意度、培训、工作职位、雇佣的年限、工资、工会成员）；社会人口统计变量（性别、年龄、种族） | 去职意向 | 2005 年美国绩效调查手册；个体 | 从承诺恢复公民对政府信心的改革战略，到产生意想不到的负面后果，绩效管理确实是公共行政领域一个有争议的话题。该研究探讨绩效管理实践如何塑造组织行为，特别是员工的工作去职意向。结果发现基于绩效的奖励体系和绩效支持监督体系与联邦雇员离开其机构的可能性降低有关。研究还讨论了这些发现的意义② |

---

① Caillier, J. G., "I Want to Quit: A Closer Look at Factors That Contribute to the Turnover Intentions of State Government Employees," *State & Local Government Review* 43 (2011): 110-122.

② Lee, G., Jimenez, B. S., "Does Performance Management Affect Job Turnover Intention in the Federal Government?" *The American Review of Public Administration* 41 (2011): 168-184.

续表

| 作者 | 自变量 | 因变量 | 数据与分析单元 | 研究结论 |
|---|---|---|---|---|
| Lee 和 Hong (2011) | 儿童保育补贴、家庭保育带薪休假、远程办公和替代工作时间表<br>-控制变量：薪酬满意度，培训满意度，环境条件满意度 | 离职率 | 2005 年和 2007 年美国联邦人事管理署发布的联邦人力资源数据，2004 年和 2006 年美国联邦人力资本调查；机构 | 当代社会交换理论预测，一个机构对特定的家庭友好政策的平均满意度与该机构的离职率呈负相关，但与整体绩效呈正相关。这个分析不同于一般的预期。只有儿童保育补贴对减少离职行为有积极的、显著的影响。儿童保育补贴和替代工作时间表对机构有积极和重大影响。具有讽刺意味的是，一个机构的远程工作安排的平均满意度被证实对绩效存在重要但消极的影响① |
| Cho 和 Lewis (2012) | 工资、联邦经历、年龄、教育、性别和种族 | 离职意向与离职行为 | 中央人事数据库 2005 年绩效原则调查；个体 | 分析显示，随着年龄和在联邦工作经验的增长，联邦雇员离职的概率低于高薪与其教育和经历相关的概率，高于受过良好教育的雇员的离职概率，与性别和种族的概率大体相同。对离职倾向而言，模型存在很大争议，我们应该谨慎运用离职倾向来推断离职行为。然而，对 2005 名议员的分析表明对于留住新员工来说，以绩效为基础的报酬和公平的绩效评价是至关重要的，但是仅有重要的内部动因能延缓高熟练员工退休② |

---

① Lee, S. Y., Hong, J. H., "Does Family-Friendly Policy Matter? Testing Its Impact on Turnover and Performance," *Public Administration Review* 71 (2011): 870-79.

② Cho, Y. J., Lewis, G. B., "Turnover Intention and Turnover Behavior: Implications for Retaining Federal Employees," *Review of Public Personnel Administration* 32 (2012): 4-23.

| 作者 | 自变量 | 因变量 | 数据与分析单元 | 研究结论 |
|---|---|---|---|---|
| Bertelli 和 Lewis (2013) | 特殊机构人力资本、外部选择机会、超于政策的相关影响 -控制变量：受访者的理想点、受雇佣的年限、受访者的年龄、退休的资格、独立委员会 | 去职意向 | 2007~2008 年政府服务的未来调查；个体（联邦行政机构） | 该文的模型提供了对员工人力资本、外部选择机会、政策影响和去职意向之间关系的重要洞察。一般而言，具有较高特殊性机构的人力资本的受访者不太可能表达去职意向，而那些具有较多外部选择机会的受访者更可能表达去职意向。这个模式的一个显著例外是，具有最高级别特殊性机构的人力资本的高管在有充足的外部选择机会时更可能表示有意离职。这意味着，特殊机构人力资本与一般人力资本有相关性，而那些离开联邦机构的行政人员是有能力的。有重大政策影响的机构的高管也不太可能离职① |
| Whitford 和 Lee (2015) | 退出（退休、联邦政府的内部流动、联邦政府的外部离职） -控制变量：性别、种族、年龄、薪酬、建言、忠诚度、组织满意度等 | 去职意向 | 美国联邦劳动力数据 | 使用 Hirschman 的退出、建言和忠诚理论来评估联邦雇员的离职意图。利用来自联邦劳动力的大规模调查证据，作者能够评估忠诚度、建言和其他因素（包括工资评估）对受访者退休、前往其他联邦机构或前往其他部门的可能性的影响。统计分析证实了对建言和忠诚度的看法限制了退出行为。然而，建言、忠诚度和薪酬的影响因退出选项而异② |

---

① Bertelli, A. M., Lewis, D. E., "Policy Influence, Agency-Specific Expertise, and Exit in the Federal Service," *Journal of Public Administration Research and Theory* 23 (2013): 223-45.

② Whitford, A. B., Lee, S. Y., "Exit, Voice, and Loyalty with Multiple Exit Options: Evidence from the US Federal Workforce," *Journal of Public Administration Research and Theory* 25 (2015): 373-398.

## （二）其他国家的公务员（慈善组织员工）去职文献分析

其他国家对公务员去（离）职的研究起步较晚，但近年来相关研究不断增加。

1. 韩国地方政府效率与公务员离职倾向

Campbell 等利用韩国公务员的大规模调查数据，考察了组织重视对地方政府效率的影响。结果表明，对效率的重视程度越高，员工的离职意图越强。然而，他们也发现了一些调节因素，认为个人的公共服务动机水平以及感知到的程序公正和创新氛围可以影响效率与离职意图的关系。因此，这些个人和组织层面的因素可以作为提高绩效需求的缓冲。同时他们还讨论了地方政府效率对公共管理的若干影响。[①]

2. 挪威地方政府高级公务员的绩效如何影响其薪酬和离职率

Geys 等在 1991~2014 年建立了一个独特的新数据集。研究结果表明，表现较好的高级公务员获得更高的薪酬，被替换的可能性较小。尽管如此，这些激励机制仍然没有按照理论的规定发挥作用。[②]

3. 比利时公务员离职意向

Waeyenberg 等的研究认为，为了最大限度地提高效率，公共组织应采用员工绩效管理（EPM）系统。尽管该研究在员工的绩效管理方面有了良好的结果，但仍不清楚其原因和条件。此外，EPM 系统甚至可能会产生额外的压力，从而增加人员流动的意向，并破坏公共组织追求效率最大化的努力。作者认为，当 EPM 系统始终如一地运行（即内部一致性），并且当它们将公务员的个人目标与组织的战略目标（即纵向一致性）联系起来时，公务员将不太可能离开组织。层次线性回归分析表明，内部一致性与提高对 EPM 系统的满意度和组织的情感承诺有关。垂直对齐（Vertical Alignment）与较低的离职意向有关。这种关系是由 EPM 系统满意度和情感承诺作为中介引起的。这些有助于我们理解 EPM 系统的

---

① Campbell, J. W., Im, T., Jeong, J., "Internal Efficiency and Turnover Intention: Evidence From Local Government in South Korea," *Public Personnel Management* 43（2014）: 259 - 282.

② Geys, B. et al., "Are Bureaucrats Paid like CEOs? Performance Compensation and Turnover of Top Civil Servants," *Journal of Public Economics* 6（2017）: 152.

发现可以带来有利的结果。①

### 4. 英国慈善组织员工去职意向

Camara 等认为，尽管近 25 年来对情商（EI）的研究主要集中在个体层面，但一些研究者提出了组织层面的情商理论和测量模型。他们借鉴早期的研究成果，将组织情商（OEI）界定为一个涉及共同规范和实践的组织氛围层面的构想，旨在研究员工对组织情商的感知与离职意向之间的关系。离职意向是实际离职的可靠指标，因此被认为是组织绩效的关键指标。前人的研究发现，组织情商作为一种氛围层面的构想与离职意向之间的关系为组织情感诉求（即整体声誉）和对高级管理层的信任两个因素所调节，以探索其他员工态度的中介作用，这些态度在传统上与组织氛围和个人层面的效率有关，即与工作满意度和情感承诺有关。他们通过对一家英国慈善机构的员工（$n=173$）进行调查，发现工作满意度和情感承诺均在组织情商对离职意向的影响中发挥中介作用。然而，大多数中介作用是通过工作满意度来实现的，而情感承诺的中介作用较弱，他们还讨论了在慈善机构中出现这种结果的潜在原因。该研究有助于更广泛地理解组织情商如何影响员工对组织和工作的态度，而这些态度又是如何影响员工离职意向的。②

## 二 公务员去职的测量模型

### （一）Logit 模型

Cho 和 Lewis 的论文使用 Logit 模型对 2005 名议员（MPS）和 1999~2009 年美国联邦人员记录的一个 1% 的样本进行分析，并使用功绩制调查量表进行测量（见表 2-2）。文章使用模型来检验所有劳动

---

① Waeyenberg, T. V., Decramer, A., Desmidt, S., Audenaert, M., "The Relationship between Employee Performance Management and Civil Servants' Turnover Intentions: A Test of the Mediating Roles of System Satisfaction and Affective Commitment," *Public Management Review* 19 (2017): 747-764.

② Camara, N. D., Dulewicz, V., Higgs, M., "Exploring the Relationship between Perceptions of Organizational Emotional Intelligence and Turnover Intentions amongst Employees: The Mediating Role of Organizational Commitment and Job Satisfaction," Emerald Group Publishing Limited (2015): 295-339.

力，包括"新员工"（低于 8 年的联邦雇员）、"职业中段员工"（那些有 8 年至 28 年工作年限的雇员）和"有退休资格者"（有 29 年或以上工作年限的联邦雇员）。分析显示，随着联邦雇员年龄和工作经验的增长，离职的可能性变化较大，而实际离职率变化比较平缓。对离职倾向而言，模型存在很大争议，应该谨慎运用离职倾向来推断离职行为。然而，对 2005 名议员的分析表明对于留住新员工来说，以绩效为基础的报酬和公平的绩效评价是至关重要的，但是仅有重要的内部动因能延缓高熟练员工退休。

表 2-2　2005 名功绩制调查（MPS）的变量测量①

| | | |
|---|---|---|
| | 离职意向 | 在接下来的 12 个月中你打算离开工作单位的可行性有多大？非常可能/一定程度上可能/既不是可能，也不是不可能/一定程度上不可能/非常不可能/不知道/不能判断。<br>如果离开现在的工作，你会从联邦机构退休？/从联邦机构去职？/从联邦机构的一个部门调到另一部门？/不肯定。<br>Mean：0.14；Std. Dev.：0.35.<br>如果雇员积极回应第一个问题（"可能"或"非常可能"），并且回答第二个问题为"从联邦机构退休"或"从联邦机构去职"，其因变量被编码为 1。通过这个编码，我们提炼出那些可能离开联邦服务机构的回应者，无论他们是想要在联邦政府之外的机构找到工作还是退休 |
| 人力资源管理实践 | 基于功绩制的雇佣 | 你认为你的上司在多大程度上会用公正和有效的方式行使以下权力？<br>——根据申请者的资格来评定工作。<br>——因空缺选人或基于资格来晋升员工。<br>Note：Cronbach's alpha：0.91；Mean：3.96；Std.Dev.：1.13 |
| | 培训机会 | 在我的组织中，我获得真正的机会来提高我的技能。<br>我受到执行工作所需要的培训。<br>Note：Cronbach's alpha：0.79；Mean：3.71；Std.Dev.：0.95 |
| | 基于功绩制的奖金 | 如果你的团队执行得很好，你们将有多大可能收到一笔现金奖金或增加工资？<br>我的组织分步骤确保如果雇员工作绩效好，将获得适当的薪酬和奖金。<br>如果我工作业绩突出，我将可能获得一笔奖金或增加报酬。<br>Note：Cronbach's alpha：0.83；Mean：3.14；Std.Dev.：1.05 |

① Cho, Y. J., Lewis., G. B., "Turnover Intention and Turnover Behavior: Implications for Retaining Federal Employees," *Review of Public Personnel Administration* 32 (2012): 4-19.

续表

| | | |
|---|---|---|
| 人力资源管理实践 | 公正准确的绩效考核 | 在我的工作单位，绩效等级准确反映工作绩效。<br>通常用来评定我的绩效的标准是合适的。<br>用客观措施来评价我的表现。<br>Note：Cronbach's alpha：0.79；Mean：3.49；Std. Dev.：0.93 |
| | 公正的抱怨体系 | 我信任第三方调查或审判机构（如 OSC、EEOC、FLRA、MSPB）对投诉所做的适当回应。<br>我相信当前雇佣申诉制度，如果我有机会使用它，将是公平的。<br>我相信当前雇佣上诉制度，如果我有机会使用它，将是公平的。<br>Note：Cronbach's alpha：0.89；Mean：3.27；Std. Dev.：0.83 |
| 激励因素 | 内部动机 | 我的部门使命对我是重要的。<br>我做的工作对我是有意义的。<br>下面两项对激励你去做好一项工作有多重要？<br>——渴望帮助我的单位实现其目标。<br>——我在工作中获得个人自豪感和满足感。<br>Note：Cronbach's alpha：0.66；Mean：4.50；Std. Dev.：0.47 |

　　图 2-1 显示，联邦雇员履职 10~25 年，其离职意向和离职率高度吻合，离职率总体偏低；但在联邦雇员履职的前 5 年，离职率高于离职意向；履职 30 年及以上的联邦雇员，离职意向高于实际离职率。图 2-2 显示美国联邦雇员年龄与离职比例的关系，总体规律与图 2-1 比较接近。

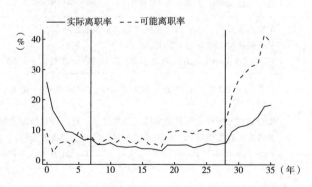

图 2-1　美国联邦雇员履职年限与离（去）职比例的关系

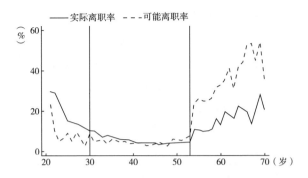

**图2-2　美国联邦雇员年龄与离（去）职比例的关系**

资料来源：Cho，Y.J.，Lewis.，G.B.，"Turnover Intention and Turnover Behavior：Implications for Retaining Federal Employees," *Review of Public Personnel Administration* 32 （2012）：4-19.

### （二）州政府雇员自愿离职模型①

图2-3为州政府雇员自愿离职模型。该模型中的环境因素包括州失业、地理区域；组织因素包括工会、规模与内部结构；人力资源管理因素包括薪酬、家庭友好政策和培训。该模型的因变量是州政府雇员的自愿离职。该模型观察环境因素、组织因素和人力资源管理因素如何影响州政府雇员的自愿离职。

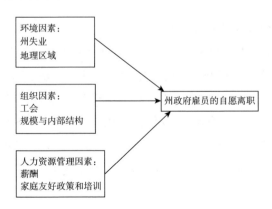

**图2-3　州政府雇员自愿离职模型**

---

① Selden，S.C.，Moynihan，D.P.，"A Model of Voluntary Turnover in State Government," *Review of Public Personnel Administration* 4 （2000）：65.

（三）社会网络、个人-组织匹配与去职意向模型

图2-4为社会网络、个人-组织匹配与去职意向模型。该模型提出了3个自变量。一是内部社会网络：对同事的一致责任感、同事间的支持；二是外部社会网络。三是个人与组织的价值匹配。还有控制变量：非营利状况、雇员年龄、职位年限、工作满意度。这些自变量都会对因变量去职意向产生影响。

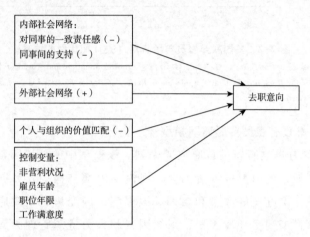

图2-4　社会网络、个人-组织匹配与去职意向模型①

（四）Price-Mueller 离职模型

Price-Mueller 离职模型主要是在一种整体的离职理论基础上，提出雇员是带着一定的价值观和期望进入组织，这种假定基于 Homans 对个体行为的观点。雇员进入组织后，具有的不仅仅是期望与价值观；另外，雇员还带着与工作相关的知识和技能进入组织。图 2-5 是 Price-Mueller 离职模型，它表明各变量之间的假设关系与路径。我们可以从图中看出，Price-Mueller 离职模型中的因变量是离职意图，其他变量则主要包括环境变量、个体变量、自变量、中介变量和控制变量。②

① Moynihan, D.P., Pandey, S.K., "The Ties That Bind: Social Networks, Person-Organization Value Fit, and Turnover Intention," *Journal of Public Administration Research and Theory* 2 (2008): 209.

② 张勉：《企业雇员离职意向模型的研究与应用》，清华大学出版社，2006，第25~40页。

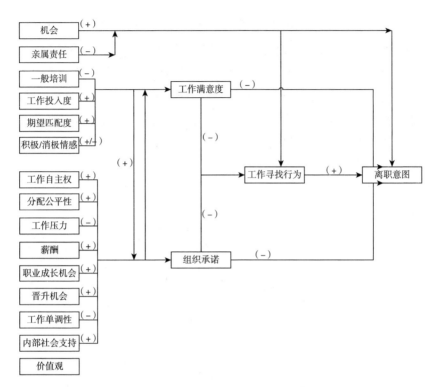

**图 2-5　Price-Mueller 离职模型①**

## 三　去（离）职率的计算方式不同，比率存在差异

美国国会预算办公室 1986 年编写了《联邦政府雇员离职》报告（*Employee Turnover in the Federal Government*）。这篇报告包括三个部分：第一部分是介绍联邦公务员离职的原因及后果；第二部分是对联邦和非联邦雇员离职率的比较，主要包括与私有部门雇员离职率的比较，对较低的联邦雇员离职率的解释，以及与州政府雇员离职率的比较；第三部分是作为评估薪酬体系的离职率，包括作为标杆的离职率、离职的代价

---

① 图中斜杠前后的正负符号表示各前因变量对后因变量的影响。资料来源：Price, J. L., "Reflections on the Determinants of Voluntary Turnover," *Journal of International Manpower* 22（2001）：600-624.

以及人事管理。①

  如图 2-6 所示，从 1975 年到 1984 年，联邦雇员辞职率在 1979 年之前有所增加，之后呈下降趋势；从 1979 年到 1984 年，其辞职率由 4.5%降到 4.3%，下降了 2 个百分点。然而，联邦雇员的辞职率低于全国失业率，两者的关系是全国失业率高的时候，联邦雇员的辞职率偏低；反之，全国失业率偏低时，联邦雇员的辞职率就升高。这说明经济向好，就业机会多时，联邦雇员的辞职率就会增加。

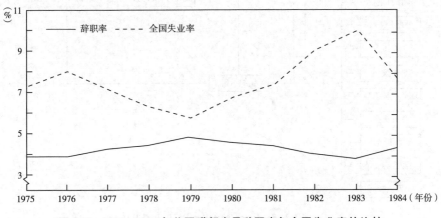

**图 2-6　1975~1984 年美国联邦雇员辞职率与全国失业率的比较**

  表 2-3 显示，从 1984 年全职、长期的联邦雇员的年度离职率看，所有雇员的离职率达到 11.5%，其中辞职率为 4.3%，超过调动、退休和其他的退出方式。总的来看，白领（GS）雇员的离职率高于蓝领雇员。

**表 2-3　1984 年全职、长期的联邦雇员的年度离职率**

单位：%

| 类型 | 辞职（quit） | 调动 | 退休 | 其他 a | 总计 |
|---|---|---|---|---|---|
| 白领雇员 b | 4.9 | 1.9 | 2.4 | 3.1 | 12.3 |

---

① The Congress of the United States Congressional Budget Office, "Employee Turnover in the Federal Government," February 1986.

续表

| 类型 | 辞职（quit） | 调动 | 退休 | 其他 a | 总计 |
|---|---|---|---|---|---|
| 蓝领雇员 | 2.5 | 0.5 | 3.6 | 2.3 | 8.9 |
| 所有雇员 | 4.3 | 1.6 | 2.6 | 3.0 | 11.5 |

资料来源：国会预算办公室（CBO）提供的数据。a. 包括临时解雇、死亡和解雇的职员。这种离职最普遍的原因是没有薪水。b. 包括依据 GS（一般职）进行薪酬支付的白领工人和与之相当薪酬的职员。

表 2-4 显示，1984 年联邦机构的去职率（4.9%）比被挑选的私人部门的去职率（10.9%）低 6 个百分点。从银行和保险、自然资源与研发部门看，联邦机构的去职率都低于被挑选的私人部门。

表 2-4　1984 年联邦白领雇员和部分被挑选的私人部门员工的去职率比较

单位：%

| | 所有类型的岗位 | 被挑选的岗位 | | |
|---|---|---|---|---|
| | | 银行和保险 | 自然资源 | 研发 |
| 被挑选的私人部门 | 10.9 | 12.4 | 8.7 | 6.3 |
| 联邦机构 | 4.9 | 8.5 | 3.2 | 3.3 |
| 相差的百分点 | 6.0 | 3.9 | 5.5 | 3.0 |

资料来源：国会预算办公室、行政管理协会和人事管理办公室提供的数据。

但是，表 2-5 显示，在增加退休和调动两个因素后，联邦公务员去职率和被挑选的私人部门的去职率的差距明显缩小了。如白领工人的差距从 6.0 个百分点回落到 2.1 个百分点。

表 2-5　调整前后的公私部门去职率比较

单位：%

| | 最初去职率比较 | 调整后的去职率比较 |
|---|---|---|
| 被挑选的私人部门 | 10.9 | 10.9 |
| 联邦机构 | 4.9 | 8.8（4.9+2.0+1.9） |
| 相差的百分点 | 6.0 | 2.1 |

注：调整后的联邦去职率因为增加了退休年龄这个因素而增加了 2.0 个百分点，增加人员在不同部门之间的调动因素后增加 1.9 个百分点，两项合计 3.9 个百分点，再加上最初的去职率为 4.9%，调整后的联邦雇员的去职率为 8.8%。

传统上，企业中退休、调动、辞职、辞退和开除等都会被统计为离职，而政府部门仅仅统计辞职人数，所以离职率较低。但是，统计口径增加退休、调动、辞退、开除等退出方式后，离职率就增加了不少，与企业的离职率差距就缩小了。这种计算方式也适用于对我国基层公务员流动情况的计算，仅仅看其辞职率，并不高，但是加上其他调动方式的比例，离职率就不低了。

## 第二节　国内公务员去职的研究综述[①]

### 一　辞（去）职权的提出

改革开放以前，中国的中专及以上学历的毕业生都是由国家统一分配，统一进行编制和管理的。改革开放以来，形势发生了很大变化，经济的发展需要包括公共人才在内的各种人才的自由流动和组合，因此开始有了研究人才流动的需求。1984 年，张伟发表了《青年人才流动与辞职权》一文，认为人才流动是经济发展的需要，人才享有辞职权无疑和招聘制一样，为人才获得更多的选择机会创造了条件。文章呼吁国家借鉴各国对人才辞职的管理经验，建立适合中国国情的有法律保障的辞职制度。1985 年刊发的《辞职权：人才流动的前提》一文认为当时我国的人才流动中缺少一个必要的前提——"辞职权"。

### 二　完善公务员去（辞）职制度

1993 年《国家公务员暂行条例》颁布实施，该条例首次明确了对国家公务员施行辞职辞退制度，辞去公职（去职）是其中的一项主要内容。此后对公务员去职内容进行介绍和分析的主要观点如下。高国舫在《党政干部淘汰机制研究》一书中探讨党政干部"带薪下海"问题。[②] 刘俊生认为辞去领导职务属于职务变动；而辞去公职（去职）与辞退一样属

---

① 这部分内容系在作者博士学位论文《中国公务员辞职及其管理研究》的基础上发展而成。

② 高国舫：《党政干部淘汰机制研究》，中共中央党校出版社，2005。

于退出公职。<sup>①</sup> 吴琼恩等在《公共人力资源管理》一书中介绍了公务员去职的主要内容及其管理。他们认为公务员去职是建立在公务员自愿的基础上，是公务员的自由择业权利的体现，是公务员根据本人意愿，经任免机关或主管部门批准，辞去所担任的领导职务，或解除与所在单位的职务关系的行为。去职作为人力资源的"出口"之一，其功能体现在两个方面：一是去职制度的建立有利于人才的合理流动和公共部门工作效率的提高；二是公务员就业权利得到有效保障。该书还讨论了公务员去职的条件及待遇。<sup>②</sup> 高光宇从公务员管理者的角度总结了公务员辞职辞退制度在中国的发展历程，并指出公务员辞职与公务员辞退的区别是明显的，《公务员辞去公职规定（试行）》与《公务员辞退规定（试行）》分开的目的是与 2004 年的《党政领导干部辞职暂行规定》接轨，形成完整的公务员辞职体系。<sup>③</sup> 卢丹在其博士学位论文《中国公务员退出机制研究》中讨论了公务员去职的表现形式。<sup>④</sup> 李永康在其博士学位论文《中国公务员辞职及其管理研究》中分析了公务员辞职的基本概念和理论基础、中国官吏辞职的历史沿革、当代中国公务员辞职概况、辞职管理及其问题、国外公务员辞职管理及效果，最后提出完善我国公务员辞职管理的对策体系。<sup>⑤</sup>

## 三　公务员去职的原因

通过相关文献梳理发现，有很多学者从不同的角度尝试总结公务员去职的原因。

### （一）定性研究观点

黄仁宗从高官去职的角度将公务员去职的原因总结为根本动因和具体动因。<sup>⑥</sup> 根本动因是辞官下海源于官员在市场和政府之间的竞争博弈

---

① 刘俊生：《公共人事制度》，中国人民大学出版社，2009。
② 吴琼恩等：《公共人力资源管理》，北京大学出版社，2006，第 212~214 页。
③ 高光宇：《完善辞职辞退制度 建立公务员正常退出机制》，《中国人才》2009 年第 17 期，第 9~11 页。
④ 卢丹：《中国公务员退出机制研究》，博士学位论文，中国人民大学，2011。
⑤ 李永康：《中国公务员辞职及其管理研究》，博士学位论文，中国人民大学，2013。
⑥ 黄仁宗：《"辞官下海"的制度分析》，《决策咨询》2001 年第 10 期，第 18~20 页。

中，通过对公私部门相对收益的权衡而做出的一种自由选择。具体动因为：一是市场经济的确立及其带来的人们价值观念的变迁；二是所有制歧视逐步消解，多种所有制共同发展成为我国的基本经济制度之一，民营企业发展迅速；三是政府干部人事制度改革不到位，不能为官员提供足够的收益预期。

宋斌、鲍静、谢昕通过分析发现，公务员去职的个人原因是"八得不到"：一是公务员的创造性得不到发挥；二是公务员的自我实现得不到满足；三是公务员的待遇得不到享受；四是公务员得不到晋升机会；五是公务员的尊重得不到重视；六是公务员的人际关系得不到融洽；七是公务员的工作和生活困难得不到解决；八是公务员的才能得不到施展。①

刘俊生认为，去职的原因有公务员本人的"志趣不在公共管理、用非所学且难以调整和适应、能力所限导致不能获得晋升、性格问题、人际关系问题、曾有过失行为、身体状况等"②。

崔鹏认为当下升职过程中存在种种"潜规则"，让人们摸不着头脑，不敢相信单凭能力就能升职，不得不借助请客、送礼、拉关系、套近乎等行为去迎合领导，焦虑之感由此而生。③ 是离开还是坚守，在升职中无望的公务员处于焦虑和摇摆中，最终成为少数公务员去职离开的原因。

张富强把公务员去职的原因归为社会、政府和个人3个维度。④ 社会维度：首先，公务员的价值选择呈现多元化的发展趋势；其次，对人才流动的限制性规定逐步减少。政府维度：机构改革、政府问责、反腐败、行政公开等使得一部分政府管理人才感到难以承受改革所带来的压力而自愿选择流出。个人维度：利益驱动；个人晋升遇到"天花板"；任职风险加大；权力资本为领导干部带来更多的流出机会。

---

① 宋斌、鲍静、谢昕：《政府部门人力资源开发》，清华大学出版社，2005，第169~171页。
② 刘俊生：《中国人事制度概要》，清华大学出版社，2009，第139页。
③ 崔鹏：《党报称潜规则破坏社会公平 民众因无权无势焦虑》，《人民日报》2011年8月11日，第18版。
④ 张富强：《基于三个维度的政府管理人才流出行为及原因剖析》，《价值工程》2012年第27期，第285~286页。

　　李永康对公务员去职的因素进行分析，将其划分为政治和经济环境、公务员辞职制度、激励机制失灵和个人因素4个维度11个因素（见表2-6）。[①] 李永康、谢和均和段榆萍研究了中国公务员的去职管理问题，认为去职管理中可能存在3个问题：去职中逆向选择现象和人才流失；去职后的职业选择单一；去职中的潜在腐败问题。[②]

表 2-6　公务员去职影响因素

| 维度 | 因素 |
| --- | --- |
| 政治和经济环境 | 经济建设和改革开放政策形成公务员去职的拉力 |
| | 机构改革和富余人员裁减形成公务员去职的推力 |
| | 职业选择多元价值观逐步形成 |
| 公务员辞职制度 | 公务员辞职制度为公务员辞职提供了合法性 |
| | 与辞职相关的社会保障制度逐步完善 |
| 激励机制失灵 | 薪酬偏低 |
| | 晋升的"天花板"现象 |
| | 不公平的对待 |
| 个人因素 | 愿意尝试挑战性或自己喜欢的工作 |
| | 职业倦怠 |
| | 家庭关系的变化 |

### （二）定量研究观点

　　武博曾对中国人才的流动做过一次调查，有效问卷总量为1652份，其中被调查的公务员人数为112人；所调查的职业为包括公务员在内的8种职业，调查结论归纳如下。[③] 一是从流动的频次看，公务员的平均流动次数为2.1次，是被调查的8种职业中最低的，说明公务员职业相对稳

---

[①] Li, Y. K., " Analysis of Reasons for Chinese Civil Servants Resigning from Office," International Integration for Regional Public Management of ICPM2014, August 2014.

[②] Li, Y. K., Xie, H. J., Duan, Y. P., "Research on Issues Concerning Chinese Civil Servant Resignation Administration," Proceedings of the 2016 International Conference on Public Management, July 2016.

[③] 武博：《当代中国人才流动》，人民出版社，2005，第150~311页。

定。相比而言，企业人才流动位居第一，达到 3.3 次。二是从流动的态度看，公务员和律师流动态度值最低，为 2.0，在各类职业中处于最低位，但他们仍然是赞成流动的。三是从人才总体流向的组织选择看，外企是首选，接近 41%，选择机关的仅约为 13%。四是从职业流向的组织选择看，公务员流向的首位选择仍然是机关，达到 42.8%。五是公务员对于流动时首要考虑的各因素前四位排序依次是：薪酬因素与事业发展（并列第一）、能力发挥、工作环境。后四位排序依次是：晋升机会、合适岗位、用人机制、组织前景。六是影响公务员人才资源流动的各因素比重：工作环境位居影响人才资源流动的各因素之首，占 67.86%；第二是薪酬因素，占 64.29%；第三是事业发展，占 46.43%；第四是晋升机会，占 42.86%；第五是生活质量，占 28.57%。七是在各种职业中，工程师、医生、会计师等技术型人才流动后的职业满意度较高，公务员流动后的职业满意度在被调查的 8 种职业中排倒数第三。八是公务员流动后的岗位满意度：表示不完全满意的有 44 人，占 39.29%；不满意的有 20 人，占 17.86%；满意的有 20 人，占 17.86%；以后会满意的有 28 人，占 25.00%，平均满意度值为 1.43。九是公务员职业能力发挥情况（其中 4 人为缺失值）：表示不能发挥能力的有 4 人，占 3.57%；表示基本不能发挥能力的有 12 人，占 10.7%；表示部分发挥能力的有 72 人，占 64.29%；表示充分发挥能力的有 20 人，占 17.86%。这份调查结论显示了公务员去职的宏观背景。

李晓玉、高冬东和高峰对党政干部工作倦怠和离职意向进行问卷调查，结果发现党政干部工作倦怠与离职意向存在显著正相关，工作倦怠可以直接或间接影响离职意向。情绪低落与离职意向呈显著正相关，玩世不恭、成就感低、工作倦怠与离职意向呈极显著正相关，这说明倦怠是影响离职意向的重要因素，倦怠水平越高，离职意向越强。[1] 这一点与国内外大多数研究结果是一致的。[2]

---

[1] 李晓玉、高冬东、高峰：《党政干部工作倦怠、离职意向、自我效能感、工作绩效关系研究》，《中国健康心理学杂志》2007 年第 7 期，第 659~661 页。

[2] 毕重增、黄希庭：《中学教师成就动机、离职意向与倦怠的关系》，《心理科学》2005 年第 1 期，第 28~31 页。

马爽、王晨曦、胡婧和张西超以北京基层地税公务员为研究对象，就工作压力、工作满意度和离职意向三者间作用关系进行了探讨。他们指出工作压力增加，基层公务员的工作满意度降低，都会促使公务员产生离职意向。[①]

王文俊以女性公务员为研究对象，就组织承诺和离职倾向两者间的关系与作用进行研究，他指出，组织的情感承诺和规范承诺与公务员离职倾向呈负相关。[②]

徐辉基于我国东、中、西部地区 12 个省（市、区）35 周岁以下 3006 名在职青年公务员的调查数据发现，青年公务员公共理想型职业价值取向、公共功利型职业价值取向与离职倾向呈显著负相关，个体理想型职业价值取向、个体功利型职业价值取向与离职倾向呈显著正相关。7~8 年工龄的青年公务员公共理想型职业价值取向最低而离职倾向最高，最易发生离职行为。[③]

李永康、艾军以云南省公务员的 405 份样本为例，研究关系对公务员去职意向的影响，发现中国式关系对公务员去职意向的直接影响值为 0.386，为显著正向影响；工作满意度的中介影响值为 0.140，为显著正向影响，但小于直接影响，因此可以得出中国式关系越强的单位，正常的晋升制度越容易受到破坏，公务员去职意向越强。[④]

## 四　公务员去职后的去向——"下海"

对公务员"下海"现象的研究总体上认为，公务员"下海"现象促进了人才的合理流动，既为政府减轻了财政负担，个别因专业不对口或

---

① 马爽、王晨曦、胡婧、张西超：《地税基层公务员工作压力与工作满意度、离职意向的关系：心理资本的调节作用》，《中国临床心理学杂志》2015 年第 2 期，第 326~329 页。
② 王文俊：《女性公务员工作满意度、组织承诺与离职倾向的关系研究》，《领导科学》2016 年第 23 期，第 44~47 页。
③ 徐辉：《青年公务员职业价值取向对离职倾向影响研究：基于不同工龄群体的回归方程解析》，《中国行政管理》2017 年第 1 期，第 34~38 页。
④ Li, Y. K., Ai, J., "An Empirical Analysis of the Impact of Psychological and Emotional States on Job Performance and Turnover Intention of Civil Servants," International Collaboration for Innovation Public Governance of ICPM 2018, September 2018.

因个人兴趣等因素不适合在政府工作的公务员直接进入就业市场，调动了他们创造财富、实业报国的积极性，又通过重新配置和充分利用人力资源，为市场和企业输送人才，间接支持了经济发展。但是也存在一些问题，比如公务员"下海"可能会扰乱市场竞争秩序和滋生腐败现象；个别地方政府鼓励和补偿公务员去职的合法性和合理性存在可探讨的空间等。

## （一）公众对公务员中的领导干部去职经商存在滋生腐败的担忧

黄仁宗认为，要深刻探讨"辞官下海"的真正原因，要把这一看似简单的社会现象同我国正在进行的政府机构改革、干部人事制度改革乃至整个宏观市场化取向的中国体制改革联系起来进行考察，以便做出理性的对策。[①] 叶必丰认为，"辞官下海"可能产生腐败，尤其是"潜在腐败"，因此有必要规范"辞官下海"行为，防范腐败现象的发生，树立政府的廉洁奉公形象，主张对离职党政干部到企业任职做更完善的制度建设和更有效的监控。[②] 孔靓认为，公务员一旦去职后进入营利组织或从事营利活动，原来的行政关系网、官场人情链、职务影响力、政府内部信息等也会随之发生转移，公权会转化为私权，因此应该加强对公务员下海行为的规范，对公务员"下海"隐藏的问题和暴露出来的制度漏洞应该予以关注和重视。他建议应从"离任审计制度法律化、建立隔离缓冲和淡化机制、建立处罚执行制度和刑事追诉制度"等方面着手规范公务员"下海"行为。[③] 周庆行与吴新中认为针对公务员"下海"行为，应该"从行政伦理的角度探求我国政府官员的下海动因、加强政府官员的行政道德建设、抑制我国政坛精英的流失、防制隐性腐败的发生"[④]。

## （二）个别地方政府对官员辞职"下海"的经济补偿政策遭到激烈的批评

舒锋认为，政府"补贴"数万元至数十万元，鼓励公务员辞职经商，

---

① 黄仁宗：《"辞官下海"的制度分析》，《决策咨询》2001年第10期，第18~20页。

② 叶必丰：《"辞官下海"与廉政监控》，《政治与法律》2004年第4期，第10~15页。

③ 孔靓：《官员"下海"与我国公务员退出机制的完善》，《党政干部论坛》2004年第12期，第13~14页。

④ 周庆行、吴新中：《新一轮"官员下海"析》，《党政论坛》2005年第2期。

在我国不少地区较为常见。各地政府选择用金钱的方式，而非竞争的方式达到减员的目的，是对国家要求不得搞公务员"带薪下海"禁令的变通之举。这类决策完全取决于权力者的意志，是权力掌握者单方面实施的对权力的赎买，公众没有话语权，因此这种决策注定得不到社会的认可，没有合法性。① 市民认为，精简机构是好事，但用发钱的方式让公务员去职办企业的话，对低收入人群极不公平。有学者也批评这是对公共资源的滥用，会严重损害市场经济的公平性。② 有专家提出政府提出的补偿公务员辞职的政策必须通过听证会、网上讨论或其他形式，广泛听取纳税人的意见，必须向人民代表机关报告，经相应人大或人大常委会审议、批准。③

**（三）不必过度担忧公务员"下海"会滋生腐败**

对下海官员的跟踪报道和研究表明，多数"下海"官员并不存在所谓"洗钱"和"期权腐败"等问题，"下海"官员腐败仅是个别现象。原浙江省地税局总会计师徐刚认为，"下海"官员大致可以分为三类：一是年龄快到了，寻找另一个码头；二是犯错误了，没有什么机会了，寻找另外的机会；三是年轻、有能力、有学识者去职，主动放弃眼前的一切，换一种活法。公众认为"下海"官员会搞权钱交易，期权腐败，这其实是没有逻辑基础的。

# 第三节　国内外文献评价

对国外文献的梳理发现：第一，西方国家对公务员去职意向的研究比较早，尤其是美国，且研究内容比较丰富，涉及多方面因素和控制变量；第二，国外丰富的研究模型为我们开展公务员去职的实证研究提供参考；第三，美国国会报告中两种去职率的计算方式适合对我国基层公

---

① 舒锋：《公务员辞职给补偿是赎买权力》，《检察日报》2008 年 6 月 11 日，第 6 版。
② 王江：《昆明奖励公务员下海制度被叫停：舆论影响决策》，新华网，2008 年 10 月 17 日。http://news.sina.com.cn/c/2008 - 10 - 17/155316474695.shtml，最后访问日期：2019 年 7 月 29 日。
③ 姜明安：《政府官员"下海"的是非评说》，《法制资讯》2008 年第 Z1 期，第 4～5 页。

务员的去职率的计算。

国内学者对去职问题的研究从无到有，从辞职权利的提出到制度构建，到公务员辞职"下海"（去向），再到去职中存在的问题等，短短 40 年发展比较快。但是文献中绝大多数是定性研究，笔者前期的成果或者是定性分析，或者是阶段性的定量分析，缺少完整的定量研究。

目前，国内外研究文献缺乏规范的、全面的对公务员去职的定量分析。本研究将借鉴国外的研究成果和经验全面开展对中国公务员去职的实证研究。

# 第三章 我国公务员去职现状
## 及趋势分析

本章比较我国公务员去职与英美国家公务员去职情况，以及我国公务员去职与企业员工去职的情况，发现我国公务员的去职率较低，但是去职也将成为正常现象。

## 第一节 党的十八大以来公务员的去职情况

党的十八大以来，由于政治生态的良性变化和市场经济改革的进一步深化，公务员的工作大环境有了很大变化，关于公务员去职问题在 2013 年到 2015 年曾一度成为热点。2015 年 3 月 28 日智联招聘发布的《2015 春季人才流动分析报告》显示，自 2015 年 2 月 25 日至其后的三周时间内，全国范围内有 1 万多名公务员、事业单位工作人员通过该网站投递求职简历，与 2014 年同期相比增幅达 34%。"公务员辞职潮"的话题因此成为舆论关注的焦点。人民网舆情监测室数据显示，2015 年 3 月 28 日至 4 月 15 日，与"公务员辞职"话题相关的网媒报道共 8179 篇，报刊新闻 289 篇，论坛 1442 篇，博客 700 篇，微博 1134 条，微信文章 2389 篇。包括《人民日报》《中国青年报》《环球时报》在内的各大媒体都纷纷对相关话题展开讨论。其中，"辞职潮"是否到来、公务员辞职原因及评价、如何避免公务员辞职产生的"期权腐败"，成为媒体和网友共同关注的内容。①

从全国来看，本研究从调查中了解到，2014 年全国公务员总数为

---

① 熊剪梅：《公务员辞职属正常人才流动》，《中国纪检监察报》2015 年 4 月 27 日。

7171000 人，2013 年和 2014 年的去职人数约为 5000 人和 9000 人。2015 年人社部公布的公务员辞职人数为 1.2 万人，约占公务员总数的 0.2%。①2017 年，中组部副部长齐玉在回答记者提问时介绍，从统计情况看，近年来公务员队伍总体保持稳定，700 多万名公务员中每年辞职的是 1 万名左右，平均辞职人数仅占公务员总数的 0.1%，或比 0.1% 稍微多一点儿。②

从北京的部委办局来看，根据商务部官方网站上公布的历年来商务部机关辞职和取消录用人员名单，从 2008 年到 2017 年，商务部累计辞职人数达 152 人，其中，2015 年辞职人数最多，共有 30 人选择辞职。从辞职人数的时间分布上来看，2014 年至 2016 年是辞职人数最多的 3 年，分别有 27 人、30 人和 23 人选择辞职。③G 办在编人数 400 人，2017 年去职15 人，2018 年去职 20 人。D 局的编制为 200 人左右，2017 年到 2019 年的去职人数为 2 人，但是 2018 年交流到其他单位 9 人，去职人数不多，但流动人数不少。G 局的编制约为 500 人，2016 年、2017 年、2018 年、2019 年的辞职人数分别为 9 人、4 人、4 人、3 人，2016 年以后有降低的趋势，这可能与国家 2016 年的普遍加薪政策有关。X 局编制为 240 人，2017 年、2018 年、2019 年分别为 3 人、4 人、3 人。S 局总局机关近 700人，2014、2015 年每年辞职人数为 7~8 人，之后几年每年 2 人左右。Z部机关 380 人，近 3 年去职 10 人，都去了私企。④

从系统来看，法官离职现象也较为突出。上海法院 2013 年离开法院的法官超过 70 人，比 2012 年有明显增加，2014 年有 105 人离职，其中法官离职的人数是 86 名。2014 年北京代表团审议"两高"报告时，北京市高级人民法院院长慕平表示："近 5 年来，北京法院系统已有 500 多人辞职调动离开法院，法官流失现象严重，流失速度还在加剧。"其中 2014

---

① 石睿：《中国到底有多少公务员？》，财新网，2016 年 6 月 28 日，http://china.caixin.com/2016-06-28/100959808.html，最后访问时间：2019 年 7 月 30 日。
② 胡永平：《数字解读全面从严治党五年反腐"成绩单"》，中国网，2017 年 10 月 19 日。http://www.china.com.cn/19da/2017-10/19/content_41758950.htm，最后访问日期：2019 年 7 月 30 日。
③ 张燕：《商务部 2014 年至 2016 年辞职人数最多，他们去哪了？》，《中国经济周刊》2018年 8 月 12 日。
④ 这部分数据为本研究 2019 年获取的最新辞职数据，本研究做了匿名处理。

年流失人数为 127 人，是流失数量最高的一年。在 2014 年《最高人民法院工作报告》中，周强院长谈道："随着案件数量的持续增长，人民法院办案压力越来越大，部分法院案多人少、人员流失、法官断层问题仍然比较严重。"[①]

从地方来看，根据杭州市人力资源和社会保障局的数据，2012～2014 年杭州离职的公务员从 34 人、59 人增加至 103 人。而同期新进公务员人数分别为 2012 年 1360 人，2013 年 1380 人，2014 年 1273 人。[②] 据深圳市人社局相关负责人介绍，深圳市 2011 年离职的公务员是 156 人，2012 年离职公务员增加至 231 人，2013 年有 247 名公务员离职，2014 年有 278 人，2015 年有 270 人。[③] 本研究组从 2015 年以来，开展了多地的走访和调查工作。从云南省的相关人事部门了解到，2014 年云南省公务员总人数为 259968 人，去职人数为 301 人。2012～2014 年，云南省公务员去职人数分别为 16 人、184 人、301 人；红河州 H 县公务员去职人数分别为 3 人、0 人、2 人，共有 5 人去职；西双版纳州 M 县公务员去职人数分别为 3 人、4 人、2 人，共有 9 人去职。截至 2016 年 12 月 31 日，山东省 J 市的公务员总人数为 17550 人。根据 J 市人社局统计数据，2012 年，公务员总人数为 18260 人，主动离职人数为 20 人；2013 年，公务员总人数为 18040 人，主动离职人数为 40 人；2014 年，公务员总人数为 17890 人，主动离职人数为 45 人；2015 年，公务员总人数为 17720 人，主动离职人数为 71 人；2016 年，公务员总人数为 17550 人，主动离职人数为 91 人；以上数据显示党的十八大以来（2012～2016）山东省 J 市公务员离职人数呈逐年递增趋势。

总之，无论是从全国，还是从部委、省、市、县来看，党的十八大以来我国公务员去职现象较为普遍，逐步成为正常现象。大体说来，2012 年至 2016 年呈增加趋势，2017 年后呈减少趋势（见表 3-1）。2017 年后去职现象逐步减少的原因可能与 2016 年的普遍调薪有关。

---

① 李浩：《法官离职问题研究》，《法治现代化研究》2018 年第 3 期。
② 邵思翊：《浙江杭州公务员辞职人数逐年递增 去年 103 人离职》，新华网，2015 年 5 月 7 日。https://china. huanqiu. com/article/9CaKrnJKIM0，最后访问日期：2019 年 7 月 30 日。
③ 张小玲、郭锐川、刘颖、李亚坤：《公务员，深圳拿什么留住你？》，《南方都市报》2016 年 2 月 1 日。

表 3-1　全国及各地公务员去职情况统计

| 地点 | | 年份 | 公务员总数（人） | 去职（人） | 占比（%） | 数据来源 |
|---|---|---|---|---|---|---|
| 全国 | | 2013 | 7171000 | 约5000 | 0.07 | 访谈了解 |
| | | 2014 | 7171000 | 约9000 | 0.13 | |
| | | 2015 | 7176000 | 12000 | 0.17 | 人社部 |
| 商务部 | | 2014 | — | 27 | — | 商务部官方网站 |
| | | 2015 | — | 30 | — | |
| | | 2016 | — | 23 | — | |
| G局 | | 2016 | 约500 | 9 | 1.8 | 访谈了解 |
| | | 2017 | | 4 | 0.8 | |
| | | 2018 | | 4 | 0.8 | |
| | | 2019 | | 3 | 0.6 | |
| X局 | | 2017 | 240 | 3 | 1.25 | 访谈了解 |
| | | 2018 | | 4 | 1.67 | |
| | | 2019 | | 3 | 1.25 | |
| 云南省 | 全省 | 2012 | 254975 | 16 | 0.006 | 云南省公务员局 |
| | | 2013 | 258719 | 184 | 0.07 | |
| | | 2014 | 259968 | 301 | 0.12 | |
| | 红河州 H县 | 2012 | 853 | 3 | 0.35 | H县政法委和人社局 |
| | | 2013 | 863 | 0 | 0 | |
| | | 2014 | 911 | 2 | 0.22 | |
| | 西双版纳州 M县 | 2013 | 1639 | 3 | 0.18 | M县组织部和人社局（不包含垂直系统） |
| | | 2014 | | 4 | 0.24 | |
| | | 2015 | | 2 | 0.12 | |
| | | 2016 | | 1 | 0.06 | |
| | | 2017 | | 1 | 0.06 | |
| | 临沧市 C县 | 2014 | 1379 | 2 | 0.15 | C县人社局 |
| 山东省 J市 | | 2012 | 18260 | 20 | 0.11 | J市人社局 |
| | | 2013 | 18040 | 40 | 0.22 | |
| | | 2014 | 17890 | 45 | 0.25 | |
| | | 2015 | 17720 | 71 | 0.4 | |
| | | 2016 | 17550 | 91 | 0.52 | |
| 山东省 J市某区 | | 2017 | 1721 | 1 | 0.06 | J市某区人社局 |
| | | 2018 | 1647 | 0 | 0 | |

此外，还有一批吸引媒体关注的处级及以上公务员辞职的个案。比如 2013 年 9 月，广州市公安局政治部人事处处长陈某去格力公司任副总裁；2014 年杭州金融办副主任俞某到阿里巴巴集团任职；2015 年山东省济宁市市长梅某到华大基因深圳国家基因库任职；2016 年云南省普洱市国土资源局党组成员、副局长李某去职当律师等（见表 3-2）。这些处级及以上公务员辞职的典型案例多数发生在 2015 年。

表 3-2 党的十八大以来处级及以上公务员辞职的典型案例

| 姓名 | 年龄（岁） | 辞职年份 | 辞职前的单位及职务 | 级别 | 辞职去向 |
|---|---|---|---|---|---|
| 陈某 | — | 2013 | 广州市公安局政治部人事处处长 | 正处级 | 格力公司副总裁 |
| 俞某 | — | 2014 | 杭州金融办副主任 | 副处级 | 阿里巴巴集团 |
| 陈某 | — | 2014 | 国家质检总局办公厅新闻办公室主任 | 正处级 | 360 公司副总裁 |
| 戴某 | 41 | 2015 | 江苏省兴化市（县级）副市长 | 副处级 | 太平洋建设集团董事局副主席兼太平洋公共地产董事局主席 |
| 张某 | 48 | 2015 | 山东省菏泽市副市长 | 副厅级 | 中国太平洋财险深圳子公司党委书记 |
| 梅某 | 50 | 2015 | 山东省济宁市市长 | 正厅级 | 华大基因深圳国家基因库 |
| 丁某 | 52 | 2015 | 上海市浦东区副区长 | 副厅级 | 企业 |
| 卫某 | 43 | 2015 | 上海市浦东区副区长 | 副厅级 | 海外留学 |
| 陈某 | 45 | 2015 | 上海市政府外事办公室副主任 | 副厅级 | 互联网企业 |
| 李某 | — | 2016 | 云南省普洱市国土资源局党组成员、副局长 | 副处级 | 律师 |

资料来源：依据相关媒体报道整理。

## 第二节 我国公务员"辞职潮"不会到来

对于我国公务员去职或辞职的看法，媒体或研究者大体持以下几种观点。一是可能会出现公务员"辞职潮"。刘星等认为，数据表明，政府、非营利性机构的从业人员跨行业跳槽人数比 2014 年同期上涨 34%，2014 年以来的"公务员热"也在降温。这让人联想到 1992 年和 2003 年的两次公务员"辞职潮"。① 二是公务员辞职现象有现实根源。陈鑫的文章显示，中国公务员中 29.3% 的人存在心理问题。在所有心理疾病患者中，有 10% 是公务员，远高于其他群体。在某省的一次职场心理健康调查中，公务员的生活状态评估排名在所有职业中倒数第一。② 在这种现实背景下，公务员辞职是必然现象。三是公务员"流动性不足"。魏英杰认为，以目前国内公务员的辞职情况看，不仅没有多到异乎寻常的程度，反倒存在一定程度的"流动性不足"问题。如果今后公务员的辞职比例更高一些，也不必感到惊诧。③ 四是公务员辞职属于正常流动。人社部否认出现公务员离职潮，认为辞职属正常流动。④ 人民网舆情监测室舆情分析师熊剪梅通过对各种媒体的 1 万多篇文献进行分析后也认为，公务员辞职属正常人才流动范围。⑤

本节将从比较的视角反观中国公务员辞职情况，比较中国企业员工去职率和英美国家公务员去职率发现，我国公务员的辞职率非常低，我国公务员"辞职潮"不会到来。

## 一 我国公务员去职率平均仅为 0.1% 左右

笔者在走访调查中收集到的数据显示，我国公务员去职率极低，公务员队伍总体上非常稳定。如表 3-1 所示，2014 年全国的公务员的去职率约为 0.13%；2015 年的去职率约为 0.17%。2014 年云南省西双版纳州 M 县和临沧市 C 县的公务员去职率分别为 0.24% 和 0.15%。2012 年、2013 年、2014 年云南省公务员的辞职人数分别为 16 人、184 人、301 人，

---

① 刘星、谢亚乔、易舒冉：《公务员辞职潮来了吗：离开体制还能干啥?》，《中国青年报》2015 年 4 月 3 日，第 5 版。

② 陈鑫：《公务员心理健康"求关注"》，《健康时报》2015 年 2 月。

③ 魏英杰：《公务员辞职无须过度解读》，《钱江晚报》2015 年 5 月 11 日。

④ 赵鹏：《人社部否认出现公务员离职潮》，《京华时报》2015 年 4 月 25 日。

⑤ 熊剪梅：《公务员辞职属正常人才流动》，《中国纪检监察报》2015 年 4 月 27 日。

去职率仅为 0.006%、0.07% 和 0.12%。[1] 2017 年党的十九大召开期间，中组部副部长齐玉在回答记者提问时表示，从统计情况看，近年来公务员队伍总体保持稳定，700 多万名公务员中每年辞职的是 1 万名左右，平均辞职人数仅占公务员总数的 0.1%，或比 0.1% 稍微多一点儿。[2] 依据表 3-1 求得全国公务员去职率平均值为 0.12%，与齐玉副部长通报的情况是一致的。因此，不存在所谓"辞职下海潮"的说法。

## 二　我国企业的同期去职率远高于公务员

2015 年初，众达朴信数据部门针对 2014 年离职率进行全面调查，分析结果显示，2014 年企业的整体离职率为 28.8%，主动离职率即去职率为 19.6%（2013 年的整体离职率为 25.6%，去职率为 17.4%）。图 3-1 显示的是党的十八大以来中国企业员工主动离职率的变化情况，最低的一年（2017 年）的主动离职为 14.4%，因此与我国企业员工的主动离职率相比，我国公务员的 0.1% 左右的去职率是极低的。这说明我国的公务员队伍非常稳定。

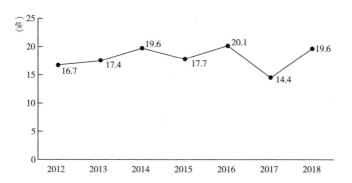

图 3-1　党的十八大以来中国企业员工主动离职率变化情况

① Li，Y. K.，"Analysis of Resignation Trend of Chinese Civil Servants，" 2016 2nd International Conference on Social，Education and Management Engineering，2016.
② 胡永平：《数字解读全面从严治党五年反腐"成绩单"》，中国网，2017 年 10 月 19 日。http：//www. china. com. cn/19da/2017 - 10/19/content_41758950. htm，最后访问日期：2019 年 7 月 30 日。

## 三 英美国家公务员的去职率远高于我国

与英美国家公务员的去职率相比,我国公务员去职率偏低。美国联邦政府人事管理办公室的统计数据显示,20 世纪 70 年代以来,美国联邦公务员去职率的高峰期出现在 1970 年,达到 12.60%,之后呈逐渐降低的趋势,2000~2018 年,从 5.34% 缓慢降到 3.83%,其中有缓慢的起伏(见图 3-2)。可见美国联邦公务员的去职率均在 3% 以上。

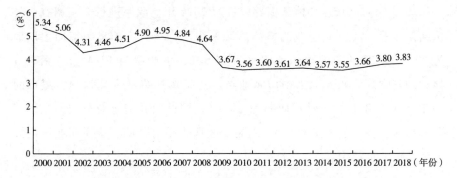

**图 3-2 美国联邦公务员去职率变化趋势 (2000~2018)**
资料来源:美国联邦政府人事管理办公室,http://www.fedscope.opm.gov。

那么美国各州公务员的去职率又如何呢? 1998 年政府绩效工程的调查显示,1997 年美国被调查的 43 个州的公务员的平均去职率是 8.05%。其中去职率最高的新墨西哥州达到 20.32%;有 15 个州去职率在 10% 以上;去职率最低的是宾夕法尼亚州,也达到 1.6%(见表 3-3)。[①] 因此美国平均 8.05% 的公务员去职率也远高于我国的去职率平均水平。

---

① Schaufeli, W. B., Bakker, A. B., "Job Demands, Job Resources, and Their Relationship with Burnout and Engagement: A Multisample Study," *Journal of Organizational Behavior* 25 (2004): 293.

表 3-3　1997 年美国州政府自愿去职统计

| 州名称 | 自愿去职率（%） | 州名称 | 自愿去职率（%） | 州名称 | 自愿去职率（%） |
|---|---|---|---|---|---|
| 新墨西哥州 | 20.32 | 特拉华州 | 10.9 | 伊利诺伊州 | 5.24 |
| 阿肯色州 | 19 | 俄克拉荷马州 | 9.5 | 俄勒冈州 | 5.1 |
| 阿拉斯加州 | 15 | 马里兰州 | 9.14 | 肯塔基州 | 5.09 |
| 密苏里州 | 14.9 | 北卡罗来纳州 | 8.72 | 缅因州 | 5 |
| 爱达荷州 | 14.74 | 蒙大拿州 | 8.3 | 华盛顿州 | 4.4 |
| 田纳西州 | 13.26 | 弗吉尼亚州 | 7.5 | 纽约州 | 3.85 |
| 佛蒙特州 | 12.86 | 内布拉斯加州 | 6.5 | 夏威夷州 | 3.5 |
| 得克萨斯州 | 12.73 | 新罕布什尔州 | 6.36 | 明尼苏达州 | 3.4 |
| 路易斯安那州 | 12.58 | 内华达州 | 6.1 | 艾奥瓦州 | 3.01 |
| 密西西比州 | 12.4 | 阿拉巴马州 | 5.84 | 威斯康星州 | 2.6 |
| 佐治亚州 | 11.9 | 犹他州 | 5.81 | 密歇根州 | 2.35 |
| 南达科拉州 | 11.6 | 马萨诸塞州 | 5.5 | 罗得岛州 | 2.35 |
| 印第安纳州 | 11.3 | 俄亥俄州 | 5.5 | 佛罗里达州 | 1.86 |
| 堪萨斯州 | 11 | 北达科他州 | 5.4 | 新泽西州 | 1.8 |
| | | | | 宾夕法尼亚州 | 1.6 |

　　除了美国，其他国家的情况又如何呢？英国 1997 年的一份统计数据显示，英国公务员去职率从 1992 年至 1997 年，保持在 1.9%~2.6%（见图 3-3）。2013 年英国的公务员总数是 44.88 万人，公务员辞职的人数是 9592 人，去职率是 2.14%。[①] 这与 1997 年相比有所下降，但基本维持在 2% 以上。因此，可以得出结论，英美国家的公务员去职率远高于我国。

　　因此，不管是与我国的企业相比，还是与英美国家的公务员相比，我国的公务员去职率是相当低的，我国公务员队伍是非常稳定的。

---

① 《英国公务员离职原因》，http://www.ons.gov.uk/employmentan dlabourmarket/peopleinwork/ publicsectorpersonnel/bulletins/civilservicestatistics/2013-10-10，最后访问日期：2019 年 7 月 30 日。

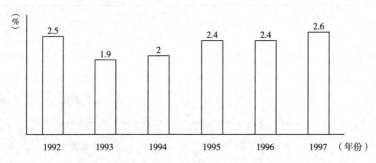

图 3-3　英国公务员去职率变化趋势（1992~1997）

## 第三节　公务员去职是职业发展中的正常现象

尽管中国公务员的去职率比较低，但无论是从全国总体层面，还是从部委、省、市、县角度来看，党的十八大以来我国公务员去职现象较为常见，逐步成为正常现象（见表 3-1）。其原因主要有一个"推力"、一个"拉力"、一个"引力"。"三力"作用的结果就是去职会成为正常现象，但是去职率不会高。

### 一　"严管"措施客观上形成了公务员去职的"推力"

党的十八大以来，党和政府采取了一系列管理"组合拳"加强对党政领导干部和公务员的管理。第一，加大反腐败力度，贪污腐败者受到了依法查处；第二，坚持"老虎""苍蝇"一起打，形成严管态势；第三，大力治理灰色地带，严查公务员的灰色收入；第四，强化公务员的工作作风和生活作风管理。这些措施使得公务员队伍的面貌焕然一新，公务员的形象更加清廉，政治生态更加净化。在这种形势下，个别公务员如果无法适应，就可以早做决定，寻找更适合自己的工作。

### 二　养老保险金并轨制度的实施形成公务员去职的"拉力"

国家人社部及时顺应管理形势，使多年来一直处于讨论中的公务员养老保险金并轨问题得到落实，700多万名公务员自2015年起与社会接轨，每月缴纳社保费，退休后到社保局领取养老保险金。这个政策在某种程度上形成了公务员去职的"拉力"，畅通了公务员去职的道路。

本研究在调查中发现，云南省2012年、2013年、2014年的退休人数逐年增加，分别是2633人、3902人和5867人，或许正是部分公务员对退休金并轨政策有所顾虑，抢在并轨前退休，从单位人事部门领取退休金。

### 三 普调工资形成公务员去职的"引力"

2016年，国家人社部对公务员薪酬进行及时调整，相对提高公务员工资福利水平，这有利于稳定公务员队伍。2017年以来中央国家机关和地方各级机关公务员的去职率下降正好证实了公务员增资对降低去职率的作用。工资的普遍增长使得绝大多数公务员不会辞职，稳定了公务员队伍。

### 四 "三力"作用的结果：去职会成为正常现象，但去职率不高

随着以上措施的落实，公务员的职业预期逐步发生了变化，过去认为当官发财，公务员灰色福利很好的扭曲看法逐步得到了纠正。于是公务员职业变得与所有工作一样，仅是一种公共职业选择，适合自己成为职业选择的首要标准，已进入公务员队伍的少数人发现这个职业不适合自己，会及时做出调整。辞去公职是极为正常的人才流动现象，反映了市场经济条件下人才自我选择的多元化和公务员管理的逐步规范化。

同时，党的十八大以来公务员辞职现象在很多地方从无到有，由少到多，正是党和国家对公务员实施"三力"管理举措的正常反应。本研究从走访的国家部委办局和多个县级城市中了解到，党的十八大以来几乎每一个部委或基层县市都存在公务员辞职的现象。由此可以预见，今后公务员辞职将成为一种常见现象。

## 五 辞职现象的意义和作用

公务员辞职制度设计的目的是使公务员单位和非公务员部门，尤其是企业之间形成自由的人才流动机制，为市场经济提供充足的人才总量和人才自由选择的空间。40多年改革开放的实践证明，前后四次公务员去职的"小高潮"均处于国家经济发展深化的机遇期：20世纪80年代中期是改革开放政策明朗期，1992年是社会主义市场经济体制确立期，2002年前后是中国加入世贸组织迎来了经济融入期，2014年前后是政治生态大调整和经济发展提质期。因此一定程度上看，公务员去职率恰好是经济变化的"晴雨表"，公务员流动到市场经济环境中，创造更大的价值对国家经济社会发展是一件好事。

## 六 结论

公务员队伍总体稳定和公务员去职成为正常现象的判断是本研究进一步研究的总体基调。一定数量的公务员去职对国家和社会而言是一件好事，但是对人才流失的单位和部门而言就不是好事了，必须查找原因，采取相应措施吸引人才和留住人才。接下来我们将调研公务员去职成为正常现象后，管理部门如何通过公务员去职意向来预测和管理去职行为，同时发现公务员去职的一些规律，提前进行预判和研究治理对策。

# 第四章　公务员去职行为实证分析

本章首先对公务员管理部门进行访谈分析，其次对已去职的公务员进行开放式问卷调查，剖析公务员去职行为，深入挖掘影响公务员去职的因素。

## 第一节　对管理部门的访谈分析

### 一　公务员去职行为的访谈设计

为了解公务员去职行为的现状、原因、对原单位的影响以及党的十八大以来形势变化对公务员去职的影响、管理的难点、未来趋势等，本研究专门对北京、甘肃、山东、云南、贵州等地的公务员部门进行了座谈、发函或电话访谈，在获取大量一线资料的基础上对公务员去职行为进行分析（见表 4-1 和表 4-2）。

表 4-1　公务员去职行为访谈提纲

| 序号 | 问题 | 回答方式 |
|---|---|---|
| 1 | 公务员现状及近 3 年来公务员去职情况 | 提供材料 |
| 2 | 去职的原因 | 开放式 |
| 3 | 去职对原单位的影响 | 开放式 |
| 4 | 党的十八大以来的形势对公务员去职的影响 | 开放式 |
| 5 | 管理公务员去职行为的难点 | 开放式 |
| 6 | 公务员去职的趋势 | 开放式 |

表 4-2  访谈的时间地点

| 序号 | 地点 | 时间 |
| --- | --- | --- |
| 1 | 云南省西双版纳州 M 县 | 2015 年 5 月 |
| 2 | 云南省昆明市 G 区 | 2015 年 8 月 |
| 3 | 云南省临沧市 C 县 | 2015 年 7 月 21 日 |
| 4 | 云南省红河州 H 县 | 2015 年 8 月 27 日 |
| 5 | 云南省德宏州 M 市 | 2016 年 2 月 |
| 6 | 北京市 | 2015 年 7 月（2019 年 11 月） |
| 7 | 甘肃省兰州市 | 2015 年 12 月 |
| 8 | 贵州省贵阳市和毕节市 | 2016 年 7 月 |
| 9 | 山东省 J 市 | 2017 年 2 月 |

## 二 公务员去职的原因梳理

笔者通过对以上访谈地的人社局、组织部、法院等部门的负责人开展访谈，梳理管理部门对公务员去职的原因分析，主要有以下几个方面。

**（一）中央和国家单位**

（1）对中央和国家机关来说，单位本来就没有什么大的福利和待遇，党的十八大前后没有什么太大区别。收入不高可能是公务员去职的主要原因。

（2）对公务员各方面的约束更严、要求更高，形成公务员辞职的外部压力。

（3）选择去职的公务员的特点：年轻公务员，一般有专业优势；中年公务员，一般有工作经验优势。

（4）工作压力太大，各种检查层出不穷，"文山会海"压得人喘不过气。

（5）部分司局人员常年加班，根本无暇照顾家庭。

（6）很多人到了一定年龄，对事业和发展有了新的想法，一眼看到头的生活没了吸引力，不愿再屈就自己。

（7）机关比较消磨个性。有个性的公务员，不愿意从事琐碎的行政工作，所以去职开辟另外一条自己喜欢的职业道路。

**（二）县乡级机关**

（1）党的十八大以来各项禁令频出，部分公务员感到福利减少、待遇下降，与此同时对公务员各方面的约束更严、要求更高，考核问责力度加大，形成公务员去职的外部压力。

（2）到达一定职位后难于再晋升，就会趁着还有年龄优势，走出公务员系统，到市场经济大潮中去搏一把。

（3）公务员的工作压力太大，比如公安部门，遇到维稳或者紧急任务，24小时手机不能关机，随时有任务随时出发，身体吃不消，不能照顾家庭，各方面压力促成去职现象。

（4）偏远的乡镇，条件太艰苦，岗位难招到合适人选，即便招到，2年以内调离的太多。

（5）一方面，基层法院案件多（有案必立），案件审理责任终身制，法院骨干人才流动大，主审法官数量欠缺，造成法官任务太重，压力太大；另一方面，要求所有法官必须通过司法考试，凭司法考试证可以成为法官、检察官，也可以成为律师，因此出现了法官去职做律师的现象。法院部分专业人员被其他部门看中并调离的情况特别明显。

　　根据某县法院的统计，该法院近3年来，有1人辞职，另有1人正在申请辞职，辞职现象并不严重。然而，2003年以来招录的51名公务员中，截至2015年5月12日，有23人通过组织调动、考试选调、辞职等方式离开县法院，离职率达到45%。2003年至2010年招录的30人中，仅有7人还在该法院工作，77%的骨干力量离开了该法院。法院的工作人员只剩下上了年纪、专业基础较为薄弱的老公务员，或者2011年以后刚入职、办案经验不足的新公务员，每一个法庭仅能保证有一名经验相对丰富、已经结婚、家在本地的法官。[①]

（6）公务员的家庭原因，比如为打破夫妻两地分居局面，夫妻一方不得不为另一方做出去职的牺牲；或者家庭不在本地，该公务员是家里

---

① 2015年在云南某县调查时，法院办公室提供。

的独生子女，为了照顾家庭而去职。

> 某国土厅公务员，在职攻读博士，毕业后选择到高校任教。她去职的原因是：一是丈夫经商，家里经济较为宽裕，但没有人照顾孩子；二是认为自己在机关晋升的机会不会太多，熬到头最多就是副处，到学校任教更加符合自己的价值取向。[①]

（7）公务员的价值选择有了变化，想换一种活法。

## 三　去职对本单位的影响

通过对访谈材料的梳理，管理部门认为公务员去职对本单位会有如下影响（主要是负面影响）。

**（一）中央和国家机关**

（1）去职的公务员，肯定是有能力的，通常是单位的骨干，这可能会造成工作衔接空缺，交接出现问题。

（2）由于岗位职责分工不同，新接手的同事在业务上、流程上需要一个熟悉的过程，会影响业务进度。

（3）离开的公务员收入剧增，会给在职人员带来一些示范效应，造成人心不稳。

**（二）县乡级机关**

（1）去职的公务员通常是单位的骨干，会造成工作衔接空缺，交接出现问题。

（2）由于岗位职责分工不同，新接手的同事在业务上、流程上需要一个熟悉的过程，会影响业务进度。

（3）公安部门警力不够，法院法官缺乏，偏远乡镇难招到人，影响了这些部门的工作效率和服务质量。

（4）对单位的人事调配会有一定的影响，毕竟公务员招考一年只有一次。

---

① 本研究访谈记录。

（5）增加人事部门等的工作任务，如工资的核算、养老保险金的核算与续转问题等。

## 四　党的十八大以来的形势对公务员去职的影响

党的十八大以来的形势对公务员去职的影响有以下两种观点。

（1）党的十八大以来，"官本位"或"权力本位"的状况被打破了，从制度上推进了政治文明建设。部分公务员感到福利减少、待遇下降，与此同时对公务员各方面的约束更严、要求更高，导致部分公务员有去职的想法。

（2）党的十八大以来，对公务员的要求更高，管理更加严格，公务员的工作作风有了很大转变，私用公车的现象没有了，但同时工作压力增加了，高层单位存在因工作压力太大、福利减少而去职的现象。然而一些接受访谈的县乡级领导认为，并没有因为这个原因去职的情况。

## 五　管理公务员去职行为的难点

（1）根据《中华人民共和国公务员法》的规定，公务员去职须遵循严格的审批程序。不管在中央和国家机关还是在基层县乡级机关，都必须遵循法律的审批程序，比较烦琐。

（2）公务员去职后，其人事档案的管理在县、乡镇级会存在问题。但在中央和国家机关，档案管理都有相关规定，实践中很少遇到管理问题。

（3）公务员服务年限界定的问题。基层机关会遇到服务年限界定的问题。在中央和国家机关，尽管有的单位有五年服务年限的规定，但是在任职期间，双方是可以双向选择的，所以在中央和国家机关很少有类似的困惑。

（4）公务员养老保险金的核算问题。基层机关遇到公务员去职后自己创业的情况时，存在养老保险金难以核算的问题。中央和国家机关公务员去职后往往进入新单位，按照规定养老保险金可以转到新单位，不会遇到核算问题，没有纠纷。

## 六　公务员去职的趋势

对县乡级机关来说，随着养老保险双轨制的改革和聘任制的推行，附加在公务员这一职业上的特殊性将会逐渐被剥离,"公务员热"或许将会降温。但是这不足以让整个公务员队伍出现大的动荡,毕竟从县级来看,各类企业量小质弱,用工需求较少,关停裁员现象时有发生,员工收入无保障。而公务员收入较其他行业相对更有保障,公务员队伍相对还是稳定的。而在经济社会较为发达的省区,养老保险并轨制的实施,无疑扫除了公务员自由流动的最后一道障碍,使其对"是去是留"可以做出自由的选择,但是前提是不得违反人事合同和《中华人民共和国公务员法》的相关规定。

对中央和国家机关而言,随着这几年经济下行压力加大,离职人员逐步减少,一旦经济复苏,还是有很多有能力的人可能会离开公务员队伍,这也是社会进步的标志。

## 第二节　基于 286 份已去职公务员的<br>调查问卷分析

### 一　引言

面对十八大以来公务员去职现象频发的状况,媒体也曾尝试分析公务员为何去职?但是缺少大数据支撑,仅仅停留在定性的分析判断层面。本节采用问卷调查方法,获取了已去职的 286 名原公务员的数据,试图探索哪些公务员会去职?为何去职?他们对原来的单位和工作如何评价?他们开始选择公务员职位时看重什么,去职时又最不喜欢什么?对在职的公务员管理有何建议?

### 二　研究方法与数据获取

#### （一）研究方法

据财新网报道,2015 年中国公务员辞职人数达到近 1.2 万人,约占公务员队伍总数的 0.2%。[①] 可是,由于已去职的公务员仅占微小的比例,而且分散在全国各地、各部门,大样本收集工作非常困难。本研究采用

---

① 石睿:《官方坦言:公务员辞职数量有增长但比例还正常》,财新网,2016 年 6 月 28 日。http://china.caixin.com/2016-06-28/100959808.html,最后访问日期:2021 年 6 月 14 日。

问卷调查法,通过加入公务员辞职的微信群、QQ 群等,与群主建立良好关系,邀请群主转发问卷等方式,在线邀请已去职的公务员进行问卷填写,最后收集到有效样本 286 份。

(二)问卷设计

问卷命名为"公务员去职行为满意度问卷调查",共有 16 个问题,包括 7 个维度:人口特征、工作满意度、去职原因、去职去向、对原工作的评价、保留人才的建议、对公务员职业前景的预期(见表 4-3)。其中 Q3、Q11、Q12、Q13、Q14 这 5 个问题采用开放式回答,相当于进行访谈,不设定选项,以便获得更加真实的回答。问卷采用在线回答方式,受访人必须回答所有问题才能提交问卷,因此鼓励每一位答题者认真回答所有问题。Q1 的设定是限制非公务员答题,以保证问卷所收集到的样本的真实性,回答"否"的答题者将被终止答题。

表 4-3 公务员去职行为满意度问卷调查

| 序号 | 问题 | 选项 | 维度 |
|---|---|---|---|
| Q1 | 您去职前是公务员吗? | 是/否 | 人口特征 |
| Q2 | 性别 | 男/女 | |
| Q3 | 您去职前的单位是 | 开放式 | |
| Q4 | 您去职前的行政职务和级别是 | 科级以下/科级/处级/厅级及以上 | |
| Q5 | 您在原单位工作了多久? | 1 年及以内/2～3 年/3～5 年/5～10 年/10～15 年/15～20 年/20 年及以上 | |
| Q8 | 关于离开原单位,您考虑了多久? | 1 个月及以下/1 个月到 5 个月/5 个月及以上 | |
| Q6 | 请选择您对您去职前的工作在以下方面的感受:作为一份工作整体而言/工作任务/培训发展项目/晋升机会/薪酬/保险福利/工作环境/同事/上司 | 非常满意/满意/一般/不满意/非常不满意 | 工作满意度 |
| Q15 | 您认为您的工作对于(原)单位是否重要? | 非常重要/多少有几分重要/根本不重要 | |

57

续表

| 序号 | 问题 | 选项 | 维度 |
|---|---|---|---|
| Q7 | 您为什么离开原来的单位？（多选） | 福利/更好的工作机会/与其他员工不和/与领导不和/家庭原因/工作期望/无挑战性/薪酬/个人原因/搬家/重返校园/工作条件/其他 | 去职原因 |
| Q9 | 您去职后的去向？ | 政府部门/国有企业/事业单位/私企/自己创业/其他 | 去职去向 |
| Q11 | 关于您去职前的工作/职位，您最喜欢的是哪一点？ | 开放式 | 对原工作的评价 |
| Q12 | 关于您去职前的工作/职位，您最不喜欢的是哪一点？ | 开放式 | |
| Q13 | 为了改善您同事的工作环境，您会做什么？ | 开放式 | 保留人才的建议 |
| Q14 | 政府部门应该如何改进人力资源管理？ | 开放式 | |
| Q10 | 您认为您的同事是否也有去职的想法？ | 是/否/不清楚 | 对公务员职业前景的预期 |
| Q16 | 你会如何将"公务员职业"作为一个工作的选择推荐给朋友？ | 非常好/好/一般/差 | |

## （三）数据获取情况

### 1. 基于问卷填写时间的基本信息

问卷调查从 2016 年 7 月 26 日开始，至 2017 年 3 月 13 日结束，历时近 8 个月。在 2017 年 2 月以前，问卷填写的情况并不理想，原因是没有得到公务员辞职群群主的支持。2017 年 2 月，笔者在与公务员辞职群群主取得联系后，请他帮忙在群里呼吁大家填写问卷，效果就比较明显，最后获取有效问卷 286 份。

2. 被调查对象的地域分配情况

286 位被调查对象分布在北京、江苏、广东、浙江、山东、安徽、河南、四川、湖南、江西等地。如图 4-1 所示，去职现象较多的地方主要是北京、江苏、广东等经济较为发达的地区。

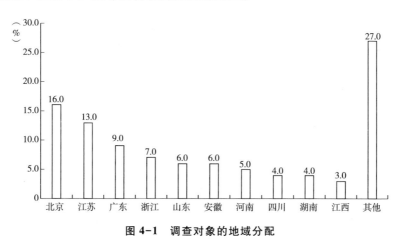

图 4-1　调查对象的地域分配

3. 被调查对象填写问卷时所使用的工具情况

在 286 位被调查对象中，256 人使用手机填写问卷，而使用计算机填写的问卷仅有 30 人。

## 三　研究结果分析

### （一）人口学分布特征

从表 4-4 可以看出，获取的 286 份样本中，男性样本较多，占 76.2%，符合现实去职情况。从行政级别看公务员去职情况，第一是普通科员（科级以下），占 52.4%；第二是科级公务员，占 41.3%；第三是处级公务员，占 4.5%；第四是厅级及以上公务员，占 1.7%，也就是说去职人数依从低到高的级别顺序呈递减趋势（见图 4-2）。这个比例也比较符合去职现象中的实际情况。从在原单位工作的年限看，随着工作年限的增加，去职人数表现出先增加后减少的趋势（见图 4-3）。这说明公务员工作的 2~10 年，其职业稳定性不高，值得关注。从去职考虑时长看，64% 以上的公务员在去职前是经过充分考虑的，冲动型去职情况并不多。

表 4-4　问卷的人口学分布情况（N=286）

单位：人，%

| | | 频数 | 百分比 | 有效百分比 | 累计百分比 |
|---|---|---|---|---|---|
| 性别 | 男 | 218 | 76.2 | 76.2 | 76.2 |
| | 女 | 68 | 23.8 | 23.8 | 100.0 |
| | 合计 | 286 | 100.0 | 100.0 | |
| 您去职前的行政职务和级别 | 科级以下 | 150 | 52.4 | 52.4 | 52.4 |
| | 科级 | 118 | 41.3 | 41.3 | 93.7 |
| | 处级 | 13 | 4.5 | 4.5 | 98.3 |
| | 厅级及以上 | 5 | 1.7 | 1.7 | 100.0 |
| | 合计 | 286 | 100.0 | 100.0 | |
| 您在原单位工作了多久？ | 1 年及以内 | 20 | 7.0 | 7.0 | 7.0 |
| | 2~3 年 | 49 | 17.1 | 17.1 | 24.1 |
| | 3~5 年 | 64 | 22.4 | 22.4 | 46.5 |
| | 5~10 年 | 87 | 30.4 | 30.4 | 76.9 |
| | 10~15 年 | 37 | 12.9 | 12.9 | 89.9 |
| | 15~20 年 | 15 | 5.2 | 5.2 | 95.1 |
| | 20 年及以上 | 14 | 4.9 | 4.9 | 100.0 |
| | 合计 | 286 | 100.0 | 100.0 | |
| 关于离开原单位，您考虑了多久？ | 缺失 | 2 | 0.7 | 0.7 | 0.7 |
| | 1 个月及以下 | 31 | 10.8 | 10.8 | 11.5 |
| | 1 个月到 5 个月 | 70 | 24.5 | 24.5 | 36.0 |
| | 5 个月及以上 | 183 | 64.0 | 64.0 | 100.0 |
| | 合计 | 286 | 100.0 | 100.0 | |

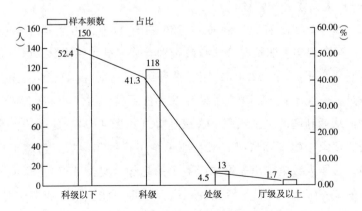

图 4-2　去职公务员的级别分布特点

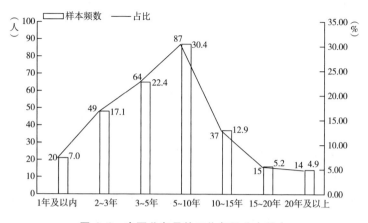

图4-3　去职公务员的工作年限分布特点

人口变量中还有一个问题"Q3 您去职前的单位是",这个问题是开放式回答,为打消填写者的顾虑,我们只要求填写模糊单位,依据关键词进行统计,分布情况如表4-5所示,从部门来看,法院和检察院相对去职人数比较集中,共有116名,占比为40.6%;政府部门的有141名,占比为49.3%;党务系统的有14名,占比为4.9%。从层级来看,中央和国家机关的有6名,占比为2.1%;明确为省级的有14名,占比为4.9%;明确为市级的有63名,占比为22%;明确为县级的有13名,占比为3.4%;明确为乡镇的有14名,占比为4.9%;其余的仅填写部门信息,没留下层级信息。

表4-5　去职公务员原单位的分布情况

| 类型 | 单位 | 人数（名） | 比例（%） |
|---|---|---|---|
| 法检 | 法院 | 85 | 40.6 |
| | 检察院 | 31 | |
| 层级 | 中央和国家机关 | 6 | 2.1 |
| | 省级 | 14 | 4.9 |
| | 市级 | 63 | 22.0 |
| | 县级 | 13 | 3.4 |
| | 乡镇 | 14 | 4.9 |

续表

| 类型 | 单位 | 人数（名） | 比例（%） |
|---|---|---|---|
| 系统 | 党务系统 | 14 | 4.9 |
| | 政府部门 | 141 | 49.3 |
| | 工会及群团组织 | 3 | 1.1 |

**（二）去职公务员对原工作的满意度**

1. 去职公务员对原来工作的总体感受

图4-4显示了去职公务员对原工作的满意度。对于工作任务的感受：84人感到满意，占总人数的29.4%；感觉一般的有120人，占总人数的42.0%；感到不满意的人数有82人，占总人数的28.7%。总体来说，已去职公务员对工作任务的感受一般，满意和不满意的人数趋近相同。

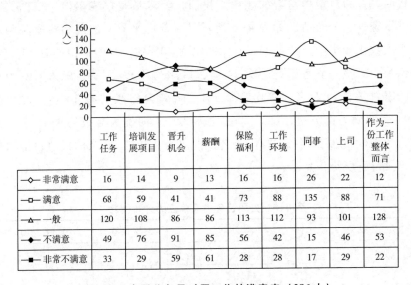

| | 工作任务 | 培训发展项目 | 晋升机会 | 薪酬 | 保险福利 | 工作环境 | 同事 | 上司 | 作为一份工作整体而言 |
|---|---|---|---|---|---|---|---|---|---|
| ◇ 非常满意 | 16 | 14 | 9 | 13 | 16 | 16 | 26 | 22 | 12 |
| □ 满意 | 68 | 59 | 41 | 41 | 73 | 88 | 135 | 88 | 71 |
| △ 一般 | 120 | 108 | 86 | 86 | 113 | 112 | 93 | 101 | 128 |
| ◆ 不满意 | 49 | 76 | 91 | 85 | 56 | 42 | 15 | 46 | 53 |
| ■ 非常不满意 | 33 | 29 | 59 | 61 | 28 | 28 | 17 | 29 | 22 |

**图4-4　去职公务员对原工作的满意度（286人）**

对于培训发展项目的感受，在已去职公务员中，有73人感到满意，占总人数的25.5%；感到一般的有108人，占总人数的37.8%；感到不满意的有105人，占总人数的36.7%。总体来说感到不满意和一般的人居多，满意的人较少。

对于晋升机会，在已去职公务员中，有 50 人感到满意，占总人数的 17.5%；感觉一般的有 86 人，占总人数的 30.1%；感到不满意的有 150 人，占总人数的 52.4%。总体来说，对于晋升机会，已去职公务员感到不满意的居多。

就薪酬而言，在已去职公务员中，有 54 人觉得满意，占总人数的 18.9%；有 86 人觉得一般，占总人数的 30.1%；有 146 人觉得不满意，占总人数的 51.0%。总体而言，对于薪酬存在较多的不满意。

关于保险福利，在已去职公务员中，有 89 人觉得满意，占总人数的 31.1%；有 113 人觉得一般，占总人数的 39.5%；有 84 人觉得不满意，占总人数的 29.4%。满意和不满意的人数大体相当。

关于工作环境，有 104 人觉得满意，占总人数的 36.4%；有 112 人觉得一般，占总人数的 39.2%；有 70 人觉得不满意，占总人数的 24.5%。总体而言，对工作环境满意的人比不满意的人多。

对于同事的感受，在已去职公务员中，有 161 人觉得满意，占总人数的 56.3%；有 93 人觉得一般，占总人数的 32.5%；有 32 人觉得不满意，占总人数的 11.2%。通过比较可以看出，对同事满意的人居多，不满意的较少。

对上司的感受，有 110 人对上司是满意的，占总人数的 38.5%；有 101 人觉得上司一般，占总人数的 35.3%；有 75 人对上司不满意，占总人数的 26.2%。总体而言，对上司满意的人比不满意的人略多。

作为一份工作整体而言，83 人认为还是满意的，占总人数的 29.0%；有 128 人觉得一般，占总人数的 44.8%；有 75 人觉得不满意，占总人数的 26.2%。总的来说作为一份整体工作，较多的人认为还算过得去。

总体来看，去职公务员对工作整体、上司、同事和工作环境的满意度较高，而对薪酬、晋升机会和培训发展项目的满意度较低。

2. 去职前的工作对原单位的重要性

如图 4-5 所示，已去职公务员在回答去职前的工作对原单位的重要性问题时，选择"非常重要"的有 55 人，选择"多少有几分重要"的有 161 人，选择"根本不重要"的有 70 人。总体上他们认为自己的工作对原单位还是有几分重要的。这说明已去职公务员对自己工作的重要性还是认同的。

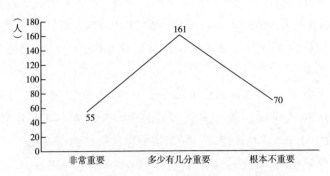

图 4-5　去职前的工作对原单位的重要性

**（三）离开原单位的原因**

通过对 286 份问卷的分析整理，已去职公务员离开原单位的原因主要有薪酬福利、个人发展两个方面。此题为多选，我们按照选择的人数和所占的百分比进行降序排列（见图 4-6），依次是：（1）薪酬；（2）更好的工作机会；（3）工作期望；（4）无挑战性；（5）个人原因；（6）家庭原因；（7）福利；（8）工作条件、（9）与领导不和；（10）与其他同事不和；（11）其他；（12）重返校园；（13）搬家。

对于"其他"原因，填写对象有所补充，归纳如下。

第一，较多是与工作压力有关，如：工作太累，压力太大；"五加二""白加黑"；没有多少个人空间，生活质量低；之前经常加班，身体长期处于亚健康状态等。

第二，与人事制度有关：无奈的人事制度；被形式主义的事务干扰，无法做好本职工作；福利薪酬及其他；与领导思路不同；没有发展机会。

第三，个人原因：不想从事某项工作；喜欢城市生活。

**（四）去职公务员的去向**

笔者对 286 份问卷进行整理分析后发现（见图 4-7）：（1）公务员去职后首先选择的去向是私企，共有 92 人，占比 32.2%；（2）排第二位的去向是自己创业，共有 89 人，占比 31.1%；（3）公务员去职后选择其他去向的有 54 人，占总数的 18.9%，但被调查对象没有解释其他去向有哪些；（4）公务员去职后选择国企的有 29 人，占总人数的 10.1%；（5）选

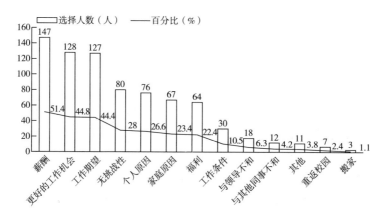

**图 4-6 已去职公务员离开原部门的原因**

择事业单位的有 17 人，占总人数的 5.9%；（6）继续选择政府部门的有 5 人，占总数的 1.7%。这说明去职公务员重返政府部门、事业单位和国企单位的比例并不大，主要是去私企就职或自己创业。

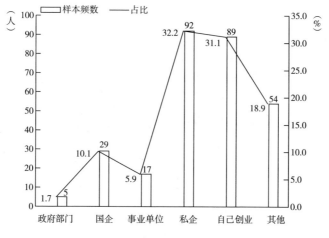

**图 4-7 去职公务员的去向**

**（五）对原工作的评价**

笔者对原工作的评价维度设计了两个反方向的开放式问题："关于您去职前的工作/职位，您最喜欢的是哪一点？""关于您去职前的工作/职位，您最不喜欢的是哪一点？"笔者对 286 份样本进行归纳分析的结果见下。

1. 稳定、安逸，成为去职公务员对原工作最喜欢的一点

通过对 286 份问卷的整理分析，笔者选取了其中 232 份有效回答的问卷作为分析对象（见图 4-8）。结果发现，最喜欢"稳定、安逸"的有 65 人，占总人数的 28.0%，排第一选项；最喜欢"工作好"的有 29 人，占总人数的 12.5%；认为公务员这份工作"轻松、自由、压力小"的也有 29 人，占总人数的 12.5%，这两个选项并列第二；认为公务员这份工作"体面、荣耀、社会地位较高"的有 25 人，占总人数的 10.8%，排名第三；最喜欢"人际关系、同事关系融洽"的有 24 人，占总人数的 10.3%，排名第四；最喜欢公务员这份工作"福利、保障、待遇好"的有 20 人，占总人数的 8.6%，排名第五。通过上述分析发现，稳定、安逸成为去职公务员对原工作最喜欢的一点。

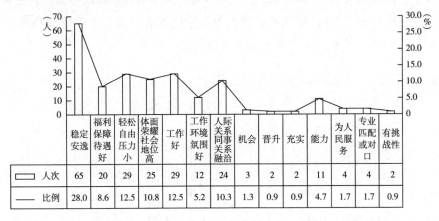

| | 稳定安逸 | 福利保障待遇好 | 轻松自由压力小 | 体面荣耀社会地位高 | 工作好 | 工作环境氛围好 | 人际关系同事关系融洽 | 机会 | 晋升 | 充实 | 能力 | 为人民服务 | 专业匹配或对口 | 有挑战性 |
|---|---|---|---|---|---|---|---|---|---|---|---|---|---|---|
| 人次 | 65 | 20 | 29 | 25 | 29 | 12 | 24 | 3 | 2 | 2 | 11 | 4 | 4 | 2 |
| 比例 | 28.0 | 8.6 | 12.5 | 10.8 | 12.5 | 5.2 | 10.3 | 1.3 | 0.9 | 0.9 | 4.7 | 1.7 | 1.7 | 0.9 |

**图 4-8 对"您去职前的工作/职位，您最喜欢的是哪一点？"的统计**

2. 薪酬偏低、晋升慢、压力大，成为去职公务员对原单位最不满意的方面

通过对 286 份问卷的整理分析，笔者选取了其中 160 份具有代表性的有效回答的问卷进行分析（见图 4-9）。结果发现，最不喜欢原工作"工资福利低、付出与收入不成正比"的有 59 人，占总人数的 36.9%，排第一位；最不喜欢原工作"晋升慢、发展无望"的有 38 人，占总人数的 23.8%，排第二位；最不喜欢原工作"工作压力大、累"的有 20 人，占总人数的 12.5%，排第三位；最不喜欢原工作"太过安稳、按部就班、

变化小"的有 9 人，占总人数的 5.6%；最不喜欢在原工作"与领导关系不顺"的有 9 人，占总人数的 5.6%，两个因素并列第四；最不喜欢原工作"官僚主义"的有 8 人，占总人数的 5.0%，排第五位；最不喜欢原工作"人际关系复杂"的有 6 人，占总人数的 3.8%；最不喜欢原工作"效率低下"的有 4 人，占总人数的 2.5%；最不喜欢原工作"离家远"的有 4 人，占总人数的 2.5%；最不喜欢原工作"风气不正"的有 3 人，占总人数的 1.9%。

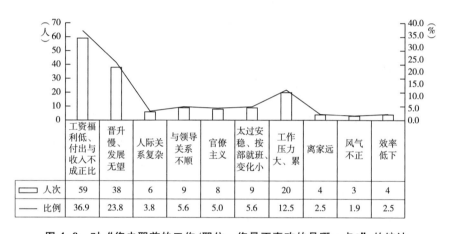

| | 工资福利低、付出与收入不成正比 | 晋升慢、发展无望 | 人际关系复杂 | 与领导关系不顺 | 官僚主义 | 太过安稳、按部就班、变化小 | 工作压力大、累 | 离家远 | 风气不正 | 效率低下 |
|---|---|---|---|---|---|---|---|---|---|---|
| 人次 | 59 | 38 | 6 | 9 | 8 | 9 | 20 | 4 | 3 | 4 |
| 比例 | 36.9 | 23.8 | 3.8 | 5.6 | 5.0 | 5.6 | 12.5 | 2.5 | 1.9 | 2.5 |

**图 4-9　对"您去职前的工作/职位，您最不喜欢的是哪一点？"的统计**

通过分析发现，工资福利低、付出与收入不成正比，晋升慢、发展无望，工作压力大、累成为公务员最不喜欢原工作的 3 个方面。

**（六）对保留人才的建议**

1. 为改善同事的工作环境提出的建议

对 286 位去职公务员的开放式回答进行梳理，笔者发现关键词出现频率比较集中的是以下 8 个方面（见图 4-10）：（1）无、没有、无能为力、不知道；（2）沟通；（3）辞职、离职、离开、跳槽；（4）呼吁；（5）领导和薪酬、工资、待遇、福利（并列）；（6）帮助同事；（7）和谐和培训（并列）；（8）做好本职工作和晋升机会（并列）；（8）情绪、氛围。

总的来看，积极沟通，呼吁各方关注，领导和高层重视，提高薪酬

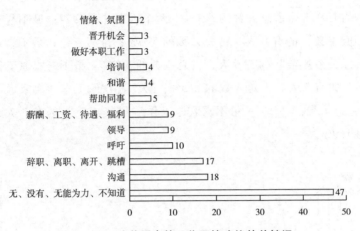

**图 4-10 改善同事的工作环境建议的关键词**

福利待遇等成为主要的积极建议。不知道和无能为力成为多数人的反映，体现了个人在改变制度方面力量很有限。离职或跳槽是一种消极的建议。

通过仔细梳理，笔者发现了一些比较有见解的建议。

（1）和谐相处，做一个正能量的人。

（2）尽力维护和谐宽松的氛围。

（3）合理分工。

（4）对那些不作为、混日子的人，减少其绩效工资或将其辞退；对工作认真负责的人，增加其绩效工资以资鼓励。

（5）为干部职工争取更多的政治待遇和学习培训的机会。

（6）提高待遇，改造硬件。

（7）多沟通交流，增进人际关系。

（8）大家都做好本职工作，减少不必要的形式主义。

（9）学会自我调节，适应工作环境。

（10）和组织人事部门沟通，为同事工作营造良好外部环境。

（11）多传播新事物和新思想。

（12）多些有用的培训。

（13）增加办公车辆、得力的辅助人员。

（14）减少无谓的会议。

（15）多向上级提意见，与领导沟通，申请改善。

（16）明晰工作任务，明确工作要求，明白处事标准。

（17）努力工作，用实际行动影响他人。

（18）提高薪酬福利，实行轮岗。

（19）建议增加员额，合理控制工作量。

（20）呼吁社会关注，在各种场合呼吁改进工作环境。

（21）建议领导关注个人发展。

（22）争取领导支持，自己动手改变。

（23）减轻压力，提升发展空间。

（24）创造更多的晋升机会。

（25）以各种方式支持。

（26）优化考核用人机制。

（27）推进司法改革。

（28）改变工作气氛。

（29）强大自己，保持随时可以离开体制的能力。

（30）精简工作流程。

（31）减员加薪，岗位轮换，人员自由流动。

（32）统筹办公地址，改善饮食条件，创造更人性化、更舒适的办公环境。

2. 对政府部门改进人力资源管理的建议

通过对 286 位已去职公务员的开放式回答进行梳理，笔者发现建议的高频词如图 4-11 所示，排前十位的是：（1）薪酬相关（待遇、工资、福利、收入）；（2）制度、机制；（3）晋升；（4）"三公"（公开、公平、公正）；（5）考核、绩效；（6）奖惩、激励；（7）培训；（8）按劳分配；（9）基层公务员；（10）交流和保障（并列）。

他们所提的具体建议主要有以下几个方面。

（1）关于薪酬福利改进方面的建议。通过梳理建议发现，"薪酬"出现 12 次、"福利"出现 6 次、"工资"出现 7 次、"收入"出现 3 次、"待遇"出现 25 次，与薪酬福利制度相关的词汇共出现 53 次。归纳起来主要有 4 条措施：一是引进竞争、激励机制，以效率为核心，建立合

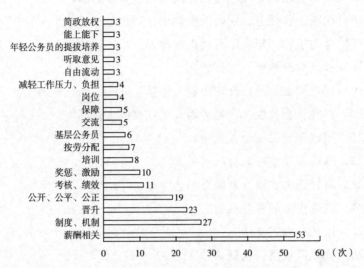

**图4-11 对政府部门改进人力资源管理的建议中出现的高频词（共197次）**

理的薪酬制度；二是提升基层公务员福利待遇，改革薪酬模式；三是分类管理，畅通晋升渠道，提高工资待遇，管理人性化；四是合理定岗，合理定薪酬。

（2）关于人事制度和机制方面的建议主要有两条：第一，形成更有效的绩效激励制度；第二，推行绩效制度改革，严格考核和监督机制。

（3）关于晋升方面的主要建议有5条：第一，拓宽公务员晋升渠道，让有为敢为青年有发展前景；第二，提供公平晋升机会，晋升机会向基层倾斜，扩大晋升空间；第三，按能力晋升，建立更合理的晋升机制；第四，增加培训机会，进行职业规划，严格进行职级认定，明确制订晋升计划；第五，完善遴选机制，改善晋升通道，让更多公务员能在更广阔的舞台上施展才能，实行人性化管理。

（4）关于公平、公正、公开方面的建议主要有5条：第一，公开考录，民主推荐，加强反腐；第二，公平分配工作；第三，规范绩效考核，实现公开、透明、高效；第四，公平竞争，公平提拔，杜绝关系干预；第五，理顺体制，完善大部制，避免部门之间的工作不均衡和互相推诿问题。

（5）关于考核方面的建议主要有4条：一是强化量化考核，规范绩效考核；二是优化用人考核机制，改善青年公务员发展前途；三是建立完善的人才培养体系、考核体系和灵活的岗位设置体系；四是责任到人，绩效到人，改变"多做多错、不做不错"的困境。

（6）关于奖惩激励方面的建议主要有3条：一是改善奖励机制，多奖励，激发工作热情，物质和精神奖励结合，激发每个人的潜能；二是完善激励措施，奖优罚懒；三是建立淘汰机制，打破"铁饭碗"。

（7）关于培训方面，主要有两条改进措施：一是加强培训，灵活用人，进行培训考核，有激励机制；二是进行职业规划，增加培训机会，与晋升有效衔接。

（8）关于按劳分配方面的建议有3条：一是加强绩效评价，多劳多得；二是不能"一刀切"，不能让老实人吃亏，多劳应多得；三是待遇与付出应成正比。

（9）关于基层公务员方面的建议主要有3条：一是公务员晋升渠道向基层倾斜，增加遴选或在不同部门之间交流机会；二是提供更多的职业保障，让基层法官更有尊严地工作和生活；三是大力改善基层公务员的待遇和福利。

（10）关于岗位匹配方面，主要有3条措施：一是按需设岗，岗位竞聘，合理安排岗位和职责；二是建立灵活的岗位调整体系；三是注重根据个人专业特长和兴趣爱好灵活安排岗位，多培养专业人才。

其他方面的建议如下。

关于法官方面，有3条建议：一是加大对法官履职的职业保障，不仅仅是制度性规定，更多是将制度落到实处；二是向基层倾斜，提供更多的晋升机会和职业保障，让基本法官更有尊严地工作和生活；三是提高薪酬，建立法官保护机制；四是减少法官的压力。

关于放权方面，建议简政放权，提高效率。

关于退出方面，建议能下能上，能进能出，重要的是敢把不行的人淘汰出去。

关于听取意见方面，建议领导多征求下属意见，尤其是了解下属内心深处的想法。

总的来看，薪酬、制度、晋升、考核、"三公"等是去职公务员认为政府在人力资源管理方面需要改进的主要方面。

**（七）对公务员职业前景的预期**

1. 已去职公务员认为同事也存在较高的去职意向

关于同事是否也有去职意向的问题，通过对286份已去职公务员的问卷分析可知（见图4-12），他们认为同事有去职意向的有192人，占总人数的67.13%；认为同事没有去职意向的有25人，占总人数的8.74%；不清楚同事是否有去职意向的有69人，占总人数的24.12%。大多数已去职公务员认为同事具有较高的去职意向。通过第五章对在职公务员的去职意向进行调查可知，公务员的去职意向并不高，已去职公务员认为同事去职意向高的原因可能是"物以类聚人以群分"的原理，他（她）们所在的交流圈子中多数是与其想法一致的公务员。

**图4-12 对"您认为您的同事是否也有去职的想法？"的统计**

## 四 结论

对286份已去职公务员的问卷进行分析，结论如下。

（1）从人口学变量看公务员去职现象可知：男性公务员去职较多，科级及以下公务员去职较多，工作5~10年是去职的高峰期。

（2）去职公务员对原来工作的总体感受是对工作整体、上司、同事和工作环境的满意度较高，而对薪酬、晋升机会和培训发展项目的满意度较低。并认为自己的工作对原单位总体上还是重要的。

（3）已去职公务员离开原单位的原因主要是薪酬偏低、遇到更好的个人发展机会两个方面。

（4）去职公务员的主要去向是私企或自己创业，重返政府部门、事业单位和国企单位的比例很小。

（5）对原单位的评价：稳定、安逸成为去职公务员对原工作最喜欢的一点；而工资福利低、付出与收入不成正比，晋升慢、发展无望，工作压力大、累成为公务员最不喜欢的 3 个方面。

（6）保留人才的建议：积极沟通，呼吁各方关注，领导和高层重视，改善薪酬福利待遇等成为积极改进公务员工作环境的主要建议；薪酬、制度、晋升、考核、"三公"等是去职公务员认为政府需要改进人力资源管理的主要方面。

（7）多数已去职公务员认为同事有去职意向。这是第五章进行去职意向实证研究的逻辑起点，也可进一步验证已去职公务员的判断。同时为留住人才做好预测工作和提供管理对策。

# 第五章 公务员去职意向的影响
# 因素分析

## ——基于 Price-Mueller 离职模型的检验

## 第一节 引言

公务员去职意向与其去职行为密切相关。Hom 等[1]，Mobley[2]，Steel 等[3]，Steers 和 Mowday[4]，Breukelen 等[5]的研究显示，一个员工表达去职意向有助于预测实际的离职。Lamberta 等的研究认为，去职意向预测是自愿去职行为的最强预测因子。[6] Dalton 等检测去职意向与实际离职之间的关系，发现其相关性是从 0.31 到 0.52，也就是说，去职意向对去职行为的解释是在 9%~25%。[7] 去职意向在一定程度上可以预测组织在一定阶段

[1] Hom, P. W., Griffeth, R. W., Sellaro, C. L., "The Validity of Mobley's Model of Employee Turnover," *Organizational Behavior and Human Performance* 34 (1984): 141-174.

[2] Mobley, W. H., "Intermediate Linkages in the Relationship between Job Satisfaction and Employee Turnover," *Journal of Applied Psychology* 62 (1977): 237-240.

[3] Steel, R. P., Ovalle, N. K., "A Review and Meta-Analysis of Research on the Relationship between Behavioral Intentions and Employee Turnover," *Journal of Applied Psychology* 69 (1984): 673-686.

[4] Steers, R. M., Mowday, R. T., "Employee Turnover and Post-Decision Accommodation Process," *Research in Organizational Behavior* 3 (1981): 235-281.

[5] Breukelen, V. W., Vlist, R., Steensma, H., "Voluntary Employee Turnover: Combining Variables from the Traditional Turnover Literature with the Theory of Planned Behavior," *Journal of Organizational Behavior* 25 (2004): 893-914.

[6] Lamberta, E. G. et al., "A Test of Turnover Intent Model," *Administration in Social Work* 36 (2012): 67-84.

[7] Dalton, D. R., Johnson, J. L., Daily, C. M., "On the Use of 'Intent to...' Variables in Organizational Research: An Empirical and Cautionary Assessment," *Human Relations* 52 (1999): 1337-1350.

离职行为的发生，Griffeth 等的研究表明，去职意向对实际离职行为的方差变异解释力为 12%。[①] Cho 和 Lewis 的研究结果证明，美国联邦雇员的实际辞职率和辞职意向之间的相关性高达 0.7。[②]

在第三章中，本研究通过大量访谈和对已去职公务员进行问卷调查发现，影响公务员去职的因素及其排序如下：（1）薪酬；（2）更好的工作机会；（3）工作期望；（4）无挑战性；（5）个人原因；（6）家庭原因；（7）福利；（8）工作条件；（9）与领导不和；（10）与其他同事不和；（11）其他；（12）重返校园；（13）搬家。对于"其他"原因，受访者所补充的有：一是与工作压力有关的因素；二是与人事制度有关的因素；三是个人原因。

以上这些因素可以归纳为环境、个人和组织 3 个方面。这些因素也是影响在职公务员去职意向的因素。而研究去职意向的目的是根据去职意向这张"晴雨表"来观察公务员的去职趋势，帮助组织和人事管理部门畅通公务员"出口"和留住可能去职的人才。因此本章将结合国内外的研究成果和本研究对公务员管理部门和已去职公务员进行调查的结论，以 Price-Mueller 离职模型为基础，构建公务员去职模型，来探讨各种因素如何影响公务员的去职意向。

## 第二节　公务员去职意向的研究模型与假设

### 一　公务员去职意向的研究模型选择

在第二章中，本研究归纳了国内外关于去职意向的主要研究模型，包括 Logit 模型，州政府雇员自愿离职模型，社会网络、个人-组织匹配与去职意向模型，以及 Price-Mueller 离职模型等。其中 Price-Mueller 离职模型所涉及的因素最全，应用范围最广。

---

① Griffeth, R. W., Hom, P. W., Gaertner, S., "A Meta-Analysis of Antecedents and Correlates of Employee Turnover: Update, Moderator Tests, and Research Implications for the Next Millennium," *Journal of Management* 26 (2000): 463-488.

② Cho, Y. J., Lewis, G. B., "Turnover Intention and Turnover Behavior: Implications for Retaining Federal Employees," *Review of Public Personnel Administration* 32 (2012): 16.

1. Price-Mueller 离职模型及其变量

Price-Mueller 离职模型是由 Price 和 Mueller 两位教授在 1986 年出版的《组织测量手册》① 一书中最早提出，后来在 Price 的一系列文章中被不断完善，最成熟的是 2000 年的 Price-Mueller 离职模型②。该模型主要建立在期望理论之上，模型假设雇员带着一定的期望和价值观进入组织，其中期望是指雇员对组织特征所持有的看法，而价值观是对这些特征的偏好。期望和价值观在雇员进入组织之前就存在。如果这些期望和价值观在雇员进入组织后能够得到满足的话，那么雇员就会感到满意并对组织有较强的依附感，就会保持组织成员的身份。将期望理论作为模型的基础，关键的问题在于确定雇员有哪些具体期望。Price 通过对已有大量文献的回顾，总结了雇员期望的工作条件和环境特征。在该模型中，雇员期望的工作条件被称为"结构化变量"，雇员期望的外界环境条件被称为"环境变量"。雇员进入组织后，不仅仅具有期望和价值观，他们基本的个性特征也同时存在。另外，雇员还带着与工作相关的知识和技能进入组织中。在该模型中，这些个体特征被称为"个体变量"③。

2. 张勉修正后的 Price-Mueller 离职模型

清华大学的张勉教授在运用 Price-Mueller 离职模型研究中国 IT 企业的员工离职问题的过程中，对其进行中国化的发展，增加了 5 个自变量：转换成本为环境变量；职业成长机会和过程公平性为结构化变量；退出倾向和关系为个体变量。④

3. 根据公务员的特点修正后的 Price-Mueller 去职模型（公务员版）

本研究通过大量调研和访谈发现，首先，中国的政治经济环境在党的十八大以后发生了很大变化，我国的反腐工作被提到了前所未有的政治高度，加强公权力系统内部人员的清正廉洁建设成为"政治生态"建设的重要一环，

---

① Price, J. L., Mueller, C. W., *Handbook of Organizational Measurement* (Scranton, PA: Harper Collins, 1986).

② Price, J. L., "Reflections on the Determinants of Voluntary Turnover," *Journal of International Manpower* 22 (2001): 600~624.

③ 张勉、张德、李树茁：《IT 企业技术员工离职意图路径模型实证研究》，《南开管理评论》2003 年第 4 期，第 13 页。

④ 张勉：《企业雇员离职意向模型的研究与应用》，清华大学出版社，2006，第 78~80 页。

党和政府逐步规范了对公务员的管理，逐步打掉黑色收入，取消灰色收入，规范"三公"管理；国务院和各级政府稳步推进大部制改革，继续大幅缩减政府的组成部门，形成公务员客观上可能离职的推力。其次，自由贸易区和"一带一路"的开放格局逐步形成，市场经济逐步深化，创业环境优化，创业机会增多，将可能成为新一波公务员"去职热"的拉力。而且影响公务员去职的因素与国外雇员离职环境以及中国企业的离职情况比较，均存在诸多特殊性。因此本研究在张勉修订的离职模型的基础上，增加了具有公务员元素的4个变量：政治经济形势属于环境变量；公共服务动机属于个体变量；晋升制度和绩效考核为结构化变量。表5-1为本研究修订后的公务员去职变量的含义，而且我们把本研究在第四章中通过访谈和问卷调查得到的影响公务员去职的因素与 Price-Mueller 离职模型中的变量进行匹配，发现多数能够契合，因此本研究以张勉修订的 Price-Mueller 离职模型为基础，增加影响公务员去职的特色因素，从而形成公务员去职意向的研究模型。

## 二　公务员去职意向的研究模型及研究假设

图5-1显示了各变量之间的假设关系和路径。模型中的因变量是去职意向。其余变量可以分为5类：环境变量、个体变量、结构化变量、中介变量和控制变量。环境变量包括机会、亲属责任、转换成本、政治经济形势（政治环境和经济环境）。个体变量包括一般培训、退出倾向、工作参与度、积极/消极情感、公共服务动机和关系。结构化变量包括工作自主权、分配公平性、绩效考核、工作压力、薪酬、职业成长机会、晋升机会、晋升制度、工作单调性、过程公平性以及社会支持，其中工作压力和社会支持又是整体、多维度的概念。工作压力的4个维度是：资源匮乏、角色模糊、角色冲突和工作负荷。社会支持包括上司支持、同事支持、配偶支持和朋友支持4个维度。中介内生变量包括工作满意度、组织承诺和工作寻找行为。[1] 人口变量在 Price-Mueller 离职模型中主要作为控制变量存在，我们的模型中涉及的人口控制变量有区域、性别、民族、年龄、党派、学历、

---

[1]　张勉、张德、李树茁：《IT 企业技术员工离职图路径模型实证研究》，《南开管理评论》2003 年第 4 期，第 13 页。

表 5-1 公务员去职影响因素与 Price-Mueller 离职模型变量的契合及含义

| 公务员去职原因与建议 | 对应变量中文名称 | 变量英文名称 | 含义 |
|---|---|---|---|
| **因变量** | 因变量 | **Dependent Variable** | |
| 认为同事也有去职意向 | 去职意向 | Turnover Intention | 公务员想离开本单位的程度 |
| | **中介变量** | **Mediation Variable** | |
| | 工作满意度 | Job Satisfaction | 公务员对其工作的喜好程度 |
| | 组织承诺 | Organizational Commitment | 公务员对单位忠诚的程度 |
| | 工作寻找行为 | Job Search Behavior | 公务员寻找另外一份工作的积极程度 |
| **自变量** | 自变量 | **Independent Variable** | |
| **环境变量** | 环境变量 | **Environmental Variable** | |
| 更好的工作机会 | 机会 | Opportunity | 找到可替换工作的容易程度 |
| 家庭原因 | 亲属责任 | Kinship Responsibility | 对亲属应负的责任和义务 |
| | 转换成本 | Switching Costs | 换工作需要付出的成本 |
| 有人认为有影响 | 政治环境 | Political Environment | 党的十八大以来的公务员严管措施 |
| 喜欢城市生活 | 经济环境 | Economic Environment | 党的十八大以来的鼓励创新创业的政策 |
| **个体变量** | 个体变量 | **Individual Variable** | |
| 重返校园 | 一般培训 | General Training | 公务员的技能和知识可以被其他单位使用的程度 |
| | 退出倾向 | Exit Tendency | 通过换工作来增加自己阅历的倾向 |
| | 工作参与度 | Job Involvement | 愿意为工作付出努力的程度 |
| | 积极情感 | Positive Affectivity | 体验快乐情绪的个体状态 |
| | 消极情感 | Negative Affectivity | 体验不快乐情绪的个体状态 |
| 与领导不和，没有机会 | 关系 | Chinese Relationship | 少数人拥有稀缺资源的机会 |
| | 公共服务动机 | Service Motivation | 愿意为公众服务的精神 |

续表

| 公务员去职原因与建议 | 对应变量中文名称 | 变量英文名称 | 含义 |
|---|---|---|---|
| 结构化变量 | 结构化变量 | **Structured Variable** | |
| 公平、公正、公开 | 工作自主权 | Job Autonomy | 公务员可以运用相关工作权力的程度 |
| | 分配公平性 | Distributive Justice | 赏罚在多大程度上与工作绩效挂钩 |
| | 过程公平性 | Process Equity | 单位严格执行规章制度的程度 |
| 重视考核 | 绩效考核 | Performance Appraisal | 依据绩效标准对公务员进行考核 |
| 压力太大 | 工作压力 | Job Stress | 工作职责不能被实现的程度 |
| | -资源匮乏 | Resource Starvation | 缺失工作所需的资源 |
| | -角色模糊 | Role Ambiguity | 不明确的工作职责 |
| | -角色冲突 | Role Conflict | 不一致的工作职责 |
| 工作太累，经常加班 | -工作负荷 | Workload | 为工作需要付出的努力 |
| 薪酬/福利 | 薪酬 | Pay | 由于单位工作而得到的金钱或等价物 |
| 工作期望 | 职业成长机会 | Career Growth Chance | 有单位提供的可以增加知识和技能的机会 |
| | 晋升机会 | Promotion Chance | 在单位内部落在垂直职业流动 |
| | 晋升制度 | Promotion System | 为规范晋升建立的一套制度 |
| 无挑战性 | 工作单调性 | Job Routinization | 工作被重复的程度 |
| 与领导不和 | 社会支持 | Social Support | 组织内外相关人士对公务员工作的支持 |
| | -上司支持 | Supervisor Support | 顶头上司对工作相关问题的支持 |
| 与其他同事不和 | -同事支持 | Colleague Support | 同事对工作相关问题的支持 |
| | -配偶支持 | Spousal Support | 配偶对工作相关问题的支持 |
| | -朋友支持 | Friend Support | 朋友对工作相关问题的支持 |

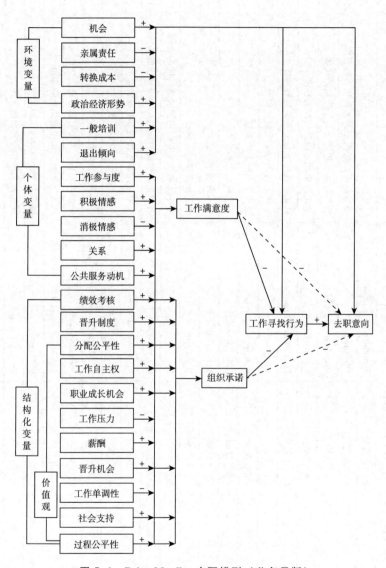

**图 5-1 Price-Mueller 去职模型（公务员版）**

工龄、行政级别、系统（公检法与非公检法）、层级、公务员类别、工作时长、婚姻状况、年收入、是否有孩子、是否是家庭经济主要来源共 16 个方面。

模型影响关系的假设是，环境变量直接对公务员工作寻找行为和去职意向起作用，而个体变量和结构化变量则通过工作满意度或组织承诺对公务员去职意向起作用。学术界对工作满意度和组织承诺的因果顺序的观点尚不统一，Price-Mueller 离职模型采纳了被大多数人认可的顺序：工作满意度是组织承诺的决定量。工作寻找行为和离职意向的因果顺序和 Mobley 等的扩展中介链模型一致。[①] 该模型对于各变量之间正负相关关系的假设见图 5-1。

## 第三节　公务员去职模型变量

本节将对图 5-1 公务员去职模型中的变量进行理论梳理，重点对变量的来源及研究观点进行分析，包括因变量、中介变量、环境变量、个体变量、结构化变量 5 类。

### 一　因变量：去职意向

Mobley 认为，去（离）职是指员工终止其个人与其从中取得收益的组织之间的关系的过程。[②] 而去职意向（Turnover Intention）是指员工对工作不满意、产生离职念头、寻找其他工作倾向与找到其他工作可能性的综合表现。[③] 去职意向一定程度上可以预测组织在一定阶段的离职行为的发生，Griffeth 等的研究表明，去职意向对实际离职行为的方差变异解释力为 12%。[④] Cotton 和 Tuttle 通过文献回顾，运用元分析技术对员工离

① 张勉、张德、李树苗：《IT 企业技术员工离职意图路径模型实证研究》，《南开管理评论》2003 年第 4 期，第 13 页。

② Mobley, W. H., *Employee Turnover* (Reading: Addsion-Wesley, 1982).

③ Mobley, W. H., Griffeth, R. W., Hand, H. H., Meglino, B. M., "Review and Conceptual Analysis of the Employee Turnover Process," *Psychological Bulletin* 86 (1979): 493–522.

④ Griffeth, R. W., Hom, P. W., Gaertner, S., "A Meta-Analysis of Antecedents and Correlates of Employee Turnover: Update, Moderator Tests, and Research Implications for the Next Millennium," *Journal of Management* 26 (2000): 463–488.

职的研究进行了综述。研究结果表明，研究的 26 个变量几乎都与离职有关。研究变量包括人口、国籍和行业等的许多变量和离职之间有一定的相关性。[①] Griffeth 和 Hom 研究比较了离职模式中不同替代方案的相对预测效度。这些替代方案根据研究的特异性均做到尽量接近离职标准，并且为 Mobley 的离职理论框架所检验，但结果并不完全支持 Mobley 的理论。[②] Kim 研究了影响公务员去职意向的因素。结果表明，工作倦怠、参与式管理、晋升机会和薪酬满意度对州政府的信息管理人员的离职有着显著的影响。[③] Caillier 建立了一个去职意向调查模型，并用该模型对州政府员工进行了测试。研究结果表明，一方面，那些工作满意度高以及工作绩效高的员工，他们的去职意向相对更低。但是与预期相反，员工的公共服务动机同其去职意向之间呈正相关。另一方面，员工参与决策，其使命和贡献以及奖励制度的公平性同员工的去职意向是不相关的。[④] Campbell 等利用对韩国公务员的大量调查数据，考察了组织重视对地方政府效率的影响。分析结果表明，过多强调效率与更高的雇员去职意向有关。[⑤] 本章以 Price-Mueller 离职模型为基础，根据中国公务员的实际情况对其进行修订，运用问卷调查获取的 2046 份公务员样本，分析表 5-1 中的多个自变量对去职意向的影响。

## 二　中介变量

### （一）工作满意度

工作满意度（Job Satisfaction）是指雇员对其工作的喜好程度。长期

---

[①] Cotton, J. L., Tuttle, J. M., "Employee Turnover: A Meta-Analysis and Review with Implications for Research," *Academy of Management Review* 11 (1986): 55-70.

[②] Griffeth, R. W., Hom, P. W., "A Comparison of Different Conceptualizations of Perceived Alternatives in Turnover Research," *Journal of Organizational Behavior* 9 (1988): 103-111.

[③] Kim, S., "Factors Affecting State Government Information Technology Employee Turnover Intentions," *American Review of Public Administration* 35 (2005): 137-156.

[④] Caillier, J. G., "I Want to Quit: A Closer Look at Factors That Contribute to the Turnover Intentions of State Government Employees," *State & Local Government Review* 43 (2011): 110-122.

[⑤] Campbell, J. W., Im, T., Jeong, J., "Internal Efficiency and Turnover Intention: Evidence From Local Government in South Korea," *Public Personnel Management* 43 (2014): 259-282.

以来，工作满意度被认为是影响去职意向的一个关键性因素。Mobley[1]，Cotton 和 Tuttle[2]，Barak 等[3]，Iverson 和 Currivan[4] 学者的研究表明，工作满意度是离职最可靠的预测指标。诸多学者研究表明工作满意度取决于许多与离职相关的组织因素，例如：工作常规、薪酬、目标明确性、目标限制、程序约束、人力资源开发[5]；参与和感知监督风格[6]；晋升机会[7]和员工职业倦怠[8][9][10]。Gray-Toft 和 Anderson[11]，Mobley[12]，Murphy 和 Gorchels[13]，Ostroff[14] 学者的研究结果显示，当员工对自己的工作满意时，

[1]　Mobley, W. H., "Intermediate Linkages in the Relationship between Job Satisfaction and Employee Turnover," *Journal of Applied Psychology* 62 (1977): 237-240.

[2]　Cotton, J. L., Tuttle, J. M., "Employee Turnover: A Meta-Analysis and Review with Implications for Research," *Academy of Management Review* 11 (1986): 55-70.

[3]　Barak, M. E. M., Nissly, J. A., Levin, A., "Antecedents to Retention and Turnover among Child Welfare, Social Work, and Other Human Service Employees: What Can We Learn from Past Research? A Review and Metanalysis," *Social Science Review* 75 (2001): 625-61.

[4]　Iverson, R. D., Currivan, D. B., "Union Participation, Job Satisfaction, and Employee Turnover: An Event-History Analysis of the Exit-Voice Hypothesis," *Industrial Relations* 42 (2003): 101-105.

[5]　Wright, B. E., Davis, B. S., "Job Satisfaction in the Public Sector: The Role of the Work Environment," *American Review of Public Administration* 33 (2002): 70-90.

[6]　Kim, S., "Participative Management and Job Satisfaction: Lessons for Management Leadership," *Public Administration Review* 62 (2002): 231-241.

[7]　Yuan, T., "Determinants of Job Satisfaction of Federal Government Employees," *Public Personnel Management* 26 (1997): 313-334.

[8]　Cordes, C. L., Dougherty, T. W., "A Review and an Integration of Research on Job Burnout," *Academy of Management Review* 18 (1993): 621-656.

[9]　Huang, I. C., Chuang, C. H. J., Lin, H. C., "The Role of Burnout in the Relationship between Perceptions of Organizational Politics and Turnover Intentions," *Public Personnel Management* 32 (2003): 519-532.

[10]　Kim, S. E., Lee, J. K., Is Mission Attachment an Effective Management Tool for Employee Retention? An Empirical Analysis of a Nonprot Human Service Agency (Paper Presented at the 8th Public Management Research Conference, Los Angeles, 2005).

[11]　Gray-Toft, P., Anderson, J. G., "Stress among Hospital Nursing Staff: Its Causes and Effects," *Social Science and Medicine* 15 (1981): 639-647.

[12]　Mobley, W. H., "Intermediate Linkages in the Relationship between Job Satisfaction and Employee Turnover," *Journal of Applied Psychology* 62 (1977): 237-240.

[13]　Murphy, W. H., Gorchels, L., "How to Improve Product Management Effectiveness," *Industrial Marketing Management* 25 (1996): 47-58.

[14]　Ostroff, C., "The Relationship between Satisfaction, Attitudes, and Performance: An Organizational Level Analysis," *Journal of Applied Psychology* 77 (1992): 963-974.

员工不太可能离开公司。因此，本研究将工作满意度作为观察去职意向的一个重要中介变量。

**（二）组织承诺**

组织承诺（Organizational Commitment）是指雇员对某个社会单元的忠诚程度。Meyer 和 Allen 提出了组织承诺的"三因素"理论，将组织承诺划分为情感承诺、连续承诺和规范承诺[①]。

Mowday 等的研究表明，当员工坚信并接受组织的目标和价值观，为组织付出努力并维持组织成员资格时，员工就会承担责任。[②] 另外，Arthur[③]，Balfour 和 Wechsler[④]，Bertelli[⑤]，Lee 和 Whitford[⑥]，Maertz 和 Griffeth[⑦]，Barak 等[⑧]，Naff 和 Crum[⑨] 学者的研究结论表明，有更强承诺感的员工不太可能离开组织。因此笔者将组织承诺作为与工作满意度并列的另一个重要的中介变量（第一层次）引入本研究。

**（三）工作寻找行为**

工作寻找行为（Job Search Behavior）是指雇员寻找另外一份工作的

---

① Meyer, J. P., Allen, N. J., "A Three-Component Conceptualization of Organizational Commitment," *Human Resource Management Review* 1（1991）：61-89.

② Mowday, R. T., Steers, R. M., Porter, L. W., "The Measurement of Organizational Commitment," *Journal of Vocational Behavior* 14（1979）：224-47.

③ Arthur, J. B., "Effects of Human Resource Systems on Manufacturing Performance and Turnover," *Academy of Management Journal* 37（1994）：670-87.

④ Balfour, D. L., Wechsler, B., "Organizational Commitment," *Public Productivity & Management Review* 19（1996）：256-77.

⑤ Bertelli, A. M., "Bureaucratic Turnover and Democratic Governance：Evidence from the U. S. Internal Revenue Service," *Journal of Public Administration Research and Theory* 17（2007）：235-58.

⑥ Lee, S. Y., Whitford, A. B., "Commitment, Voice, and the Intent to Leave：Evidence from the Public Workforce," *Journal of Public Administration Research and Theory* 18（2008）：647-71.

⑦ Maertz, C. P., Griffeth, R. W., "Eight Motivational Forces and Voluntary Turnover：A Theoretical Synthesis with Implications," *Journal of Management* 30（2004）：667-83.

⑧ Barak, M. E. M., Nissly, J. A., Levin, A., "Antecedents to Retention and Turnover among Child Welfare, Social Work, and Other Human Service Employees：What Can We Learn from Past Research? A Review and Metaanalysis," *Social Science Review* 75（2001）：625-61.

⑨ Naff, K. C., Crum, J., "Working for America：Does Public Service Motivation Make a Difference?" *Review of Public Personnel Administration* 19（1999）：5-16.

积极程度。Jovanovic①，Mortensen②，Parsons③，Weiss④ 等学者认为，经济学家强调工作寻找行为是离职的一个决定量。在 Hom 和 Griffeth 的研究中，工作寻找行为和去职意向被结合在一起考虑。工作寻找行为会增加去职意向，也有可能是工作寻找行为是去职意向的结果。我们依据 Price-Mueller 离职模型引入工作寻找行为作为第二层中介变量。⑤

## 三　环境变量

### (一) 机会

机会（Opportunity）是指找到可替换工作的容易程度，这是经济学家们长期强调的劳动市场力量。1958 年 March 和 Simon 认为劳动力市场会通过两种机制来影响留下还是退出的决策。⑥ 在此基础上 Carsten 和 Spector⑦，Steers 和 Mowday⑧ 提出机会是工作满意度和离职之间的调节变量，但是 Steel 和 Griffith 通过实证研究发现机会和去职行为之间呈显著正相关，没有发现机会和工作满意度显著相关的证据。⑨ 除此之外，Hulin 也没有发现机会和工作满意度之间存在交互效应。⑩ 本研究假设机会直接

---

① Jovanovic, B., "Firm Specific Capital and Turnoverr," *Journal of Political Economy* 87 (1979): 1246-1260.

② Mortensen, D. T., "Job Search and Labor Market Analysis," in Ashenfelter, O., and Layard, R. eds., *Handbook of Labor Economics* 3 (Amsterdam, The Netherlands: North Holland, 1986), 849-919.

③ Parsons, D. O., "Models of Labor Market Turnover: A Theoretical and Empirical Survey," in Ehrenberg, R. G., ed., *Research in Labor Economics: An Annual Compilation of Research* (Greenwich, CT: JAL Press, 1977), 185-223.

④ Weiss, A., "Determinants of Quit Behavior," *Journal of Labor Economics* 3 (1984): 371-387.

⑤ Hom, P. W., Griffeth, R. W., *Employee Turnover* (Cincinnati: Southwestern College Publishing, 1995).

⑥ March, J. G., Simon, H. A., *Organizations* (New York: Wiley, 1958).

⑦ Carsten, J. M., Spector, P. E., "Unemployment, Job Satisfaction, and Employce Turnover: A Meta-Analytic Test of the Muchinsky Model,", *Journal of Applied Psychology* 72 (1987): 374-381.

⑧ Steers, R. M., Mowday, R. T., "Employee Turnover and Post-Decision Accommodation Process," *Research in Organizational Behavior* 3 (1981): 235-281.

⑨ Steel, R. P., Griffeth, R. W., "The Elusive Relationship Between Perceived Employment Opportunity and Turnover Behavior: A Methodological or Conceptual Artifact?" *Journal of Applied Psychology* 74 (1989).

⑩ 张勉：《企业雇员离职意向模型的研究与应用》，清华大学出版社，2006，第 27 页。

对工作寻找行为和去职意向产生正向影响。工作寻找行为在机会对去职
意向的影响中存在中介作用。

### (二) 亲属责任

亲属责任 (Kinship Responsibility) 是指对生活在同一社区中亲属的
义务。早期的亲属责任相关研究文献大多数表明亲属责任会使离职行为
增加。这些研究主要以女性雇员为样本，普遍认为女性的传统的亲属责
任会促使她们更容易离职。在 1986 年的研究中，Price 和 Mueller 认为分
析男性雇员的离职因素时也应该考虑亲属责任，并认为稳定的工作是个
体实现亲属责任的重要手段，因此亲属责任会减少而非增加工作寻找行
为和去职意向。[①] 与此不同的是，Kim 等在 1996 年的研究中主要考察的
是由男性雇员组成的样本，结论表明亲属责任不被视为主要的决定量。[②]

而对于亲属责任的研究，国内学者多数是从工作—家庭冲突与去职
意向关系着手的。2009 年张勉等按照 Kossek 和 Ozeki 的元分析理论对工
作和家庭冲突的前因和后果变量进行了分类[③]，明确将工作和家庭冲突的
前因变量分为 3 类：工作领域，主要包括和工作、组织相关的一些变量；
非工作领域，主要包括来自家庭的责任和其他一些非工作的因素；人口
学变量和个体变量，主要包括个性、性别、收入等。2006 年张伶、张大伟
在其研究中提到由于男性和女性在家庭和工作中扮演着不同的商务角色和
承担着不同的责任，男性和女性也就因此而经历着不同的角色冲突，男性
更多地经历着工作—家庭冲突，即 WIF，相反，女性则更多地经历着家
庭—工作冲突，即 FIW。由此认为在研究工作—家庭冲突的过程中不仅要
研究作为主效应的性别差异对工作—家庭冲突的影响，还要研究性别变量
与其他变量结合对工作—家庭冲突产生的影响，即间接效应或调节效应。[④]

---

① Price, J. L., Mueller, C. W., *Handbook of organizational measurement* (Scranton, PA: Harper Collins, 1986).
② Kim, S. W., Price, J. L., Mueller, C. W., Watson, T. W., "The Determinants of Career Intent among Physicians at a U. S. Air Force hospital," *Human Relations* 7 (1996): 947~975.
③ 张勉、魏钧、杨自寅:《工作和家庭冲突的前因和后果变量：中国情景因素形成的差异》,《管理工程学报》2009 年第 4 期，第 79 页。
④ 张伶、张大伟:《工作—家庭冲突研究：国际进展与展望》,《南开管理评论》2006 年第 4 期，第 55~63 页。

2014 年陈忠卫、田素芹、汪金龙通过实证研究发现：工作干涉家庭和家庭干涉工作均与离职倾向存在显著相关关系；工作满意度在工作家庭冲突双向性与离职倾向的关系中起部分中介效应。[①] 本研究假设亲属责任直接对工作寻找行为和去职意向产生负向影响。工作寻找行为在亲属责任对去职意向的影响中存在中介作用。

### （三）转换成本

转换成本（Switching Costs）最早是由迈克·波特在 1980 年提出，指的是当消费者从一个产品或服务的提供者转向另一个提供者时所产生的一次性成本。后来学者张勉将其引入环境变量，认为这种成本不仅是经济上的，也是时间、精力和情感上的，它是构成企业竞争壁垒的重要因素。如果顾客从一个企业转向另一个企业，可能会损失大量的时间、精力、金钱和关系，那么即使他们对企业的服务不是完全满意，也会三思而行。[②] 本研究中的转换成本是指公务员从一个单位转向另一个单位时所产生的成本，同样也包括时间、精力、金钱和关系等成本。当转换成本较高时，公务员去另一个单位导致的损失较大，所以他们的去职意向可能会相对降低；当转换成本较低时，公务员去另一个单位导致的损失较小，那么他们的去职意向可能就会相对较高。本研究假设转换成本直接对工作寻找行为和去职意向产生负向影响。工作寻找行为在转换成本对去职意向的影响中存在中介作用。

### （四）政治经济形势

政治经济形势是指公务员面临的国家政治和经济环境、政策的变化情况。一方面，党的十八大以来，党和政府采取了一系列管理"组合拳"加强对党政领导干部和公务员的管理：第一，加大反腐败力度，依法查处百名省部级"大老虎"；第二，坚持"老虎苍蝇"一起打，威慑整个公务员队伍；第三，大力治理灰色地带，基本斩断公务员的灰色收入；第四，大力治理公务员的工作作风和生活作风。这些措施使得公务员的面貌焕然一新，公务员的形象更加清廉，政治生态更加净化。这成了少数

---

① 陈忠卫、田素芹、汪金龙：《工作家庭冲突双向性与离职倾向关系研究》，《软科学》2014 年第 8 期，第 65~69 页。

② 张勉：《企业雇员离职意向模型的研究与应用》，清华大学出版社，2006，第 72 页。

公务员去职的"推力"。另一方面，国务院鼓励"大众创业、万众创新"，在一些鼓励政策的支持下，创业活动积极开展，这是少数公务员去职的"拉力"。在访谈中，笔者也发现少数公务员对政治形势的转变不适应，对经济发展形势充满期待，会有去职的想法，因此本研究假定在这样的政治经济形势下，公务员会在"推力"和"拉力"的双重作用下产生去职意向。本研究假设政治经济形势直接对工作寻找行为和去职意向产生正向影响。工作寻找行为在政治经济形势对去职意向的影响中存在中介作用。

## 四 个体变量

### （一）一般培训

一般培训（General Training）是指雇员的技能和知识可以被其他单位使用的程度。一般培训的概念来源于经济学中对人力资本的研究。Becker在 1964 年的研究中发现，一般培训是一个非常重要的变量。[①] 经济学家Parsons[②] 和 Pencavel[③] 喜欢用一般培训作为主要变量来解释离职。一般培训多是雇员自己对自己的投资，与一般培训相对的是特殊培训，后者被雇主采用，是雇主对雇员的投资。特殊培训的目的是减少雇员的工作寻找行为和去职意向。1990 年 Kim 在一项针对韩国公务员的研究中构建了新的量表，该量表表现出良好的信度和效度，为后来的研究者提供了量表参考。本研究认为，公务员自身投资学历教育，当成为硕士或者博士后，会产生去职意向，去更加适合自己的单位。本研究假设一般培训直接对工作寻找行为和去职意向产生正向影响。工作寻找行为在一般培训对去职意向的影响中存在中介作用。

### （二）退出倾向

退出倾向（Exit Tendency），也称承诺倾向，是指员工在多大程度

---

① Becker, G. S., *Human Capital* (New York: Columbia University Press, 1964).

② Parsons, D. O., "Quit Rates Over Time: A Search and Information Approach," *American Economic Review* 63 (1973): 390-401.

③ Pencavel, J. H., *An Analysis of the Quit Rate in American Manufacturing Industry* (Princeton University Industrial Relation Section, 1970).

上对去职有积极评价的价值观。张勉首次将其引入修订模型中，作为个体变量。1992 年 Lee 和 Mowday 曾经提出过非常类似的构念，他们的研究表明：承诺倾向和组织承诺是不同的构念，而且和去职行为呈显著负相关。① 和企业职工一样，有这种承诺倾向的公务员的特点也是不愿意让自己受限于某一家单位，其中大多数人通过频繁的跳槽来达到职级晋升和工资提高的目的。所以，本研究也引入这一个体变量，我们将其称为退出倾向。本研究假设退出倾向直接对工作寻找行为和去职意向产生正向影响。工作寻找行为在退出倾向对去职意向的影响中存在中介作用。

### （三）工作参与度

工作参与度（Job Involvement）是指雇员愿意为工作付出努力的程度。② 愿意努力工作的公务员被称为高参与度公务员；不愿意努力工作的公务员被称为低参与度公务员。1982 年 Kanungo 的研究认为工作参与度和工作满意度有明显的区别。③ Mathieu 和 Farr 认为工作参与度、工作满意度和组织承诺这 3 个概念之间是有区别的。④ Price 和他的同事把工作参与度作为去职意向辨识的决定量进行研究。在他们的模型中假设工作参与度与工作满意度、组织承诺之间呈正相关。Price 认为导致上述关系的原因是高参与度的雇员工作更加努力并能从努力中得到更多的回报，这些增加的回报又带来更高的工作满意度和组织承诺。2004 年 Wright 和 Kim 对政府职员进行的一项研究发现，参与程度直接影响员工对职业发展的看法。⑤ 本研究假设工作参与度会间接对去职意向产生负向影响。工作满意度和工作寻找行为在工作参与度对去职意向的影响中存在中介作用。

---

① 张勉：《企业雇员离职意向模型的研究与应用》，清华大学出版社，2006，第 73 页。

② Price, J. L., "Handbook of Organizational Measurement," *International Journal of Manpower* 18 (1997): 301-558.

③ Kanungo, R. N., "Measurement of Job and Work Involvement," *Journal of Applied Psychology* 67 (1982): 341-349.

④ Mathieu, J. E., Farr, J. L., "Further Evidence for the Discriminant Validity of Mesures of Organization Commitment, Job Involvement and Job Satisfaction," *Journal of Applied Psychology* 76 (1991): 127-133.

⑤ Wright, B. E., Kim, S., "Participation's Influence on Job Satisfaction: The Importance of Job Characteristics," *Review of Public Personnel Administration* 24 (2004): 18-40.

### （四）积极情感和消极情感

积极情感和消极情感是两种不同的心理情感状态。赵勇等[①]和马玉凤等[②]认为，积极情感（Positive Affectivity）是指体验快乐情绪状态的个性倾向，表现为有活力、热情、愉悦等特征。消极情感（Negative Affectivity）是个体体验不快乐情绪状态的个性倾向，表现为紧张、忧郁、不愉快等特征。对这两个变量的概念和量度来自 Watson 和 Clark 多年的研究工作。积极情感与消极情感和工作满意度看起来很类似，但 Mathieu 在 1991 年的研究表明它们是不同的变量。

心理情感状态会影响员工的离职行为。1989 年 Arvey 等[③]的研究显示，情感等个人因素对工作满意度的解释为 10% ~ 30%。2000 年 Griffeth 等认为离职的产生可能源自多种因素，其中员工的消极情感可能会引起员工的不满，从而产生离职的想法。2006 年张勉根据中国情境修订了 Price-Mueller 离职模型，并验证了中国 IT 雇员的心理情感状态对离职的影响。[④] 本研究假设积极情感和消极情感会间接对去职意向产生影响。工作满意度和工作寻找行为在其中存在中介作用。

### （五）关系

职场关系基于特定的中国文化土壤，本质上就是中国式关系或者说是人情关系，不管是在企事业单位还是在党政机关中，中国式关系（Guanxi）都影响着组织内员工的各种人事活动。

中国式关系被学术界认为对组织中的人事活动具有广泛而显著的影响。2006 年张勉在对 IT 雇员的研究中发现关系对员工离职意向的影响并不显著，他认为这是由所调研的 IT 雇员流动性快造成的，如果在稳定性强的其他行业，影响可能会显著。[⑤] Chenung 等指出上下级之间的关系对

① 赵勇、刘业政、陈刚、孙祥：《积极情感、消极情感和薪酬满意度的关系实证研究》，《科学学与科学技术管理》2006 年第 7 期，第 152~156 页。
② 马玉凤、王涛：《情绪劳动对服务业员工都是一样的吗？——消极情感和社会技能的调节作用》，《经济管理》2011 年第 5 期，第 104~111 页。
③ Arvey, P. D., Bouchard, T., Abraham, L., "Job Satisfaction: Environment and Genetic Copenebts," *Journal of Applied Psychology* 74 (1989): 187-192.
④ 张勉：《企业雇员离职意向模型的研究与应用》，清华大学出版社，2006，第 113 页。
⑤ 张勉：《企业雇员离职意向模型的研究与应用》，清华大学出版社，2006，第 113 页。

工作满意度产生积极影响。[①] Chen 等发现在各种组织当中，雇主往往会倾向于提升和奖励那些与自己"关系"好的雇员，而这种"关系"主要是指中国式关系。[②] 而李俊昊指出 guanxi 运作对绩效评估与工作满意度具有负向影响。[③] 本研究认为公务员职业是比较稳定的，张勉构建的关系量表在 IT 雇员中不显著，但是在公务员职业中或许会显著。因此本研究引入关系变量，认为关系可能会正向影响工作满意度，从而减少离职意向的产生。

### （六）公共服务动机

Perry 和 Wise 最早对公共服务动机概念进行了界定，认为公共服务动机是"个人对主要或完全基于公共机构和组织的动机所做出的反应倾向"，涉及公共利益承诺、同情心、自我牺牲和决策制定吸引力 4 个维度。公共服务动机对公职人员的态度、行为具有重要的促进作用，当个体的公共服务动机较高时，他们就更倾向于选择在公共部门任职，并具有更高的工作满意度、工作绩效和组织承诺。[④]

Dong 等学者进一步指出，公共服务动机有助于降低公职人员的离职倾向，一方面公共服务动机对去职意向具有显著的负向影响；另一方面，公共服务动机可以削弱工作负荷对工作衰竭和离职倾向的正向影响。[⑤] Podsakoff 等学者的研究表明，具有较高公共服务动机的政府公职人员将工作负荷或工作压力看作职业成长机会，从而更好地致力于公共服务，而公共服务动机较低的公职人员则将工作负荷视为工作绩效的障碍，进

---

[①] Cheung, M. F. Y. et al., "Supervisor-Subordinator Guanxi and Employee Work Outcomes: The Mediating Role of Job Satisfaction," *Journal of Business Ethics* 88 (2009): 77-89.

[②] Chen, C. C., Chen, Y. R., Xin, K., "Guanxi Practices and Trust in Management: AProcedural Justice Perspective," *Organization Science* (2) 2016: 200-209.

[③] 李俊昊:《绩效评估公平与 guanxi 运作对工作满意度、组织公民行为的影响及评估接受性、野心、guanxi 流行的中介效果——基于国有企业的研究》，博士学位论文，中国人民大学，2013，第 24~28 页。

[④] Perry, J. L., Wise, L. R., "The Motivational Bases of Public Service," *Public Administration Review* 50 (1990): 367-373.

[⑤] Dong, C. S., Hyun, H. P., Tae, H. E., "Street-Level Bureaucrats' Turnover Intention: Does Public Service Motivation Matter?" *International Review of Administrative Sciences* 83 (2017): 563-582.

而感到沮丧甚至离职。① 在私企，那些具有强烈的利他主义精神和追求社会平等观的个体，其工作满意度会更高，而离职倾向更低。② 毫无疑问，公共型职业价值取向的个体具有更高的公共服务动机，利他主义的公共服务意识强烈，其离职倾向更低。③ 本研究引入此个体变量，旨在检验公共服务动机在 Price-Mueller 离职模型中是否也起作用。因此本研究假设公共服务动机会间接对去职意向产生负向影响。工作满意度和工作寻找行为在公共服务动机对去职意向的影响中存在中介作用。

## 五　结构化变量

### （一）工作自主权

工作自主权（Job Autonomy）是指雇员可以运用相关工作权力的程度。这个定义主要是从个体工作的角度出发来看权力的分配，与个体在工作团体中的职位权力不同。工作自主权被认为是通过工作满意度对去职意向起作用，以下的中介过程是可能的：自主性高的工作可以使雇员产生内生的满意感④，并且使雇员感到工作的挑战性和受到激励⑤，这样会增加雇员的工作满意度。因此本研究假设工作自主权会间接对去职意向产生负向影响。工作满意度、组织承诺和工作寻找行为在工作自主权对去职意向的影响中存在中介作用。

### （二）分配公平性

分配公平性（Distributive Justice）是指组织对雇员的奖罚在多大程度上和工作绩效挂钩。当雇员对组织的贡献越多，得到的回报越多，对组

---

① Podsakoff, N. P., LePine, J. A., Lepine, M. A., "Differential Challenge Stressor-Hindrance Stressor Relationships with Job Attitudes, Turnover Intentions, Turnover, and Withdrawal Behavior: A Meta-Analysis," *Journal of Applied Psychology* 92 (2007): 438-454.

② Choi, Y. J., Chung, I. H., "Effects of Public Service Motivation on Turnover and Job Satisfaction in the U. S. Teacher Labor Market," *International Journal of Public Administration* 41 (2017): 1-9.

③ 徐辉：《青年公务员职业价值取向对离职倾向影响研究——基于不同工龄群体的回归方程解析》，《中国行政管理》2017 年第 1 期，第 34~38 页。

④ Gouldner, A. W., *Patterns of Industrial Bureaucracy* (New York: Free Press, 1951).

⑤ Hackman, J. R., Oldham, G. R., "Motivation through Design of Work: Test of a Theory," *Organizational Behavior and Human Performance* 16 (1976): 250-279.

织的贡献越少，得到的回报越少时，分配公平性越高。分配公平性既有社会学①又有心理学②③的基础。公平在大多数的情况下是从心理学的角度来分析的，分配公平性被认为通过工作满意度和组织承诺来影响去职意向。因此本研究假设分配公平性会间接对去职意向产生负向影响。工作满意度、组织承诺和工作寻找行为在分配公平性对去职意向的影响中存在中介作用。

### （三）过程公平性

公平理论是研究工资报酬分配的合理性、公平性对职工工作积极性影响的理论，由美国心理学家亚当斯于 1967 年提出。在该篇文章中，过程公平性（Process Equity）是指单位严格执行规章制度的程度。公平理论认为人的工作积极性的高低不但与个人获得实际报酬的多少有关，而且与人们对报酬的分配是否感到公平更为密切。人们总会自觉或不自觉地将自己付出的劳动代价及其所得到的报酬与他人进行比较，并对公平与否做出判断。公平感直接影响职工的工作动机和行为。因此过程公平性同样会影响员工的工作动机和行为，从而导致员工去职。因此本研究假设过程公平性会间接对去职意向产生负向影响。工作满意度、组织承诺和工作寻找行为在过程公平性对去职意向的影响中存在中介作用。

### （四）绩效考核

绩效考核（Performance Appraisal）是绩效管理中的一个环节，也叫绩效评估，是指考核主体对照工作目标和绩效标准，采用科学的考核方式，评定员工的工作任务完成情况、员工的工作职责履行程度和员工的发展情况，并且将评定结果反馈给员工的过程。本研究所说的绩效考核主要是指依据绩效标准对公务员进行的考核。绩效考核起源于英国文官制度，考核制度的实行，充分调动了英国文官的积极性，大大提高了政府行政管理的科学性，增强了政府的廉洁与效能。但也有学者认为，绩

---

① Homans, G. C., *Social Behavior* (New York: Harcourt, Brace, 1961).

② Adams, J. S., "Toward an Understanding of Inequity," *Journal of Abnormal and Social Psychology* 67 (1963): 422-436.

③ Adams, J. S., "Inequity in Social Exchange," in Berkowitz, L., eds., *Advances in Experimental Social Psychology* (New York: Academic Press, 1965), pp. 267-299.

效考核制度起源于我国的禅让制，君主在将统治权让给他人之前，都会对继任者进行考核，合格后才会禅让帝位。虽然禅让制中的考核与现代绩效考核截然不同，但也可认为它是绩效考核的雏形。绩效考核是评价公务员综合工作素养和履职能力的工具，也是公共组织人力资源管理的关键内容，建立科学合理的公务员绩效考核制度，有助于推动建设一支高效、廉洁、高素质的干部队伍。

Pynes 认为"公务员的工作绩效会对整个社会的发展速度及方向产生直接的影响"[1]。他在充分肯定公务员在国家管理工作中的作用的同时，强调了对公务员进行绩效管理的重要性。Kephas 认为，绩效考核是公务员整体人力资源管理职能的重要组成部分。恰当地实施绩效考核政策，将有效提高职工的工作能力和效率。[2] Palshikar 等认为绩效考核是一个至关重要的人力资源过程，它使组织能够定期衡量和评估每一位员工的绩效，并推动绩效的改进。[3] 总体来说，西方学者认为对公务员进行绩效考核，不仅可以提高工作效率，还可以推动组织绩效，更好地为公众提供公共服务。

国内研究方面，衡霞认为绩效考核主要是根据考核结果对个体做出适当评价，并为奖惩提供依据。[4] 她根据公务员绩效考核的特殊性，总结出公务员绩效考核主要具有导向、评价、管理、激励和监督 5 个功能。何琪在对我国绩效发展历史和西方发达国家绩效制度分析研究后，提出绩效考核活动的作用和功能主要体现在 3 个方面：一是可以帮助员工理解组织对自己的期望；二是为员工提供有关自己工作表现的反馈信息；三是为人力资源系统中相关环节提供依据。[5] 包国宪、任怡、马佳

---

[1] Pynes, J. E., *Human Resources Management for Public and Nonprofit Organizations* (San Francisco: Jossey-Bass, 2013).

[2] Kephas, O. B., "Effect of Performance Appraisal on Employee Productivity in The Ministry of Agriculture Homa Bay County, Kenya," *International Journal of Research in Social Sciences* 6 (2016): 289-304.

[3] Palshikar, G. K. et al., "HiSPEED: A System for Mining Performance Appraisal Data and Text," *International Journal of Data Science and Analytics* 6 (2018): 95-111.

[4] 衡霞：《公务员绩效考核的基础理论研究》，《理论界》2007 年第 5 期，第 9~10 页。

[5] 何琪：《绩效管理：走出绩效考核的困境》，《上海行政学院学报》2007 年第 1 期，第 60~69 页。

铮紧紧围绕绩效考核的激励功能进行深入探讨，认为绩效考核不仅是找出个体的不足，还要通过物质和精神的激励直接影响个体的行为和价值取向。[①] 马翠翠指出，绩效考核可为公务员奖惩、辞退、调整职级提供依据。[②] 王梅认为，绩效考核不仅可以激发公务员的工作积极性，还明确了应该做什么、哪些做不好以及今后改进的方向。[③] 张小鑫、李明泽认为，在制度创新背景下绩效考核具有客观评价公务员业绩、强化公务员队伍素质、完善公务员制度管理体系 3 个方面的功能[④]。

本研究加入绩效考核的结构化变量，主要是想验证绩效考核对去职意向的影响。本研究假设绩效考核会影响去职意向并呈显著负向影响，公务员满意度和组织承诺、工作寻找行为在其中起中介作用。

### （五）薪酬

薪酬（Payment）是指为单位工作而得到的金钱和其他等价物。一般来说，雇员的现金收入和额外福利被认为是薪酬的指示物。[⑤] 长期以来，经济学家强调薪酬对离职的重要性，许多经济学家的研究发现，薪酬和离职之间存在非常显著的负相关关系。Price-Mueller 离职模型指出薪酬对去职意向的影响通过工作满意度起作用。"激励拥挤"理论认为，提高绩效薪酬只会加强外部激励，企业内在动机是一种更接近高绩效的方式。[⑥][⑦][⑧] 经济激励可以作为分层/委托代理关系中的社会动机的替代，而

---

① 包国宪、任怡、马佳铮：《公务员绩效管理中的激励问题研究》，《兰州大学学报》2010 年第 3 期，第 96~100 页。

② 马翠翠：《"大数据"背景下的公务员绩效考核体系探析》，《现代商业》2016 年第 5 期，第 31~32 页。

③ 王梅：《试析公务员绩效考核中若干问题——以 Y 市 X 区为例》，《管理观察》2017 年第 23 期，第 72~73 页。

④ 张小鑫、李明泽：《论我省公务员绩效考核存在的问题及改进对策》，《中国管理信息化》2017 年第 1 期，第 201~203 页。

⑤ Lawler, E. E., *Pay and Organizational Effectiveness* (New York：McGraw-Hill, 1971).

⑥ Frey, B. S., *Not Just for the Money：An Economic Theory of Personal Motivation* (Cheltenham, UK：Edward Elgar, 1997).

⑦ Frey, B. S., Margit, O., eds., *Successful Management by Motivation—Balancing Intrinsic and Extrinsic Incentives* (Berlin, Germany：Springer Verlag, 2002).

⑧ Miller, G. J., Whitford, A. B., "Trust and Incentives in Principal-Agent Negotiations：The Insurance-Incentive Trade-Off," *Journal of Theoretical Politics* 14 (2002)：231-267.

不是补充。[1] Blau 和 Kahn[2], Kim[3], Leonard[4], Utgoff[5] 学者认为薪酬是去职的一个重要决定因素。Lee 和 Whitford[6] 研究组织满意度、意见表达、忠诚度、薪酬、福利、培训、绩效晋升、身体条件、种族和性别等与离职的关系，结论显示对发言权和忠诚度的看法限制了组织各个层次的员工退出。对薪酬的不满也是去职意向的一个重要原因，这对高管阶层的影响是最大的。我们假设公务员产生去职意向的主要原因是薪酬偏低，工作满意度和工作寻找行为在其中起中介作用。

### （六）职业成长机会

职业成长机会（Career Growth Chance）是指由单位提供的可以增加知识和技能的机会。职业成长机会较高时，员工的工作满意度就会较高，从而去职意向就会变低。相反，职业成长机会较低时，员工的工作满意度就会较低，从而去职意向就会增加。因此本研究假设职业成长机会对去职意向产生显著负向影响，工作满意度、组织承诺、工作寻找行为在其中起中介作用。

### （七）晋升机会

晋升机会（Promotional Chance）是指在单位内部潜在的垂直向上的职业流动。Mobley 等强调未来收益对离职的重要影响[7][8]，而晋升机会恰好反映了一种未来的收益。高晋升机会鼓励个体在组织内部进行职业

---

[1] Miller, G.J., Whitford, A.B., "Trust and Incentives in Principal-Agent Negotiations: The Insurance-Incentive Trade-Off," *Journal of Theoretical Politics* 14 (2002): 231–267.

[2] Blau, F.D., Kahn, L.M., "Race and Sex Differences in Quits by Young Workers," *Industrial and Labor Relations Review* 34 (1981): 563–77.

[3] Kim, M., "Where the Grass Is Greener: Voluntary Turnover and Wage Premiums," *Industrial Relations* 38 (1999): 584–603.

[4] Leonard, J.S., "Carrots and Sticks: Pay, Supervision, and Turnover," *Journal of Labor Economics* 5 (1987): 136–52.

[5] Utgoff, K.C., "Compensation Levels and Quit Rates in the Public Sector," *The Journal of Human Resources* 18 (1983): 394–406.

[6] Lee, S.Y., Whitford, A.B., "Exit, Voice, Loyalty, and Pay: Evidence from the Public Workforce," *Journal of Public administration Research and Theory* 18 (2008): 647–671.

[7] Mobley, W.H., Griffeth, R.W., Hand, H.H., Meglino, B.M., "Review and Conceptual Analysis of the Employee Turnover Process," *Psychological Bulletin* 86 (1979): 493–522.

[8] Mobley, W.H., *Employee Turnover* (Reading: Addison-Wesley, 1982).

发展，以保证工作的安全性和其他长期的未来收益①②，因此这个变量的增加被认为会增加工作满意度和组织承诺，进而减少去职意向。Cordes和 Dougherty 认为晋升或晋升的机会可能会增加员工的个人成就感，并相信政策的公平性可能会使无助感最小化。③ Rousseau 的研究认为员工通常期望雇主提供职业晋升机会，以换取员工的时间、精力和技能。④

学者们也对政府雇员的晋升机会与离职关系做了一系列的研究。研究认为政府不灵活和过时的工作分类可能会阻碍为 IT 员工提供充分的晋升机会。⑤ 根据 Janairo 在 2000 年的研究，一份美国州政府委员会的调查显示，在 28 个州报告指出他们已经改变了 IT 人员的工作分类和薪酬体系的情况下，只有 11 个州报告了增加晋升机会的相关内容。⑥ Selden 和 Moynihan 指出内部晋升机会与离职之间的联系也在州政府中存在。⑦ 在此基础上，Mill 探讨了职业晋升或晋升机会与离职之间的关系，发现有限的晋升机会被认为是政府失去合格的 IT 员工的首要原因。⑧ Lee 和 Whitford 认为明确的晋升机会降低了员工离职的可能性。

近年来，国内也出现了一些研究讨论晋升机会对公务员离职现象的影响，康淼等通过调查梳理，认为基层公务员离职的原因之一是晋升空间狭窄。⑨

---

① Halaby, C. N., "Worker Attachment and Workplace Authority," *Americans Sociological Review* 51 (1986): 634-649.

② Lincoln, J. R., Kalleberg, A. L., *Culture, Control, and Commitment: A Study of Work Organization and Work Attitudes in the United States and Japan* (Cambridge, New York: Cambridge University Press, 1990).

③ Cordes, C. L., Dougherty, T. W., "A Review and an Integration of Research on Job Burnout," *Academy of Management Review* 18 (1993): 621-657.

④ Rousseau, D., *Psychological Contracts in Organizations: Understanding Written and Unwritten Agreements* (CA: Sage, 1995).

⑤ National Academy of Public Administration, *The Transformation Power of Information Technology: Making the Federal Government An Employer of Choice for IT Employees* (Washington, DC: Author, 2001).

⑥ Janairo, E., *Technical Difficulties: Hiring and Keeping IT Employees in State Government* (Lexington, KY: Council of State Governments, 2000).

⑦ Selden, S. C., Moynihan, D. P., "A Model of Voluntary Turnover in State Government," *Review of PublicPersonnel Administration* 4 (2000): 63-74.

⑧ Mill, S., "Motivating Your IT Staff," *Computing Canada* 20 (2001): 26-27.

⑨ 康淼、乌梦达、姜刚、杨玉华、刘巍巍、陈寂、张逸：《基层公务员辞职原因调查：有三大原因、分三种类型》，《瞭望新闻周刊》2015 年 6 月。

夏训杰以上海市公务员的 300 份有效问卷为样本，分析影响公务员离职的因素，发现晋升机会与离职呈显著负相关（-0.598）。① 因此本研究假设晋升机会对去职意向产生显著负向影响，公务员满意度和组织承诺、工作寻找行为在其中会起中介作用。

### （八）晋升制度

晋升制度（Promotion System）是为了提升员工个人素质和能力，充分调动全体员工的主动性和积极性，并在单位内部营造公平、公正、公开的竞争机制，规范公司员工的晋升、晋级工作流程，而专门制定的制度。本研究所说的晋升制度主要是指公务员管理部门为规范晋升行为而建立的一套制度。晋升制度是本研究引入的一个结构化变量，我们认为晋升制度的公平性、公正性可以弥补晋升机会的不足，良好的晋升制度会减少公务员离职意向。因此本研究假设晋升制度对去职意向产生显著负向影响，公务员满意度和组织承诺、工作寻找行为在其中会起中介作用。

### （九）工作单调性

工作单调性（Job Rountinization）是指个体的工作被重复的程度。工作单调性这一称谓主要来自 Perrow 的著作。② 工作单调性被认为通过工作满意度对去职意向产生影响。以下的中介过程是可能的：内容丰富的工作会使雇员感到工作的挑战性，由于扩展了他们的能力和技能，他们会感到工作的意义，因此会增加工作满意度；相反，工作满意度会降低。③ 这一变量成为公务员去职的一个重要因素，本研究假设工作单调性对去职意向产生显著正向影响，即工作越单调，公务员的去职意向越强，反之亦然。

### （十）工作压力

Selye 认为，压力是个人对于其需求的非特异性反应，也就表示压力

---

① 夏训杰：《上海市公务员去职意向实证调查研究》，云南财经大学硕士论文，2016，第 31 页。

② Perrow, C. A., "A Famework for the Comparative Analysis of Organizations," *American Sociological Review* 32（1967）：184-208.

③ Hackman, J. R., Oldham, G. R., "Motivation through Design of Work：Test of a Theory," *Organizational Behavior and Human Performanca* 16（1976）：250-279.

时时刻刻存在于我们的生活中。[①] Schuler 认为，组织中的压力是一种非常重要的现象，它通常与生理、心理、行为等因素有关。[②] 工作压力源分为挑战性压力源和阻碍性压力源。研究结果发现，挑战性压力源对工作投入和工作倦怠均有正向的预测作用，阻碍性压力源对工作倦怠有正向的预测作用，对工作投入有负向的预测作用。[③] Price 认为工作压力是工作职责不能被实现的程度，包括角色模糊、角色冲突、工作负荷、资源匮乏 4 个维度。[④]

长久以来，对工作压力、去职的研究多集中在企业，研究结果表明，工作压力与工作满意度之间往往为负相关关系，而工作压力与去职意向之间又主要是正相关关系。Denton 等研究了医疗卫生体制改革背景下家庭护理人员的工作压力与不满。结果表明家庭保健工作的社会组织结构的变化，会使得其压力增大并导致其对工作的不满意。[⑤] Sanders 的研究结果表明，工作压力过大会导致员工的去职意向增加。[⑥] 马爽等 2015 年通过对北京市的 7 个区县级的地税部门的 225 名基层公务员进行问卷调查，发现地税部门的基层公务员的工作压力能够显著地负向预测他们的工作满意度，同时它能够显著地正向预测员工的去职意向。[⑦]

本研究主要探讨阻碍性压力源（包括角色模糊、角色冲突、工作负荷、资源匮乏 4 个维度）是如何影响公务员去职意向的。角色模糊（Role

---

① Selye, H., "Further Thoughts on 'Stress without Distress'," *Medical Times* 11 (1976): 124-144.

② Schuler, R. S., "Definition and Conceptualization of Stress in Organizations," *Organizational Behavior & Human Performance* 25 (1980): 184-215.

③ 吴国强、郭亚宁、黄杰、鲍旭辉、李越:《挑战性—阻碍性压力源对工作投入和工作倦怠的影响：应对策略的中介作用》,《心理与行为研究》2017 年第 6 期，第 853~859 页。

④ Price, J. L., "Reflections on the Determinants of Voluntary Turnover," *International Journal of Manpower* 22 (2001): 115-141.

⑤ Denton, M. et al., "Job Stress and Job Dissatisfaction of Home Care Workers in the Context of Health Care Restructuring," *International Journal of Health Services Planning Administration Evaluation* 32 (2002): 327-357.

⑥ Sanders, J. C., "Stress and Stress Management in Public Acounting," *CPA Journal* 8 (1995): 46-49.

⑦ 马爽、王晨曦、胡婧、张西超:《地税基层公务员工作压力与工作满意度、离职意向的关系：心理资本的调节作用》,《中国临床心理学杂志》2015 年第 2 期，第 326~329 页。

Ambiguity）是指不明确的工作职责。组织的成员要求知道自身角色的期望的信息，即如何获得角色，该角色的最终结果是什么等。当有关角色的信息不存在或这些信息无法有效体现时，角色模糊就出现了。与角色冲突一样，角色模糊在确定离职意图方面的重要性是双重的。①②③ 甚至在 IT 行业人员中，有学者已经发现角色模糊与工作疲惫和较低的工作满意度直接相关。④

角色冲突（Role Conflict）是指因不相容的期望导致的心理矛盾和行为冲突现象。本研究所说的角色冲突是指不一致的工作职责。除了工作量，角色冲突也被认为是与工作有关的压力的来源。当员工认为他们的工作中存在"不符合预期或要求的不协调"时，就会发生角色冲突。⑤ 角色冲突的存在很重要，因为它与员工工作疲惫和较低的工作满意度有关。⑥⑦⑧⑨

工作负荷（Work Load）是指单位时间内人体承受的工作量，旨在测定和评价人机系统的负荷状况，努力使其落入最佳工作负荷区域。⑩ 本研

① Jackson, S. E., Schuler, R. S., "A Meta-Analysis and Conceptual Critique of Research on Role Ambiguity and Role Conflict in Work Settings," *Organizational Behavior and Human Decision Processes* 36 (1985): 16-78.

② Lee, R. T., Ashforth, B. E., "A Meta-Analytic Examination of the Correlates of the Three Dimensions of Burnout," *Journal of Applied Psychology* 81 (1996): 123-133.

③ Netemeyer, R. G., Johnston, M. W., Burton, S., "Analysis of Role Conflict and Role Ambiguity in a Structural Equations Framework," *Journal of Applied Psychology* 75 (1990): 148-157.

④ Moore, J. E., "One Road to Turnover: An Examination of Work Exhaustion in Technology Professionals," *MIS Quarterly* 24 (2000): 141-168.

⑤ Bostrom, R. P., "Role Conflict and Ambiguity: Critical Variables in the User-Designer Relationship," in Awad, E. M., ed., *Proceedings of the Seventeenth Annual Computer Personnel Research Conference* (New York: Association for Computing Machinery Press, 1981), pp. 88-112.

⑥ Bedeian, A. G., Armenakis, A. A., "A Path-Analytic Study of the Consequences of Role Conflict and Ambiguity," *Academy of Management Journal* 24 (1981): 417-424.

⑦ Jackson, S. E., Schuler, R. S., "A Meta-Analysis and Conceptual Critique of Research on Role Ambiguity and Role Conflict in Work Settings," *Organizational Behavior and Human Decision Processes* 36 (1985): 16-78.

⑧ Lee, R. T., Ashforth, B. E., "A Meta-Analytic Examination of the Correlates of the Three Dimensions of Burnout," *Journal of Applied Psychology* 81 (1996): 123-133.

⑨ Netemeyer, R. G., Johnston, M. W., Burton, S., "Analysis of Role Conflict and Role Ambiguity in a Structural Equations Framework," *Journal of Applied Psychology* 75 (1990): 148-157.

⑩ 林崇德：《心理学大辞典》，上海教育出版社，2003。

究中的工作负荷是指为工作所需要付出的努力。工作负荷对组织承诺有重要影响，因为它与员工工作满意度相关①②③④，并影响工作转换或离职⑤⑥⑦⑧。

资源匮乏（Resource Starvation）是指匮乏工作所需要的资源。当单位无法提供雇员所需资源时，雇员就会感到资源匮乏。在这种状态下雇员会采取一系列的行动来满足自身对于工作资源的需要，在此过程中他们可能采取换工作的行为，从而产生去职意向。因此本研究假设工作压力的4个维度对去职意向产生显著正向影响，公务员满意度和工作寻找行为在其中起中介作用。

### （十一）社会支持

社会支持（Social Support）是对雇员工作相关问题的支持。支持可能来自同事、顶头上司、工作以外的朋友及配偶。社会支持是密歇根大学调查研究中心（SRC）除工作压力外着重研究的另一个变量⑨⑩。Carlson等认为社会支持是影响员工离职的重要影响因素甚至是关键性因素，这是因为社会支持不仅满足了员工物质层面的需求，还满足了其精神层面

① Maslach, C., Jackson, S. E., "Burnout in Organizational Settings," *Applied Psychological Annual* 5 (1984): 133-153.
② Pines, A., Aronson, E., Kafry, D. B., *Burnout: From Tedium to Personal Growth* (New York: The Free Press, 1981).
③ Wolpin, J., Burke, R. J., Greenglass, E. R., "Is Job Satisfaction an Antecedent or a Consequence of Psychological Burnout?" *Human Relations* 44 (1991): 193-209.
④ Jackson, S. E., Turner, J. A., Brief, A. P., "Correlates of Burnout among Public Service Lawyers," *Journal of Occupational Behavior* 8 (1987): 339-349.
⑤ Jackson, S. E., Schwab, R. L., Schuler, R. S., "Toward an Understanding of the Burnout Phenomenon," *Journal of Applied Psychology* 71 (1986): 630-640.
⑥ Lee, R. T., Ashforth, B. E., "A Meta-Analytic Examination of the Correlates of the Three Dimensions of Burnout," *Journal of Applied Psychology* 81 (1996): 123-133.
⑦ Moore, J. E., "One Road to Turnover: An Examination of Work Exhaustion in Technology Professionals," *MIS Quarterly* 24 (2000): 141-168.
⑧ Pines, A., Aronson, E., Kafry, D. B., *Burnout: From Tedium to Personal Growth* (New York: TheFree Press, 1981).
⑨ House, J. S., *Occupational Stress and the Mental and Physical Health of Factory Workers*, (Ann Arbor, Michigan: Survey Research Center, University of Michigan, 1980).
⑩ House, J. S., *Work Stress and Social Support* (MA: Addison-Wesley, 1981).

被尊重、实现价值的需要。[1] Cohen 等认为社会支持是企业组织、领导、同事、团队或者配偶、子女、父母在个体物质方面和精神方面的赠予和帮助。[2] Lin 发现社会支持来源于社会、组织和其他个体的支持与承诺，这些支持与承诺是实实在在可以被感觉到的。[3] Hobfoll 指出社会支持包括无形支持和有形支持，它是普遍客观存在的，反映人与人之间的亲密程度和亲密关系。[4] 张勉重点指出社会支持的 4 个维度如何通过中介变量对雇员的去职意向产生影响。而且在研究变量中，组织内部支持的影响比组织外部支持的影响效果更加明显，主要是关于上司和同事方面的支持，对所调查行业内雇员的离职有着深远的影响。[5] 本研究继续沿用 Price-Mueller 离职模型中社会支持的 4 个维度，考察社会支持的 4 个维度对公务员去职意向如何产生影响，工作满意度和工作寻找行为是否在其中起中介作用。

## 第四节　研究设计

### 一　样本选择与问卷调查过程

问卷调查采用随机抽样方式，在云南、山东和湖南发放了纸质问卷1400 份，回收整理的有效问卷为 1077 份。在纸质数据收集过程中，本研究主要是通过与政府部门合作，如云南省（405 份）的昆明市官渡区、文山州麻栗坡县、德宏州芒市，上海市（300 份），湖南省（188 份）和山东省（184 份）的三个点，由政府部门相关负责人协助发放、回收、寄回调查问卷。

其余的问卷是通过"问卷网"在线调查完成的，笔者还通过微信群或QQ 朋友圈广泛发动认识的公务员填写问卷。为了防止非公务员填写问卷，

---

① Carlson, D.S., Perrewé, P.L., "The Role of Social Support in the Stressor-Strain Relationship: An Examination of Work-Family Conflict," *Journal of Management* 25 (1999): 513-540.

② Cohen, S., "Stress, Social Support and the Buffering Hypothesis," *Psychological Bulletin* 98 (1985): 310-357.

③ Lin, N., "Social Resources and Instrumental Action," *Sage Publications* 1 (1981): 121.

④ Hobfoll, S.E., "The Influence of Culture, Community, and the Nested-Self in the Stress Process: Advancing Conservation of Resources Theory," *Applied Psychology* 50 (2001).

⑤ 张勉：《企业雇员离职意向模型的研究与应用》，清华大学出版社，2006。

笔者还专门设置了身份限制。调查问卷的第一个问题是"您的身份是：A. 公务员；B. 不是公务员"，如果被调查者选择 B 选项，答题将立即终止。从 2016 年 8 月 11 日开始至 2017 年 3 月 15 日，网络问卷访问量超过 1 万人次，问卷填写的初始总量为 5081 份（见图 5-2）。

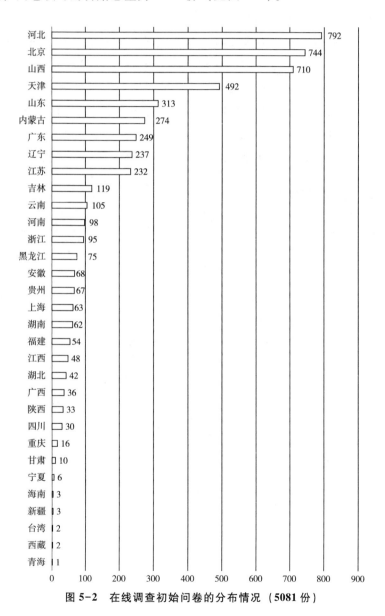

图 5-2　在线调查初始问卷的分布情况（5081 份）

本研究对从问卷网获得的 5081 份问卷进行分析，发现地区分布较好，覆盖面广。2017 年 3 月 13 日至 3 月 15 日，正值全国两会召开之际，有代表提到了公务员去职的话题，当时我们正在请山东省济宁市公务员（笔者的 MPA 研究生在当地人社局工作）填写问卷，因此 3 天内，问卷填写量从 512 份上升到 5081 份，但是我们发现相当数量的问卷填写时间过短，于是本研究对部分在线填写问卷的受访者进行回访，他们认为，填写完成这份问卷一般需要 6 分钟左右，于是我们对 5081份问卷进行筛选，将填写时间低于 6 分钟的问卷全部删除，保留了有效问卷 2430 份，并与纸质调研的 1077 份进行数据合并，得到 3507 份有效问卷，并挑选问卷数量较多（至少有 177 份）和质量较好的云南、上海、湖南、山东、北京和广东 5 地的共计 2046 份问卷进行分析。

## 二 变量的测量

变量测量涉及 1 个因变量，即去职意向；3 个中介变量，即工作满意度和组织承诺是第一次中介，工作寻找行为是第二次链式中介，28个自变量，本研究希望用本次问卷获得的公务员的数据检验这 28 个因素对公务员去职意向的影响程度。问卷采用了 Likert5 量表形式，按照问卷中的调查问题的程度进行 5 档显示程度，"1"表示"非常不同意"；"2"表示"不同意"；"3"表示"既不同意也不反对"；"4"表示"同意"；"5"表示"非常同意"。变量的具体情况及量表来源见表5-2。

表 5-2 问卷研究变量及来源

| 变量 | 问题 | 量表来源 |
| --- | --- | --- |
| 因变量 | | |
| 去职意向 | J. 我希望离开目前单位 | Kim 等（1996） |
| | K. 我打算在目前的工作单位中待尽可能长的时间 | |
| | L. 一般情况下我不会主动离开目前的单位 | |
| | M. 假如我继续待在本单位，我的前景可能不会更好 | |

| 变量 | 问题 | 量表来源 |
|---|---|---|
| 中介变量 | | |
| 工作满意度 | A. 我对目前的工作感到相当满意 | Brayfield 和 Rothe（1951） |
| | B. 我的工作相当无聊 | |
| | C. 我在工作中找到了真正的乐趣 | |
| | D. 我常常对我的工作感到厌烦 | |
| 组织承诺 | A. 我为我当初选择本单位而非其他单位而感到非常高兴 | Mowday 等（1979） |
| | B. 我对我的朋友讲，本单位是个非常不错的工作单位 | |
| | C. 我的确关心本单位的发展前途 | |
| | D. 告诉别人我是本单位的一员，我感到骄傲 | |
| 工作寻找行为 | N. 我很少寻找其他就业机会的信息 | 对 Kim 等（1996）提出的变量做了修订 |
| | O. 我寻找其他工作单位的可能性很小 | |
| | P. 我经常去探询我所得知的其他就业信息 | |
| 自变量环境变量 | | |
| 1. 机会 | A. 您在其他单位找到和您目前工作一样好的工作的容易程度如何？ | Price（2001） |
| | B. 您在其他单位找到比您目前工作好一些的工作的容易程度如何？ | |
| | C. 您在其他单位找到比您目前工作好得多的工作的容易程度如何？ | |
| 2. 亲属责任 | A. 有一份成功的事业 | Blegen 等（1988） |
| | B. 做一个好丈夫/妻子 | |
| | C. 做一个好父亲/母亲 | |
| | D. 做一个好儿子/女儿 | |
| 3. 转换成本 | Q. 如果我现在从本单位离职，会有很大的个人损失（包括物质损失和精神损失） | 张勉（2006） |
| | R. 即使我有了合适的备选单位，真要离开本单位对我来说会是非常困难的 | |
| | S. 假如我没有在本单位投入如此之多的话，我会考虑在其他单位工作 | |

| 变量 | 问题 | 量表来源 |
|---|---|---|
| 4. 政治经济形势 | Z. 当前的干部管理措施太严，让我觉得压力太大，有去职的打算 | 新变量 |
| | Y. 当前鼓励创业的政策使我想"下海"一显身手 | 新变量 |

自变量个体变量

| 变量 | 问题 | 量表来源 |
|---|---|---|
| 5. 一般培训 | M. 我在工作中用到的技能和知识在其他的单位同样需要 | Kim 等（1996） |
| | N. 假如我离开目前的单位，我的工作技能和知识很难再用得上 | |
| | O. 我大部分的工作技能和知识只对目前的单位有用 | |
| 6. 退出倾向 | T. 我觉得老待在一个单位是不行的 | 张勉（2006） |
| | U. 我倾向于通过换工作来增加自己的求职资历或阅历 | |
| | V. 老在一个单位待着会让我感到腻味 | |
| 7. 工作参与度 | E. 大部分的时间里，我喜欢全神贯注于我的工作 | Kanungo（1982） |
| | F. 我全身心地投入我的工作中 | |
| | G. 我常常感到目前的工作对我来说无关紧要 | |
| 8. 积极情感 | A. 我的生活非常有趣 | Price（1997） |
| | B. 我总能找到方法来充实我的生活 | |
| | E. 大部分的时间内，我有真正感到快乐的时候 | |
| 9. 消极情感 | C. 我常被一些小事惹恼 | Price（1997） |
| | D. 我的情绪经常起伏不定 | |
| | F. 很小的挫折有时会让我非常烦躁 | |
| 10. 关系 | E. 通过我的个人关系，我可以办到其他许多同级员工在本单位中办不到的事情 | 张勉（2006） |
| | F. 对于单位的一些重要决定，我可以在它们未被公布前比多数的同级员工先了解到 | |
| | G. 当我在单位遇到麻烦时，我可以通过我的个人关系改善我的处境 | |

| 变量 | 问题 | 量表来源 |
|---|---|---|
| 11. 公共服务动机 | A. 我对制定有益于社会的公共规划或公共政策很有兴趣 | Perry（1990） |
| | C. 看到人们从公共政策或项目中受益，我会深感高兴 | |
| | D. 我将公共服务视为自己应尽的公民义务 | |
| | E. 有意义的公共服务对我来说很重要 | |
| | M. 我愿意为社会利益做出巨大牺牲 | |
| | N. 我崇尚社会责任高于一切 | |

自变量结构化变量

| 变量 | 问题 | 量表来源 |
|---|---|---|
| 12. 工作自主权 | H. 我能够选择我完成工作的方式 | Price 和 Mueller（1986） |
| | I. 我能够调整我的工作目标 | |
| | J. 我有机会干我拿手的事 | |
| | K. 我的工作使我用上了自己的专业和能力 | |
| 13. 分配公平性 | A. 就我对工作所付出的努力来说，我所得到的回报是公正的（回报包括物质回报和精神回报） | Price 和 Mueller（1986） |
| | B. 我们单位的评优很大程度上取决于你与领导的关系 | |
| | C. 就我承担的工作职责而言，我得到的回报是公正的 | |
| 14. 过程公平性 | E. 我们单位在严格执行规章和制度方面没有付出多少努力 | Price（2001） |
| | F. 在我们单位，没有人可以逃避规章和制度的约束 | |
| 15. 绩效考核 | P. 我所在的单位有科学的绩效考核办法 | 李永康（2005） |
| | Q. 当我出色地完成一项工作后，我得到了应有的表彰 | |
| | R. 我的上级过度容忍表现欠佳的员工 | |
| | S. 单位正运用科学标准来反映绩效和效率 | |
| | T. 本单位严格执行奖优罚劣的标准 | |
| 16. 角色模糊 | N. 我不清楚自己在工作中的职责 | Rizzo 等（1970） |
| | O. 我对自己在工作中被给予的期望很清楚 | |
| 17. 角色冲突 | P. 不同的领导常常向我提出相互冲突的工作要求 | Rizzo 等（1970） |
| | Q. 不同的同事常常向我提出相互冲突的工作要求 | |

续表

| 变量 | 问题 | 量表来源 |
|---|---|---|
| 18. 工作负荷 | S. 我有足够的时间完成每一项工作任务 | House（1981） |
| | T. 我的工作负荷不重 | |
| | U. 我不得不非常快节奏地工作 | |
| 19. 资源匮乏 | V. 我难以得到我工作所需的供给 | Price（1997） |
| | W. 我有足够的装备去工作 | |
| 20. 薪酬 | 5. 您从单位得到的收入情况 | Price 和 Mueller（1986） |
| 21. 职业成长机会 | J. 本单位为我提供了跟上与工作有关的新动向的机会 | 张勉（2006） |
| | K. 本单位没有为我提供学习新知识或提高专业技能的机会 | |
| | L. 本单位为我提供了在工作上提高自我的机会 | |
| 22. 晋升机会 | D. 在我们单位，员工有很好的晋升机会 | 对 Kim 等（1996）提出的变量做了修订 |
| | G. 我愿意沿着目前的职业阶梯持续发展下去 | |
| | I. 对我来说，目前的工作可以作为我今后几年内的事业 | |
| 23. 晋升制度 | W. 在本单位是否加薪和晋升是根据工作干得多少来定的 | 新变量 |
| | X. 本单位基本上是根据个人能力晋升的 | |
| 24. 工作单调性 | L. 我的工作内容丰富 | Sims 等（1976） |
| | M. 在我的工作中我有机会处理各种各样的事情 | |
| 25. 上司支持 | K. 我的顶头上司愿意听我讲述与工作相关的问题 | Price（1997） |
| | L. 我的顶头上司非常关心我的工作 | |
| | M. 当我在工作中遇到困难时，我得不到顶头上司的帮助 | |
| 26. 同事支持 | H. 我至少和一个同事很要好 | Price（1997） |
| | I. 我很少和同事谈论重要的个人问题 | |
| | J. 我对同事的个人情况几乎一无所知 | |
| 27. 配偶支持 | A. 我的配偶不太关心我的工作 | Price（1997） |
| | B. 我的配偶支持我的工作 | |
| 28. 朋友支持 | C. 我可以向我的好朋友讲述我在工作中遇到的问题 | Price（1997） |
| | D. 我的好朋友愿意听我讲有关工作方面的问题 | |

## 三 数据统计分析方法

本研究将利用数据分析软件 SPSS21.0 对调查问卷获得的数据进行录入分析。在分析过程中主要采用信度分析、效度分析、描述性统计分析、单因素分析、方差分析、相关性分析等。同时运用 AMOS 软件来构建结构方程模型（SEM），检验自变量对公务员去职意向的影响值以及工作满意度（组织承诺）、寻找工作行为在自变量对去职意向产生影响之间的中介效应。也会用到 Excel 的筛选和制图功能。

## 第五节 研究结果分析

## 一 人口统计学的特征

据本次问卷调查结果，本研究最后采用 2046 份有效问卷作为分析样本。其分布情况如表 5-3 所示。

表 5-3 基本人口信息（N=2046）

单位：人，%

|  |  | 人数 | 百分比 | 有效百分比 | 累计百分比 |
|---|---|---|---|---|---|
| 调查地点 | 云南 | 505 | 24.7 | 24.7 | 24.7 |
|  | 上海 | 324 | 15.8 | 15.8 | 40.5 |
|  | 湖南 | 225 | 11.0 | 11.0 | 51.5 |
|  | 山东 | 463 | 22.6 | 22.6 | 74.1 |
|  | 北京 | 352 | 17.2 | 17.2 | 91.3 |
|  | 广东 | 177 | 8.7 | 8.7 | 100.0 |
| 性别 | 男 | 1012 | 49.5 | 49.5 | 49.5 |
|  | 女 | 998 | 48.8 | 48.8 | 98.2 |
|  | 缺失 | 36 | 1.8 | 1.8 | 100.0 |
| 民族 | 汉族 | 1768 | 86.4 | 86.4 | 86.4 |
|  | 缺失 | 42 | 2.1 | 2.1 | 88.5 |
|  | 少数民族 | 236 | 11.5 | 11.5 | 100.0 |

| | | 人数 | 百分比 | 有效百分比 | 累计百分比 |
|---|---|---|---|---|---|
| 年龄 | 25岁及以下 | 170 | 8.3 | 8.3 | 8.3 |
| | 26~30岁 | 764 | 37.3 | 37.3 | 45.7 |
| | 缺失 | 17 | 0.8 | 0.8 | 46.5 |
| | 31~40岁 | 754 | 36.9 | 36.9 | 83.3 |
| | 41~50岁 | 169 | 8.3 | 8.3 | 91.6 |
| | 51岁及以上 | 172 | 8.4 | 8.4 | 100.0 |
| 党派 | 共产党员 | 1395 | 68.2 | 68.2 | 68.2 |
| | 缺失 | 11 | 0.5 | 0.5 | 68.7 |
| | 民主党派党员 | 46 | 2.2 | 2.2 | 71.0 |
| | 群众 | 594 | 29.0 | 29.0 | 100.0 |
| 学历 | 高中及以下 | 113 | 5.5 | 5.5 | 5.5 |
| | 大专 | 250 | 12.2 | 12.2 | 17.7 |
| | 本科 | 899 | 43.9 | 43.9 | 61.7 |
| | 缺失 | 220 | 10.8 | 10.8 | 72.4 |
| | 硕士及以上 | 564 | 27.6 | 27.6 | 100.0 |
| 行政级别 | 地厅级及以上（含巡视员） | 42 | 2.1 | 2.1 | 2.1 |
| | 县处级（含调研员） | 204 | 10.0 | 10.0 | 12.0 |
| | 科级 | 605 | 29.6 | 29.6 | 41.6 |
| | 缺失 | 8 | 0.4 | 0.4 | 42.0 |
| | 科员 | 916 | 44.8 | 44.8 | 86.8 |
| | 其他 | 271 | 13.2 | 13.2 | 100.0 |
| 系统类别 | 公检法系统 | 485 | 23.7 | 23.7 | 23.7 |
| | 缺失 | 71 | 3.5 | 3.5 | 27.2 |
| | 非公检法系统 | 1490 | 72.8 | 72.8 | 100.0 |
| 单位层级 | 中央机关 | 202 | 9.9 | 9.9 | 9.9 |
| | 省部级单位 | 114 | 5.6 | 5.6 | 15.4 |
| | 地厅级单位 | 256 | 12.5 | 12.5 | 28.0 |
| | 缺失 | 23 | 1.1 | 1.1 | 29.1 |
| | 县处级单位 | 879 | 43.0 | 43.0 | 72.0 |
| | 乡镇级单位 | 572 | 28.0 | 28.0 | 100.0 |

|  |  | 人数 | 百分比 | 有效百分比 | 累计百分比 |
|---|---|---|---|---|---|
| 公务员类别 | 综合管理类 | 913 | 44.6 | 44.6 | 44.6 |
|  | 行政执法类 | 505 | 24.7 | 24.7 | 69.3 |
|  | 缺失 | 8 | 0.4 | 0.4 | 69.7 |
|  | 专业技术类 | 461 | 22.5 | 22.5 | 92.2 |
|  | 其他 | 159 | 7.8 | 7.8 | 100.0 |

从调查地点看，北京、上海、广东、山东属于经济较为发达的地区，湖南属于中部经济中等水平地区，云南属于西部经济欠发达地区。每一个地点的样本量至少为 177 份，有一定代表性。从性别看，男性 1012 人，占比为 49.5%；女性 998 人，占比为 48.8%，男女比例比较适中。从民族看，汉族 1768 人，占比为 86.4%；少数民族 236 人，占比为 11.5%，虽然少数民族比例较少，但这也符合我国民族人口比例的特点，有代表性。从年龄分布看，排除缺失部分外，26~30 岁的占比为 37.3%，31~40 岁的占比是 36.9%，25 岁及以下、41~50 岁、51 岁及以上的占比均为 8% 以上，中青年所占的比例较大（见图 5-3）。

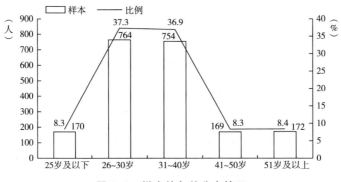

图 5-3　样本的年龄分布情况

从党派分布情况看，共产党员有 1395 人，占 68.2%；民主党派党员 46 人，占 2.2%；群众公务员 594 人，占 29%。共产党员人数最多，这与我国招录公务员的原则相符，与各地公务员的党派分布情况也一致，因此样本分布有代表性。

从学历分布看，本科学历段的比例最大，达到 43.9%；其次是硕士及以上学历的公务员占 27.6%，大专和高中及以下学历的比例较小（见图 5-4），与现实中各地公务员的学历分布情况基本相符，比如本研究获取的 2015 年云南省西双版纳傣族自治州勐海县公务员总数及学历构成情况，与我们样本学历的分布情况基本一致，只是作为西部民族自治县，专科学历的比例要高一些，硕士及以上学历的比例要低一些（见图 5-5）。因此本研究选取的样本的代表性较好。

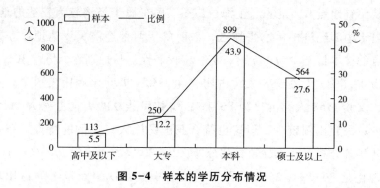

图 5-4　样本的学历分布情况

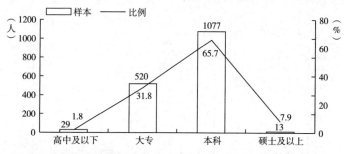

图 5-5　2015 年云南省西双版纳傣族自治州勐海县公务员学历分布情况（1639 名）

从样本的行政级别看，地厅级及以上（含巡视员）公务员 42 人，占 2.1%；县处级（含调研员）公务员 204 人，占 10.0%；科级公务员 605 人，占 29.6%；科员公务员 916 人，占 44.8%；其他 271 人，占 13.2%。我国的公务员从整体上看是"兵多官少"，因此科员占比较多，符合实际情况，因此样本的整体分布情况具有代表性。

从系统类别看，本研究将公务员分为公检法系统和非公检法系统，主要是想考察公检法系统的公务员去职意向是否高于非公检法系统，其样本分布为，公检法系统占比为 23.7%，非公检法系统占比为 72.8%，选样有代表性。

从公务员的单位层级看，中央机关到乡镇级单位 5 个层级的公务员样本都包括了，县处级单位和乡镇级单位的比例较大（见图 5-6），符合实际情况，样本代表性较好。

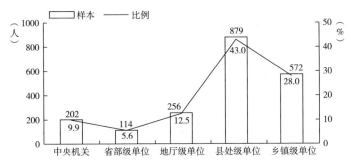

图 5-6　样本的单位层级分布情况

从公务员类别看，综合管理类为 913 人，占 44.6%；行政执法类为 505 人，占 24.7%；专业技术类为 461 人，占 22.5%，样本分布合理，有代表性。

总之，样本选取从区域、性别、民族、年龄、党派、学历、行政级别、单位层级、公务员类别等方面看，都与实际情况符合，做适当的分层抽样，代表性比较强。

**（一）量表的效度与信度检验**

本研究所用的量表主要参考了张勉修订的 Price-Mueller 离职模型，对于修订版的模型，张勉在其研究中用中国 IT 行业的数据进行了验证，说明该模型的信度和效度都是值得信赖的，我们在这里不再赘述。[①] 但是为了准确起见，我们用本研究的公务员去职意向数据库再次检验模型中相关变量的效度和信度。

1. 量表的效度

本研究通过 SPSS 软件的降维中的因子分析功能来测量项目的因子负

---

① 张勉：《企业雇员离职意向模型的研究与应用》，清华大学出版社，2006，第 87~94 页。

荷值，观察每一个变量的测量项目的负荷值的会聚效度，并将因子负荷值低于 0.50 的测量项目删除（Price，1997）。表 5-4 具体反映了所测项目的因子负荷值，结果发现"工作寻找行为"中的第 3 项"P. 我经常去探询我所得知的其他就业信息"（负荷值为 0.426）；"转换成本"变量中的第 3 项"S. 假如我没有在本单位投入如此之多的话，我会考虑在其他单位工作"（负荷值为 0.263）；"一般培训"中的第 1 项（负荷值为0.434）；"公共服务动机"中的第 1 项（负荷值为 0.307），"同事支持"中的第 1 项（负荷值为 0.142）；"绩效考核"中的第 3 项（负荷值为0.467）的因子负荷值均低于 0.50，故对这些项目进行删除。其他项目的因子负荷值均大于 0.50，符合聚类的要求。这说明量表的效度较好。

表 5-4　效度检验：测量项目的因子负荷值

| 构念 | 项目数 | 1 | 2 | 3 | 4 | 5 | 6 |
|---|---|---|---|---|---|---|---|
| 中介变量 | | | | | | | |
| 　工作满意度 | 4 | 0.798 | 0.706 | 0.843 | 0.830 | | |
| 　工作寻找行为 | 3 | 0.877 | 0.845 | 0.426 | | | |
| 　组织承诺 | 4 | 0.847 | 0.870 | 0.733 | 0.860 | | |
| 因变量 | | | | | | | |
| 　离职意愿 | 4 | 0.752 | 0.793 | 0.734 | 0.670 | | |
| 自变量环境变量 | | | | | | | |
| 　机会 | 3 | 0.887 | 0.943 | 0.908 | | | |
| 　转换成本 | 3 | 0.826 | 0.819 | 0.263 | | | |
| 　亲属责任 | 4 | 0.716 | 0.886 | 0.896 | 0.893 | | |
| 　政治经济形势 | 2 | 0.877 | 0.877 | | | | |
| 自变量个体变量 | | | | | | | |
| 　一般培训 | 3 | 0.434 | 0.798 | 0.793 | | | |
| 　退出倾向 | 3 | 0.846 | 0.832 | 0.858 | | | |
| 　工作参与度 | 3 | 0.829 | 0.649 | 0.718 | | | |
| 　积极情感 | 3 | 0.877 | 0.871 | 0.805 | | | |
| 　消极情感 | 3 | 0.885 | 0.887 | 0.864 | | | |
| 　关系 | 3 | 0.844 | 0.855 | 0.833 | | | |
| 　公共服务动机 | 6 | 0.307 | 0.739 | 0.819 | 0.825 | 0.699 | 0.731 |

续表

| 构念 | 项目数 | 1 | 2 | 3 | 4 | 5 | 6 |
|---|---|---|---|---|---|---|---|
| 自变量结构化变量 | | | | | | | |
| 工作自主权 | 4 | 0.612 | 0.834 | 0.819 | 0.698 | | |
| 分配公平性 | 3 | 0.894 | 0.504 | 0.890 | | | |
| 过程公平性 | 2 | 0.757 | 0.757 | | | | |
| 角色模糊 | 2 | 0.735 | 0.735 | | | | |
| 角色冲突 | 2 | 0.924 | 0.924 | | | | |
| 工作负荷 | 3 | 0.828 | 0.863 | 0.725 | | | |
| 资源匮乏 | 2 | 0.813 | 0.813 | | | | |
| 晋升机会 | 3 | 0.542 | 0.759 | 0.801 | | | |
| 晋升制度 | 2 | 0.884 | 0.884 | | | | |
| 职业成长机会 | 3 | 0.818 | 0.606 | 0.786 | | | |
| 工作单调性 | 2 | 0.879 | 0.879 | | | | |
| 上司支持 | 3 | 0.861 | 0.876 | 0.550 | | | |
| 同事支持 | 3 | 0.142 | 0.813 | 0.815 | | | |
| 配偶支持 | 2 | 0.800 | 0.800 | | | | |
| 朋友支持 | 2 | 0.911 | 0.911 | | | | |
| 绩效考核 | 5 | 0.892 | 0.830 | 0.467 | 0.883 | 0.886 | |

注："薪酬"只有一个问题，因此无因子负荷值。

## 2. 量表的信度检验

在分析变量的信度可靠性时，一般采用的是内部一致性系数来检验，即 α 系数，一般认为 α 系数值≥0.70 就是具有较好的信度。也有学者认为，Cronbach α 值≥0.70 时，属于高信度；0.35≤Cronbach α 值<0.70 时，属于信度尚可；Cronbach α 值<0.35 则为低信度。[1] 我们运用 SPSS21 数据分析软件中的可靠性分析功能计算内部一致性系数，结果如表 5-5 所示。从总体来看，本书研究的各个变量的 α 系数值≥0.7 的有 18 项，可信度较高。

---

[1] Gilford, J. P., *Psychometric Methods* (New York：McGraw-Hill, 1954). 转引自荣泰生《AMOS 与研究方法》（第 2 版），重庆大学出版社，2010，第 110 页。

表 5-5　信度检验

| 变量 | 项目数 | 均值 | 方差 | α 系数值 |
|---|---|---|---|---|
| 中介变量 | | | | |
| 　工作满意度 | 4 | 3.499 | 0.981 | 0.806 |
| 　组织承诺 | 4 | 3.635 | 0.782 | 0.847 |
| 　工作寻找行为 | 2 | 2.542 | 0.838 | 0.737 |
| 因变量 | | | | |
| 　去职意向 | 4 | 2.611 | 0.911 | 0.721 |
| 环境变量 | | | | |
| 　机会 | 3 | 2.634 | 1.130 | 0.899 |
| 　转换成本 | 2 | 3.383 | 0.862 | 0.571 |
| 　亲属责任 | 4 | 4.239 | 0.711 | 0.870 |
| 　政治经济形势 | 2 | 2.735 | 0.947 | 0.699 |
| 个体变量 | | | | |
| 　一般培训 | 2 | 2.691 | 0.967 | 0.557 |
| 　退出倾向 | 3 | 2.950 | 0.953 | 0.800 |
| 　工作参与度 | 3 | 3.689 | 0.900 | 0.571 |
| 　积极情感 | 3 | 3.604 | 0.741 | 0.810 |
| 　消极情感 | 3 | 2.819 | 0.988 | 0.853 |
| 　关系 | 3 | 2.912 | 1.062 | 0.798 |
| 　公共服务动机 | 6 | 3.816 | 0.998 | 0.904 |
| 结构化变量 | | | | |
| 　工作自主权 | 4 | 3.372 | 1.221 | 0.729 |
| 　薪酬 | 1 | 3.971 | 2.028 | — |
| 　分配公平性 | 3 | 3.233 | 1.109 | 0.663 |
| 　过程公平性 | 1 | 2.756 | 1.034 | — |
| 　角色模糊 | 1 | 2.140 | 0.948 | — |
| 　角色冲突 | 2 | 2.785 | 0.990 | 0.830 |
| 　工作负荷 | 3 | 3.017 | 1.177 | 0.730 |
| 　资源匮乏 | 2 | 2.766 | 1.033 | 0.488 |
| 　晋升机会 | 2 | 3.095 | 1.103 | 0.559 |
| 　晋升制度 | 2 | 2.993 | 1.043 | 0.720 |
| 　职业成长机会 | 3 | 3.319 | 0.977 | 0.586 |
| 　工作单调性 | 2 | 2.564 | 1.071 | 0.706 |
| 　上司支持 | 3 | 3.458 | 0.846 | 0.655 |
| 　同事支持 | 2 | 3.173 | 0.928 | 0.543 |

| 变量 | 项目数 | 均值 | 方差 | α系数值 |
|------|--------|------|------|---------|
| 配偶支持 | 2 | 3.512 | 0.789 | 0.439 |
| 朋友支持 | 2 | 3.594 | 0.726 | 0.796 |
| 绩效考核 | 5 | 3.180 | 1.133 | 0.855 |

从统计结果发现,配偶支持、同事支持、上司支持、职业成长机会、资源匮乏、晋升机会、工作参与度、分配公平性、一般培训、转换成本和政治经济形势这11项变量的α系数值低于0.70,但是都大于0.35。还有3项因为只有一个题项,不能计算一致性。总体上看,考虑到模型的变量多达32个,而且是首次被用来对中国公务员的去职意向进行测试,因此这样的信度和效度结果是可以接受的,同时也反映了本次调查数据的质量是有保证的。

**(二)研究变量的相关性检验**

我们采用常见的Pearson相关系数来检验主要潜在变量之间的相关性。如表5-6所示,除"薪酬"和"关系"两个变量与去职意向的相关性不显著外,其他29个变量与去职意向均在0.01水平上显著相关。相关系数绝对值大于0.4的有13个变量,按顺序排名依次是:组织承诺(-0.597**)、分配公平性(-0.566**)、绩效考核(-0.565**)、职业成长机会(-0.560**)、工作满意度(-0.542**)、过程公平性(-0.522**)、退出倾向(0.509**)、上司支持(-0.471**)、晋升机会(-0.467**)、资源匮乏(0.465**)、工作参与度(-0.425**)、工作自主权(-0.424**)、积极情感(-0.422**)。这说明13个变量是影响去职意向尤为重要的变量。

工作满意度除了与薪酬、机会的相关性不显著,与亲属责任、转换成本呈弱相关外,与其他变量均为强相关,尤其与分配公平性、绩效考核、工作自主性权、组织承诺、工作单调性、职业成长机会的相关性系数的绝对值均大于0.5,说明这6个变量会对公务员工作满意度产生极大影响。组织承诺与薪酬和机会等呈弱相关,与绩效考核、分配公平性、积极情感、职业成长机会和上司支持的相关性系数的绝对值均大于0.5,说明这几个变量对公务员的组织承诺的影响极大。工作寻找行为与关系的相关性不显著,与机会、一般培训、薪酬等呈弱相关,与政治经济形势、转

表5-6 Pearson 相关系数一览 ($N = 2046$)

| 变量 | 1 | 2 | 3 | 4 | 5 | 6 | 7 | 8 | 9 | 10 | 11 |
|---|---|---|---|---|---|---|---|---|---|---|---|
| 1. 去职意向 | 1 | | | | | | | | | | |
| 2. 工作满意度 | -0.542** | 1 | | | | | | | | | |
| 3. 组织承诺 | -0.597** | 0.525** | 1 | | | | | | | | |
| 4. 工作寻找行为 | 0.398** | -0.258** | -0.335** | 1 | | | | | | | |
| 5. 机会 | 0.103** | 0.030 | 0.123** | 0.054* | 1 | | | | | | |
| 6. 转换成本 | -0.182** | 0.098** | 0.308** | -0.291** | 0.091** | 1 | | | | | |
| 7. 亲属责任 | -0.167** | 0.098** | 0.267** | -0.117** | 0.033 | 0.085** | 1 | | | | |
| 8. 政治经济形势 | 0.399** | -0.298** | -0.214** | 0.337** | 0.204** | 0.108** | -0.120** | 1 | | | |
| 9. 一般培训 | 0.240** | -0.227** | -0.167** | 0.075** | 0.035 | 0.120** | -0.137** | 0.284** | 1 | | |
| 10. 退出倾向 | 0.509** | -0.319** | -0.232** | 0.285** | 0.208** | 0.101** | -0.030 | 0.527** | 0.232** | 1 | |
| 11. 工作参与度 | -0.425** | 0.434** | 0.437** | -0.240** | -0.067** | 0.152** | 0.187** | -0.163** | -0.150** | -0.241** | 1 |
| 12. 积极情感 | -0.422** | 0.413** | 0.510** | -0.154** | 0.166** | 0.180** | 0.305** | -0.116** | -0.135** | -0.158** | 0.305** |
| 13. 消极情感 | 0.318** | -0.250** | -0.127** | 0.087** | 0.224** | 0.133** | -0.047* | 0.315** | 0.241** | 0.370** | -0.250** |
| 14. 关系 | -0.031 | 0.163** | 0.247** | 0.010 | 0.332** | 0.210** | -0.030 | 0.213** | 0.092** | 0.199** | -0.078** |
| 15. 公共服务动机 | -0.333** | 0.336** | 0.448** | -0.195** | 0.029 | 0.193** | 0.343** | -0.103** | -0.116** | -0.102** | 0.429** |
| 16. 工作自主权 | -0.424** | 0.572** | 0.466** | -0.126** | 0.160** | 0.164** | 0.101** | -0.028 | -0.107** | -0.137** | 0.395** |

续表

| 变量 | 1 | 2 | 3 | 4 | 5 | 6 | 7 | 8 | 9 | 10 | 11 |
|---|---|---|---|---|---|---|---|---|---|---|---|
| 17. 薪酬 | -0.038 | 0.043 | 0.055* | -0.085** | -0.040 | -0.017 | 0.113** | -0.206** | -0.161** | -0.061* | -0.055* |
| 18. 分配公平性 | -0.566** | 0.623** | 0.510** | -0.279** | -0.025 | 0.122** | 0.047 | -0.254** | -0.189** | -0.298** | 0.295** |
| 19. 过程公平性 | -0.522** | 0.425** | 0.448** | -0.253** | 0.022 | 0.104** | 0.153** | -0.315** | -0.207** | -0.301** | 0.277** |
| 20. 绩效考核 | -0.565** | 0.574** | 0.544** | -0.212** | 0.090** | 0.193** | 0.023 | -0.154** | -0.139** | -0.291** | 0.296** |
| 21. 角色模糊 | 0.240** | -0.304** | -0.229** | 0.121** | 0.018 | -0.037 | -0.119** | 0.175** | 0.157** | 0.156** | -0.268** |
| 22. 角色冲突 | 0.349** | -0.421** | -0.213** | 0.190** | 0.096* | 0.049* | -0.020 | 0.335** | 0.229** | 0.304** | -0.200** |
| 23. 工作负荷 | 0.332** | -0.419** | -0.326** | 0.129** | -0.088** | -0.079** | 0.032 | 0.123** | 0.071** | 0.182** | -0.058* |
| 24. 资源匮乏 | 0.465** | -0.499** | -0.413** | 0.224** | -0.012 | -0.096** | -0.017 | 0.238** | 0.172** | 0.300** | -0.244** |
| 25. 晋升机会 | -0.467** | 0.480** | 0.347** | -0.193** | 0.017 | 0.022 | 0.050* | -0.314** | -0.294** | -0.344** | 0.193** |
| 26. 晋升制度 | -0.373** | 0.321** | 0.421** | -0.168** | 0.232** | 0.273** | -0.043 | 0.038 | 0.006 | -0.054* | 0.193** |
| 27. 职业成长机会 | -0.560** | 0.511** | 0.505** | -0.259** | 0.019 | 0.171** | 0.126** | -0.226** | -0.249** | -0.296** | 0.339** |
| 28. 工作单调性 | 0.355** | -0.512** | -0.448** | 0.118** | -0.147** | -0.178** | -0.163** | 0.027 | 0.105** | 0.083** | -0.310** |
| 29. 上司支持 | -0.471** | 0.435** | 0.503** | -0.277** | 0.089** | 0.135** | 0.224** | -0.266** | -0.246** | -0.248** | 0.283** |
| 30. 同事支持 | -0.239** | 0.176** | 0.206** | -0.216** | -0.007 | -0.006 | 0.210** | -0.333** | -0.241** | -0.239** | 0.167** |
| 31. 配偶支持 | -0.319** | 0.297** | 0.316** | -0.215** | 0.039 | 0.040 | 0.242** | -0.271** | -0.234** | -0.193** | 0.265** |
| 32. 朋友支持 | -0.248** | 0.267** | 0.395** | -0.139** | 0.129** | 0.166** | 0.188** | -0.060* | -0.097** | -0.001 | 0.191** |

续表

| 变量 | 12 | 13 | 14 | 15 | 16 | 17 | 18 | 19 | 20 | 21 | 22 |
|---|---|---|---|---|---|---|---|---|---|---|---|
| 1. 去职意向 | | | | | | | | | | | |
| 2. 工作满意度 | | | | | | | | | | | |
| 3. 组织承诺 | | | | | | | | | | | |
| 4. 工作寻找行为 | | | | | | | | | | | |
| 5. 机会 | | | | | | | | | | | |
| 6. 转换成本 | | | | | | | | | | | |
| 7. 亲属责任 | | | | | | | | | | | |
| 8. 政治经济形势 | | | | | | | | | | | |
| 9. 一般培训 | | | | | | | | | | | |
| 10. 退出倾向 | | | | | | | | | | | |
| 11. 工作参与度 | | | | | | | | | | | |
| 12. 积极情感 | 1 | | | | | | | | | | |
| 13. 消极情感 | −0.149** | 1 | | | | | | | | | |
| 14. 关系 | 0.188** | 0.221** | 1 | | | | | | | | |
| 15. 公共服务动机 | 0.375** | −0.142** | 0.075** | 1 | | | | | | | |
| 16. 工作自主权 | 0.445** | −0.111** | 0.277** | 0.351** | 1 | | | | | | |

续表

| 变量 | 12 | 13 | 14 | 15 | 16 | 17 | 18 | 19 | 20 | 21 | 22 |
|---|---|---|---|---|---|---|---|---|---|---|---|
| 17. 薪酬 | 0.035 | -0.059** | 0.025 | 0.067** | -0.059** | 1 | | | | | |
| 18. 分配公平性 | 0.412** | -0.266** | 0.140** | 0.342** | 0.517** | 0.030 | 1 | | | | |
| 19. 过程公平性 | 0.314** | -0.230** | 0.029 | 0.243** | 0.313** | 0.039 | 0.503** | 1 | | | |
| 20. 绩效考核 | 0.418** | -0.252** | 0.226** | 0.296** | 0.532** | -0.011 | 0.750** | 0.541** | 1 | | |
| 21. 角色模糊 | -0.188** | 0.137** | -0.032 | -0.257** | -0.205** | -0.089** | -0.245** | -0.187** | -0.194** | 1 | |
| 22. 角色冲突 | -0.170** | 0.308** | 0.120** | -0.112** | -0.188** | -0.106** | -0.432** | -0.308** | -0.358** | 0.231** | 1 |
| 23. 工作负荷 | -0.336** | 0.162** | -0.230** | -0.148** | -0.420** | 0.018 | -0.557** | -0.254** | -0.531** | 0.123** | 0.332** |
| 24. 资源匮乏 | -0.349** | 0.303** | -0.128** | -0.223** | -0.390** | -0.098** | -0.613** | -0.367** | -0.591** | 0.213** | 0.440** |
| 25. 晋升机会 | 0.294** | -0.283** | 0.059** | 0.179** | 0.336** | 0.165** | 0.586** | 0.401** | 0.553** | -0.238** | -0.398** |
| 26. 晋升制度 | 0.335** | -0.054* | 0.310** | 0.121** | 0.411** | -0.073** | 0.491** | 0.361** | 0.609** | -0.069** | -0.142** |
| 27. 职业成长机会 | 0.382** | -0.220** | 0.120** | 0.307** | 0.483** | 0.065** | 0.557** | -0.477** | 0.599** | -0.247** | -0.301** |
| 28. 工作单调性 | -0.403** | 0.072** | -0.268** | -0.392** | -0.542** | -0.021 | -0.433** | -0.281** | -0.446** | 0.249** | 0.142** |
| 29. 上司支持 | 0.360** | -0.206** | 0.096** | 0.325** | 0.366** | 0.137** | 0.465** | 0.509** | 0.468** | -0.230** | -0.307** |
| 30. 同事支持 | 0.211** | -0.186** | -0.038 | 0.218** | 0.051* | 0.152** | 0.123** | 0.241** | 0.075** | -0.163** | -0.186** |
| 31. 配偶支持 | 0.306** | -0.218** | -0.025 | 0.287** | 0.185** | 0.144** | 0.244** | 0.286** | 0.181** | -0.160** | -0.223** |
| 32. 朋友支持 | 0.348** | 0.008 | 0.296** | 0.316** | 0.303** | 0.056** | 0.244** | 0.201** | 0.269** | -0.147** | -0.115** |

| 变量 | 23 | 24 | 25 | 26 | 27 | 28 | 29 | 30 | 31 | 32 | |
|---|---|---|---|---|---|---|---|---|---|---|---|
| 1. 去职意向 | | | | | | | | | | | 续表 |
| 2. 工作满意度 | | | | | | | | | | | |
| 3. 组织承诺 | | | | | | | | | | | |
| 4. 工作寻找行为 | | | | | | | | | | | |
| 5. 机会 | | | | | | | | | | | |
| 6. 转换成本 | | | | | | | | | | | |
| 7. 亲属责任 | | | | | | | | | | | |
| 8. 政治经济形势 | | | | | | | | | | | |
| 9. 一般培训 | | | | | | | | | | | |
| 10. 退出倾向 | | | | | | | | | | | |
| 11. 工作参与度 | | | | | | | | | | | |
| 12. 积极情感 | | | | | | | | | | | |
| 13. 消极情感 | | | | | | | | | | | |
| 14. 关系 | | | | | | | | | | | |
| 15. 公共服务动机 | | | | | | | | | | | |
| 16. 工作自主权 | | | | | | | | | | | |

续表

| 变量 | 23 | 24 | 25 | 26 | 27 | 28 | 29 | 30 | 31 | 32 |
|---|---|---|---|---|---|---|---|---|---|---|
| 17. 薪酬 | | | | | | | | | | |
| 18. 分配公平性 | | | | | | | | | | |
| 19. 过程公平性 | | | | | | | | | | |
| 20. 绩效考核 | | | | | | | | | | |
| 21. 角色模糊 | | | | | | | | | | |
| 22. 角色冲突 | | | | | | | | | | |
| 23. 工作负荷 | 1 | | | | | | | | | |
| 24. 资源匮乏 | 0.573** | 1 | | | | | | | | |
| 25. 晋升机会 | -0.365** | -0.528** | 1 | | | | | | | |
| 26. 晋升制度 | -0.348** | -0.362** | 0.371** | 1 | | | | | | |
| 27. 职业成长机会 | -0.307** | -0.464** | 0.487** | 0.400** | 1 | | | | | |
| 28. 工作单调性 | 0.278** | 0.354** | -0.384** | -0.314** | -0.414** | 1 | | | | |
| 29. 上司支持 | -0.222** | -0.381** | 0.412** | 0.338** | 0.512** | -0.357** | 1 | | | |
| 30. 同事支持 | -0.043 | -0.152** | 0.202** | 0.017 | 0.194** | -0.073 | 0.271** | 1 | | |
| 31. 配偶支持 | -0.093** | -0.229** | 0.225** | 0.108** | 0.267** | -0.166** | 0.330** | 0.351** | 1 | |
| 32. 朋友支持 | -0.240** | -0.220** | 0.166** | 0.188** | 0.256** | -0.284** | 0.267** | 0.226** | 0.262** | 1 |

注：**表示在 0.01 水平（双侧）上显著相关，*表示在 0.05 水平（双侧）上显著相关。

换成本、退出倾向、分配公平性和上司支持等呈强相关，也就是说这些变量对工作寻找行为的影响较大。工作满意度、组织承诺和工作寻找行为 3 个变量是串式中介变量，从相关性分析发现，它们与前后变量之间的相关性强弱与模型假设基本一致。只是薪酬这一变量与主要变量之间的相关性与假设不一致，呈不显著或者弱相关，这会影响 AMOS 分析的效果，与我们访谈中公务员提到薪酬频率最多的情况不符。

### （三）研究模型检验

由于本研究的公务员去职意向研究模型涉及 28 个自变量、1 个因变量和 3 个中介变量，本研究曾尝试用 AMOS 分析软件建构一个大模型进行数据处理，但是模型拟合较差，数据与模型不能匹配。因此我们从环境变量、个体变量、结构化变量（不包括社会支持和工作压力）、社会支持和工作压力（结构化变量）四个方面构建四个模型，使得每个模型涉及的变量相对合理，模型的拟合及与数据的匹配较好。

1. 环境变量的结构方程模型检验

（1）模型的修正与验证

本研究发现，原来假设机会通过工作寻找行为影响去职意向的路径不显著，当删除这条路径以后，模型的拟合情况达到要求，各项效应值显著（见图 5-7 和图 5-8）。通过数据验证，所有路径的效果值均符合要求（见图 5-9）。

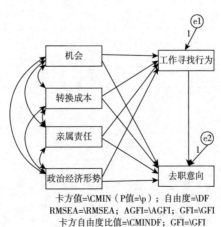

卡方值=\CMIN（P值=\p）；自由度=\DF
RMSEA=\RMSEA；AGFI=\AGFI；GFI=\GFI
卡方自由度比值=\CMINDF；GFI=\GFI

**图 5-7　环境变量初始模型**

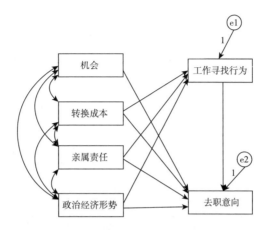

卡方值=\CMIN（P值=\p）；自由度=\DF
RMSEA=\RMSEA；AGFI=\AGFI；GFI=\GFI
卡方自由度比值=\CMINDF；GFI=\GFI

**图 5-8 环境变量修正模型**

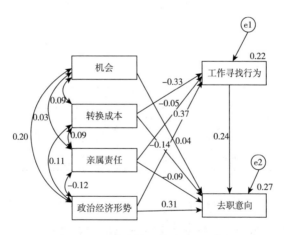

卡方值=0.318（P值=0.573）；自由度=1
RMSEA=0.000；AGFI=0.999；GFI=1.000
卡方自由度比值=0.318；GFI=1.000

**图 5-9 环境变量模型验证（β值）**

（2）模型拟合情况

通过表 5-7 发现，修正前的模型卡方值为 0，P = 0.000<0.05，RMSEA 的拟合值为 0.207>0.1，模型拟合达不到标准，需要修正。

修正模型适配度检验的卡方值在自由度等于 1 时为 0.318，显著性概率值 P = 0.573>0.05，未达到 0.05 显著水平，接受虚无假设，表示理论模型与样本数据可以适配。从绝对拟合度指标、增值拟合度指标、精简拟合度指标的拟合结果看，它们完全达到标准，表示整体模型的适配情形良好，本研究的假设模型与实际数据可以适配。

表 5-7　环境变量模型的拟合情况

| 拟合指标 | | 模型拟合值 | | 判断标准 |
|---|---|---|---|---|
| | | 最初模型 | 修正模型 | |
| 绝对拟合度指标 | $X^2$ | 0（P = 0.000） | 0.318（P = 0.573） | 一般卡方值（P>0.05） |
| | GFI | 1.000 | 1.000 | >0.9 |
| | RMR | 0.000 | 0.002 | <0.05 |
| | RMSEA | 0.207 | 0.000 | <0.1 |
| 增值拟合度指标 | AGFI | — | 0.999 | >0.9 |
| | NFI | 1.000 | 1.000 | >0.9 |
| | CFI | 1.000 | 1.000 | >0.9 |
| | IFI | 1.000 | 1.001 | >0.9 |
| 精简拟合度指标 | AIC | 42.000 | 40.318 | 越小越好 |
| | CAIC | 181.096 | 172.791 | 越小越好 |
| | 拟合结果 | 不符合 | 符合 | |

（3）模型的路径系数及显著性

表 5-8 中，环境变量模型的非标准化回归系数显示，8 条路径中有 6 条在 0.001 水平上显著，分别是：工作寻找行为←转换成本、工作寻找行为←政治经济形势、去职意向←工作寻找行为、去职意向←转换成本、去职意向←亲属责任、去职意向←政治经济形势。"工作寻找行为←亲属责任""去职意向←机会"这两条路径的临界比值绝对值大于 1.96，说明这两条路径的估计值达到 0.05 显著水平。

**表 5-8　环境变量模型的非标准化回归系数**

| 路径 | | | 估计值 | S. E. | C. R. | P | Label |
|---|---|---|---|---|---|---|---|
| 工作寻找行为 | ← | 转换成本 | −0.350 | 0.021 | −16.575 | *** | par_1 |
| 工作寻找行为 | ← | 亲属责任 | −0.043 | 0.019 | −2.287 | 0.022 | par_2 |
| 工作寻找行为 | ← | 政治经济形势 | 0.291 | 0.016 | 18.577 | *** | par_3 |
| 去职意向 | ← | 工作寻找行为 | 0.247 | 0.022 | 11.047 | *** | par_4 |
| 去职意向 | ← | 机会 | 0.031 | 0.014 | 2.179 | 0.029 | par_5 |
| 去职意向 | ← | 转换成本 | −0.159 | 0.023 | −7.000 | *** | par_6 |
| 去职意向 | ← | 亲属责任 | −0.089 | 0.019 | −4.682 | *** | par_7 |
| 去职意向 | ← | 政治经济形势 | 0.259 | 0.017 | 14.859 | *** | par_8 |

注：此表采用极大似然法估计各路径系数值，回归加权表中的估计值栏为非标准化回归系数值，S. E. 为估计值的标准误差，C. R. 为临界比值，当临界比值的绝对值大于 1.96，表示估计值达到 0.05 显著水平。显著性概率值 P 如小于 0.001，会呈现"***"符号，显著性概率值 P 大于 0.001 时，则 P 栏中会直接呈现 P 值。[①]

表 5-9 的结果显示，"工作寻找行为←转换成本""工作寻找行为←亲属责任""去职意向←转换成本""去职意向←亲属责任"这 4 条路径的 β 值分别为−0.326、−0.045、−0.143、−0.090，这四个 β 值为相应路径的系数。这 4 条路径对效标变量的直接影响效果为负向。而"工作寻找行为←政治经济形势""去职意向←工作寻找行为""去职意向←机会""去职意向←政治经济形势"4 条路径的 β 值分别为 0.367、0.238、0.042 和 0.314。这 4 条路径对效标变量的直接影响效果为正向。

**表 5-9　环境变量模型的标准化回归系数**

| 路径 | | | 估计值 |
|---|---|---|---|
| 工作寻找行为 | ← | 转换成本 | −0.326 |
| 工作寻找行为 | ← | 亲属责任 | −0.045 |
| 工作寻找行为 | ← | 政治经济形势 | 0.367 |
| 去职意向 | ← | 工作寻找行为 | 0.238 |
| 去职意向 | ← | 机会 | 0.042 |

---

① 吴明隆：《结构方程模型——AMOS 的操作与应用》（第 2 版），重庆出版社，2010，第 275 页。

续表

| 路径 | | | 估计值 |
|---|---|---|---|
| 去职意向 | ← | 转换成本 | -0.143 |
| 去职意向 | ← | 亲属责任 | -0.090 |
| 去职意向 | ← | 政治经济形势 | 0.314 |

注：标准化回归加权值（Standardized Regression Weights）为标准化回归系数值（β值），标准化回归系数值即变量间的路径系数，此路径系数为标准化直接效果值。①

（4）$R^2$ 值及解释

表5-10中为两条结构方程式的多元相关系数的平方，即复回归分析中的决定系数（$R^2$），表示"工作寻找行为"和"去职意向"两个内因变量被其外因变量所能解释的变异量百分比，两条结构方程式的多元相关系数平方（$R^2$）分别是0.224和0.265。根据图5-9可知，"转换成本""亲属责任""政治经济形势"3个外因变量可以联合解释"工作寻找行为"22.4%的变异量（在图5-9中的数值为0.22）；而"机会""转换成本""亲属责任""政治经济形势""工作寻找行为"5个变量可以联合解释"去职意向"26.5%的变异量（在图5-9中的数值为0.27）。

**表5-10　模型的多元回归系数的平方（$R^2$）**

| 内因变量 | $R^2$ 的估计值 |
|---|---|
| 去职意向 | 0.265 |
| 工作寻找行为 | 0.224 |

（5）模型的效果值

本研究运用AMOS进行直接效果、间接效果的分析。直接效果（Direct Effect）是某一变量对另一变量的影响。间接效果（Indirect Effect）是某一变量通过某一中介变量对另一变量的影响。总效果（Total Effect）等于直接效果加上间接效果之和。通常的原则是：如果直接效果>间接效果，表示中介变量不发挥作用；如果直接效果<间接效果，表示中介变量具有影

---

① 吴明隆：《结构方程模型——AMOS的操作与应用》（第2版），重庆出版社，2010，第275页。

响力，研究者要重视此中介变量的作用。①

表 5-11 显示，路径"亲属责任→去职意向"的直接效果值为-0.090，路径"亲属责任→工作寻找行为→去职意向"的间接效果值为-0.011，即路径"亲属责任→工作寻找行为"的直接效果值×路径"工作寻找行为→去职意向"的直接效果值＝（-0.045）×0.238≈-0.011。路径"亲属责任→去职意向"的总体效果值＝直接效果值+间接效果值＝（-0.090）+（-0.011）＝-0.101，说明这条路径的影响为显著负向影响，公务员的亲属责任越强，越不会产生去职意向影响，反之亦然。同时直接效果的绝对值>间接效果的绝对值，说明"亲属责任→去职意向"这条路径的影响主要取决于直接效果，工作寻找行为的中介作用不发挥作用。

路径"机会→去职意向"只有直接效果值为 0.042。这说明机会对去职意向的影响为显著正向影响，公务员的外部机会多了，就会产生去职意向，从而离开公务员队伍。这种去职现象多见于北上广等大城市。

路径"转换成本→去职意向"的直接效果值为-0.143，路径"转换成本→工作寻找行为→去职意向"的间接效果值为-0.078，总体效果值为-0.221。直接效果的绝对值>间接效果的绝对值，说明工作寻找行为的中介作用存在，但是有限，路径"转换成本→去职意向"的影响主要取决于直接效果，即转换成本过高，将大大降低公务员去职意向的产生。

路径"政治经济形势→去职意向"的直接效果值为 0.314，通过"工作寻找行为"的中介作用的间接效果值为 0.087，总体效果值为 0.401，说明这条根据公务员环境新增的路径对去职意向的影响为显著正向影响，而且影响的绝对值较大。

表 5-11 环境变量模型的 AMOS 效果值

| | | 亲属责任 | | 机会 | | 政治经济形势 | | 转换成本 | | 工作寻找行为 | |
|---|---|---|---|---|---|---|---|---|---|---|---|
| | | 非标 | 标准 | 非标 | 标准 | 非标 | 标准 | 非标 | 标准 | 非标 | 标准 |
| 总体效果 | 工作寻找行为 | -0.043 | -0.045 | 0.000 | 0.000 | 0.291 | 0.367 | -0.350 | -0.326 | 0.000 | 0.000 |
| | 去职意向 | -0.099 | -0.101 | 0.031 | 0.042 | 0.331 | 0.401 | -0.245 | -0.221 | 0.247 | 0.238 |

① 荣泰生：《AMOS 与研究方法》（第 2 版），重庆大学出版社，2010，第 194 页。

续表

| | | 亲属责任 | | 机会 | | 政治经济形势 | | 转换成本 | | 工作寻找行为 | |
|---|---|---|---|---|---|---|---|---|---|---|---|
| | | 非标 | 标准 | 非标 | 标准 | 非标 | 标准 | 非标 | 标准 | 非标 | 标准 |
| 直接效果 | 工作寻找行为 | −0.043 | −0.045 | 0.000 | 0.000 | 0.291 | 0.367 | −0.350 | −0.326 | 0.000 | 0.000 |
| | 去职意向 | −0.089 | −0.090 | 0.031 | 0.042 | 0.259 | 0.314 | −0.159 | −0.143 | 0.247 | 0.238 |
| 间接效果 | 工作寻找行为 | 0.000 | 0.000 | 0.000 | 0.000 | 0.000 | 0.000 | 0.000 | 0.000 | 0.000 | 0.000 |
| | 去职意向 | −0.010 | −0.011 | 0.000 | 0.000 | 0.072 | 0.087 | −0.086 | −0.078 | 0.000 | 0.000 |

注："非标"是指非标准化回归系数（B 系数）；"标准"是指标准化回归系数（β 系数）。非标准化回归系数所显示的为直接效果值（Direct Effects）；直接效果路径系数的乘积为间接效果值（Indirect Effects）。标准化回归系数所显示的为标准化直接效果值（Standardized Direct Effects）；标准化直接效果路径系数的乘积为标准化间接效果值（Standardized Indirect Effects）。路径分析的路径系数一般以标准化回归系数——β 值为直接效果。① 因此，后面的汇报中我们只汇报标准化回归系数。

（6）工作寻找行为和去职意向的关系检验

通过前面的测试发现，正如表 5-11 显示，路径"工作寻找行为→去职意向"的影响为显著正向影响，总体效果值为 0.238，说明工作寻找行为确实会导致去职意向的产生。

本研究尝试用非递归模型来检验两者的相互影响，但是模型拟合显示，该模型不成立。我们又检验了路径"去职意向→工作寻找行为"的影响效果，结果如图 5-10 显示，模型拟合较好，去职意向对工作寻找行为的直接影响显著，效应值为 0.24。这说明去职意向的想法也会导致工作寻找行为的产生。这说明"去职意向"的想法和"工作寻找行为"的行为互为因果，几乎会同时发生。两者都应该作为预测公务员去职行为的指标。

（7）小结

环境变量的 4 条路径通过数据均得到了验证，结论如下。

一是机会对去职意向的影响仅有直接路径，影响效果在 0.05 水平上显著。二是政治经济形势和转换成本对去职意向的影响的绝对值较大，

① 吴明隆：《结构方程模型——AMOS 的操作与应用》（第 2 版），重庆出版社，2010，第 279 页。

分别为 0.401 和-0.221，虽然间接效果小于直接效果，但是也是显著的。因此这两条路径对公务员去职意向的影响应引起管理部门的重视。三是亲属责任对公务员去职意向的总体影响不大，其引致的去职行为仅为个别现象。四是内生变量工作寻找行为和去职意向之间存在几乎对等的影响。

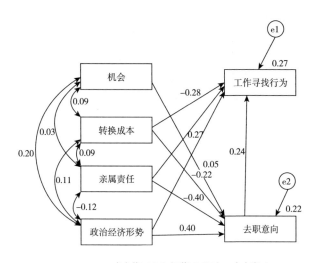

卡方值=1.274（P值=0.529）；自由度=2
RMSEA=0.000；AGFI=0.998；GFI=1.000
卡方自由度比值=0.637；GFI=1.000

**图 5-10 去职意向对工作寻找行为影响的验证**

2. 个体变量的结构方程模型检验

（1）模型的修正与验证

初始模型是我们按照最初构想建立的模型（见图 5-11），但模型的拟合达不到要求，于是笔者根据修正指标的提示对模型进行修正（见图 5-12），增加了"一般培训→工作满意度""退出倾向→工作满意度""工作参与度→工作寻找行为""消极情感→工作寻找行为""公共服务动机→工作寻找行为""工作参与度→去职意向""积极情感→去职意向""消极情感→去职意向""关系→去职意向""公共服务动机→去职意向"路径，删除"一般培训→工作寻找行为"路径，使修正模型的各项指标拟合达到要求。如图 5-13 所示，模型验证的各条路径的效应值均符合要求。

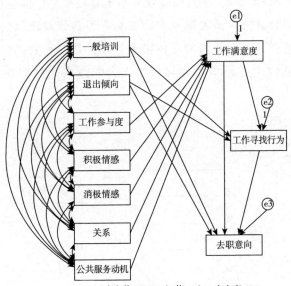

卡方值=\CMIN（P值=\p）；自由度=\DF
RMSEA=\RMSEA；AGFI=\AGFI；GFI=\GFI

图 5-11 个体变量初始模型

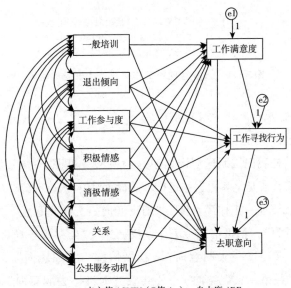

卡方值=\CMIN（P值=\p）；自由度=\DF
RMSEA=\RMSEA；AGFI=\AGFI；GFI=\GFI

图 5-12 个体变量修正模型

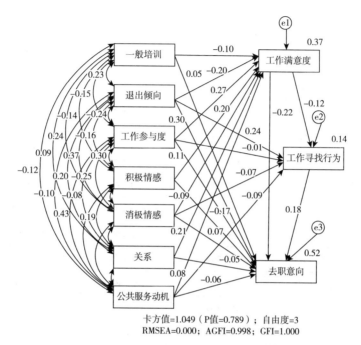

卡方值=1.049（P值=0.789）；自由度=3
RMSEA=0.000；AGFI=0.998；GFI=1.000

**图 5-13 个体变量模型验证（β值）**

（2）模型拟合情况

通过表 5-12 发现，修正前的模型卡方值为 444.993，P = 0.000 < 0.05，RMSEA 的值为 0.133>0.1，AGFI = 0.813<0.9，模型拟合达不到标准，需要修正。

修正模型适配度检验的卡方值在自由度等于 3 时为 1.049，显著性概率值 P = 0.789>0.05，未达到 0.05 显著水平，接受虚无假设，表示理论模型与样本数据可以适配。从绝对拟合度指标、增值拟合度指标、精简拟合度指标的拟合结果看，完全达到标准，表示整体模型的适配情形良好，本研究的假设修订模型与实际数据可以适配。

（3）模型的路径系数及显著性

从表 5-13 个体变量模型的非标准化回归系数可以看出，除"工作寻找行为←消极感情""去职意向←一般培训""去职意向←关系"3 条路径的 P 值在 0.05 水平上显著外，其他路径的回归系数值均在 0.001 水平上显著。这说明以上 3 条路径适合进行中介变量的验证。

表5-12 个体变量模型的拟合情况

| 拟合指标 | | 模型拟合值 | | 判断标准 |
|---|---|---|---|---|
| | | 最初模型 | 修正模型 | |
| 绝对拟合度指标 | $X^2$ | 444.993（P=0.000） | 1.049（P=0.789） | 一般卡方值（P>0.05） |
| | GFI | 0.959 | 1.000 | >0.9 |
| | RMR | 0.030 | 0.001 | <0.05 |
| | RMSEA | 0.133 | 0.000 | <0.1 |
| 增值拟合度指标 | AGFI | 0.813 | 0.998 | >0.9 |
| | NFI | 0.902 | 1.000 | >0.9 |
| | CFI | 0.904 | 1.000 | >0.9 |
| | IFI | 0.904 | 1.000 | >0.9 |
| 精简拟合度指标 | AIC | 530.993 | 105.049 | 越小越好 |
| | CAIC | 815.809 | 449.478 | 越小越好 |
| | 拟合结果 | 不符合 | 符合 | |

表5-13 个体变量模型的非标准化回归系数

| 路径 | | | 估计值 | S. E. | C. R. | P | Label |
|---|---|---|---|---|---|---|---|
| 工作满意度 | ← | 一般培训 | -0.117 | 0.021 | -5.501 | *** | par_1 |
| 工作满意度 | ← | 退出倾向 | -0.190 | 0.019 | -10.159 | *** | par_2 |
| 工作满意度 | ← | 工作参与度 | 0.301 | 0.023 | 13.057 | *** | par_3 |
| 工作满意度 | ← | 积极情感 | 0.218 | 0.021 | 10.195 | *** | par_4 |
| 工作满意度 | ← | 消极情感 | -0.080 | 0.018 | -4.518 | *** | par_5 |
| 工作满意度 | ← | 关系 | 0.188 | 0.017 | 11.019 | *** | par_6 |
| 工作满意度 | ← | 公共服务动机 | 0.115 | 0.028 | 4.172 | *** | par_7 |
| 工作寻找行为 | ← | 工作满意度 | -0.105 | 0.021 | -5.072 | *** | par_15 |
| 工作寻找行为 | ← | 退出倾向 | 0.195 | 0.019 | 10.361 | *** | par_38 |
| 工作寻找行为 | ← | 公共服务动机 | -0.110 | 0.027 | -4.079 | *** | par_39 |
| 工作寻找行为 | ← | 消极情感 | -0.056 | 0.018 | -3.189 | 0.001 | par_40 |

续表

| 路径 | | | 估计值 | S.E. | C.R. | P | Label |
|---|---|---|---|---|---|---|---|
| 工作寻找行为 | ← | 工作参与度 | -0.104 | 0.024 | -4.343 | *** | par_42 |
| 去职意向 | ← | 一般培训 | 0.048 | 0.017 | 2.879 | 0.004 | par_8 |
| 去职意向 | ← | 退出倾向 | 0.253 | 0.015 | 16.561 | *** | par_9 |
| 去职意向 | ← | 工作参与度 | -0.114 | 0.019 | -6.091 | *** | par_10 |
| 去职意向 | ← | 积极情感 | -0.165 | 0.017 | -9.624 | *** | par_11 |
| 去职意向 | ← | 消极情感 | 0.059 | 0.014 | 4.238 | *** | par_12 |
| 去职意向 | ← | 关系 | -0.039 | 0.014 | -2.844 | 0.004 | par_13 |
| 去职意向 | ← | 公共服务动机 | -0.073 | 0.022 | -3.391 | *** | par_14 |
| 去职意向 | ← | 工作寻找行为 | 0.188 | 0.017 | 10.999 | *** | par_16 |
| 去职意向 | ← | 工作满意度 | -0.199 | 0.017 | -11.493 | *** | par_41 |

注：此表采用极大似然法估计各路径系数值，回归加权表中的估计值栏为非标准化回归系数值，S.E. 为估计值的标准误差，C.R. 为临界比值，当临界比值的绝对值大于 1.96，表示估计值达到 0.05 显著水平。显著性概率值 P 如小于 0.001，会呈现"***"符号，显著性概率值 P 大于 0.001 时，则 P 栏中会直接呈现 P 值。[1]

从表 5-14 中的 β 值看，"一般培训→工作满意度""退出倾向→工作满意度""消极情感→工作满意度""工作满意度→工作寻找行为""公共服务动机→工作寻找行为""消极情感→工作寻找行为""工作参与度→工作寻找行为""工作参与度→去职意向""积极情感→去职意向""关系→去职意向""公共服务动机→去职意向""工作满意度→去职意向"共 12 条路径对效标变量的直接影响效果为负向。除"一般培训→工作满意度""退出倾向→工作满意度"两条新增修正路径外，其他路径与最初的假设一致。"一般培训→工作满意度"的负向影响是新的发现，说明培训并不一定能带来工作满意度的提升。

"工作参与度→工作满意度""积极情感→工作满意度""关系→工作满意度""公共服务动机→工作满意度""退出倾向→工作寻找行为""工

---

① 吴明隆：《结构方程模型——AMOS 的操作与应用》（第 2 版），重庆出版社，2010，第 275 页。

作寻找行为→去职意向""一般培训→去职意向""退出倾向→去职意向"
"消极情感→去职意向"共 9 条路径对效标变量的直接影响效果为正向。

表 5-14　个体变量模型的标准化回归系数

| 路径 | | | 估计值 |
|---|---|---|---|
| 工作满意度 | ← | 一般培训 | -0.101 |
| 工作满意度 | ← | 退出倾向 | -0.199 |
| 工作满意度 | ← | 工作参与度 | 0.267 |
| 工作满意度 | ← | 积极情感 | 0.203 |
| 工作满意度 | ← | 消极情感 | -0.089 |
| 工作满意度 | ← | 关系 | 0.207 |
| 工作满意度 | ← | 公共服务动机 | 0.085 |
| 工作寻找行为 | ← | 工作满意度 | -0.122 |
| 工作寻找行为 | ← | 退出倾向 | 0.238 |
| 工作寻找行为 | ← | 公共服务动机 | -0.095 |
| 工作寻找行为 | ← | 消极情感 | -0.072 |
| 工作寻找行为 | ← | 工作参与度 | -0.107 |
| 去职意向 | ← | 一般培训 | 0.047 |
| 去职意向 | ← | 退出倾向 | 0.297 |
| 去职意向 | ← | 工作参与度 | -0.113 |
| 去职意向 | ← | 积极情感 | -0.171 |
| 去职意向 | ← | 消极情感 | 0.074 |
| 去职意向 | ← | 关系 | -0.048 |
| 去职意向 | ← | 公共服务动机 | -0.061 |
| 去职意向 | ← | 工作寻找行为 | 0.181 |
| 去职意向 | ← | 工作满意度 | -0.223 |

　　注：标准化回归加权值（Standardized Regression Weights）为标准化回归系数值（β 值），标准化回归系数值即变量间的路径系数，此路径系数为标准化直接效果值。[1]

---

[1]　吴明隆：《结构方程模型——AMOS 的操作与应用》（第 2 版），重庆出版社，2010，第 275 页。

（4）$R^2$ 值及解释

表5-15 中为 3 条结构方程式的多元相关系数的平方，即复回归分析中的决定系数（$R^2$），表示"工作满意度"、"工作寻找行为"和"去职意向" 3 个内因变量被其外因变量所能解释的变异量百分比，三条结构方程式的多元相关系数平方（$R^2$）分别是 0.371、0.137 和 0.521。根据假设模型图 5-13 可知，公共服务动机、关系、消极情感、积极情感、工作参与度、退出倾向、一般培训 7 个外因变量可以联合解释"工作满意度" 37.1% 的变异量（在图 5-13 中的数值为 0.37）；公共服务动机、关系、消极情感、积极情感、工作参与度、退出倾向、一般培训、工作满意度 8 个变量可以联合解释"工作寻找行为" 13.7% 的变异量（在图 5-13 中的数值为 0.14）；公共服务动机、关系、消极情感、积极情感、工作参与度、退出倾向、一般培训、工作满意度、工作寻找行为 9 个变量可以联合解释"去职意向" 52.1% 的变异量（在图 5-13 中的数值为 0.52）。

**表 5-15　模型的多元回归系数的平方（$R^2$）**

| 结构方程式 | 估计值 |
| --- | --- |
| 工作满意度 | 0.371 |
| 工作寻找行为 | 0.137 |
| 去职意向 | 0.521 |

（5）模型的效果值

从表 5-16 可知，"公共服务动机→去职意向""积极情感→去职意向""工作参与度→去职意向" 3 条路径的标准化直接效果值分别为 -0.061、-0.171、-0.113，标准化间接效果分别为 -0.038、-0.050、-0.085，标准化总体效果值分别为 -0.099、-0.221、-0.198。这说明公共服务动机、积极情感、工作参与度 3 个自变量对去职意向呈显著（在 0.05 水平上）负向影响，直接效果的绝对值均大于间接效果的绝对值，因此中介变量不发挥作用，说明这 3 条路径的影响主要取决于直接效果。

"消极情感→去职意向""退出倾向→去职意向""一般培训→去职意向"3条路径的标准化直接效果值分别为0.074、0.297、0.047，标准化间接效果值分别为0.009、0.092、0.025，标准化总体效果值分别为0.083、0.389、0.072。这说明消极情感、退出倾向和一般培训3个个体变量对去职意向呈显著正向影响，直接效果的绝对值大于间接效果的绝对值，因此中介变量不发挥作用，说明这3条路径的影响主要取决于直接效果。

"关系→去职意向"路径的标准化直接效果值为-0.048，标准化间接效果值为-0.051，标准化总体效果值为-0.099。这说明关系对去职意向呈显著负向影响，直接效果的绝对值小于间接效果的绝对值，因此中介变量发挥作用，说明这条路径的影响主要取决于中介变量的间接效果，即"关系→工作满意度→工作寻找行为→去职意向"这条路径成立。这是唯一一个中介变量影响起决定作用的个体变量。

内生变量中，"工作满意度→去职意向"路径的直接效果值为-0.223，间接效果值为-0.022，总体效果值为-0.245，直接效果的绝对值大于间接效果的绝对值，工作寻找行为的中介效果不发挥作用，因此工作满意度对去职意向有非常显著的直接效果。"工作寻找行为→去职意向"路径有显著的正向直接效果（0.181）。

表5-16　个体变量模型的标准化效果值

| | | 公共服务动机 | 关系 | 消极情感 | 积极情感 | 工作参与度 | 退出倾向 | 一般培训 | 工作满意度 | 工作寻找行为 |
|---|---|---|---|---|---|---|---|---|---|---|
| 总体效果 | 工作满意度 | 0.085 | 0.207 | -0.089 | 0.203 | 0.267 | -0.199 | -0.101 | 0.000 | 0.000 |
| | 工作寻找行为 | -0.105 | -0.025 | -0.061 | -0.025 | -0.140 | 0.262 | 0.012 | -0.122 | 0.000 |
| | 去职意向 | -0.099 | -0.099 | 0.083 | -0.221 | -0.198 | 0.389 | 0.072 | -0.245 | 0.181 |
| 直接效果 | 工作满意度 | 0.085 | 0.207 | -0.089 | 0.203 | 0.267 | -0.199 | -0.101 | 0.000 | 0.000 |
| | 工作寻找行为 | -0.095 | 0.000 | -0.072 | 0.000 | -0.107 | 0.238 | 0.000 | -0.122 | 0.000 |
| | 去职意向 | -0.061 | -0.048 | 0.074 | -0.171 | -0.113 | 0.297 | 0.047 | -0.223 | 0.181 |

续表

| | | 公共服务动机 | 关系 | 消极情感 | 积极情感 | 工作参与度 | 退出倾向 | 一般培训 | 工作满意度 | 工作寻找行为 |
|---|---|---|---|---|---|---|---|---|---|---|
| 间接效果 | 工作满意度 | 0.000 | 0.000 | 0.000 | 0.000 | 0.000 | 0.000 | 0.000 | 0.000 | 0.000 |
| | 工作寻找行为 | -0.010 | -0.025 | 0.011 | -0.025 | -0.033 | 0.024 | 0.012 | 0.000 | 0.000 |
| | 去职意向 | -0.038 | -0.051 | 0.009 | -0.050 | -0.085 | 0.092 | 0.025 | -0.022 | 0.000 |

3. 结构化变量的 SEM 检验（不包括社会支持和工作压力）

（1）模型修正与验证

根据大模型的假设构建了结构化变量（不包括社会支持和工作压力）的初始模型（见图 5-14），发现模型的拟合不符合要求，需要修正。修正模型依据修正指标的提示增加了"工作寻找行为"和"去职意向"的共 7 条相关路径；该模型中"工作满意度→工作寻找行为"等路径影响不显著，对其进行了删除，但是增加了修正指标提示的"工作满意度→去职意向""组织承诺→去职意向"等路径（见图 5-15）。通过数据检验，各条路径的效果值均符合要求（见图 5-16）。

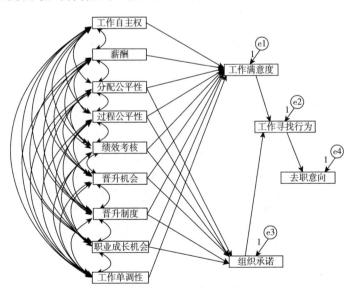

卡方值=\CMIN（P值=\p）；自由度=\DF
RMSEA=\RMSEA；卡方自由度比值=\CMINDF
GFI=\GFI；AGFI=\AGFI

**图 5-14 结构化变量初始模型**

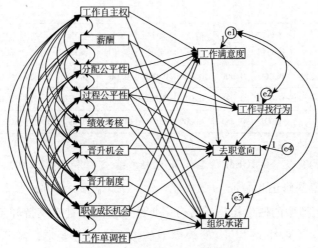

卡方值=\CMIN（P值=\p）；自由度=\DF
RMSEA=\RMSEA；卡方自由度比值=\CMINDF

图 5-15 结构化变量修正模型

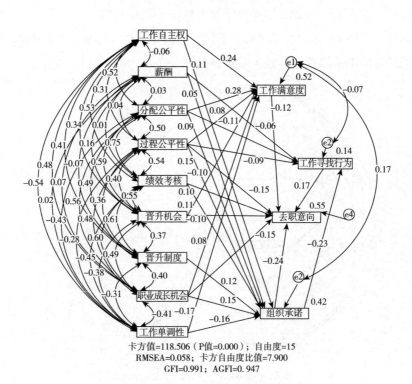

卡方值=118.506（P值=0.000）；自由度=15
RMSEA=0.058；卡方自由度比值=7.900
GFI=0.991；AGFI=0.947

图 5-16 结构化变量模型验证（β值）

（2）模型拟合情况

通过表 5-17 发现，修正前的模型卡方值为 1571.424，P = 0.000 < 0.05，RMSEA 的值为 0.178 > 0.1，RMR 的值为 0.082 > 0.05，增值拟合度指标和精简拟合度指标均不符合要求，模型需要修正。

修正后的模型适配度检验的卡方值在自由度等于 15 时为 118.506，显著性概率值 P = 0.000 < 0.05，达到 0.05 显著水平，不接受虚无假设，表示理论模型与样本数据的适配存在问题。但从绝对拟合度指标、增值拟合度指标、精简拟合度指标的拟合结果看，都达到了标准，考虑到样本量（2046 份）较大，整体模型的适配情形可以接受。

表 5-17　结构化变量模型的拟合情况

| | 拟合指标 | 模型拟合值 | | 判断标准 |
|---|---|---|---|---|
| | | 最初模型 | 修正模型 | |
| 绝对拟合度指标 | X² | 1571.424（P = 0.000） | 118.506（P = 0.000） | 一般卡方值（P > 0.05） |
| | GFI | 0.915 | 0.991 | > 0.9 |
| | RMR | 0.082 | 0.011 | < 0.05 |
| | RMSEA | 0.178 | 0.058 | < 0.1 |
| 增值拟合度指标 | AGFI | 0.680 | 0.947 | > 0.9 |
| | NFI | 0.871 | 0.990 | > 0.9 |
| | CFI | 0.872 | 0.991 | > 0.9 |
| | IFI | 0.873 | 0.991 | > 0.9 |
| 精简拟合度指标 | AIC | 1705.424 | 270.506 | 越小越好 |
| | CAIC | 2149.208 | 773.903 | 越小越好 |
| | 拟合结果 | 不符合 | 除 P 值以外，均符合 | |

（3）模型的路径系数及显著性

从表 5-18 中看出，所有路径的方差、临界比值都符合要求，P 值都在 0.05 水平上显著，可以进行中介效果检验。

表 5-18 结构化变量的非标准化回归系数

| 路径 | | | 估计值 | S. E. | C. R. | P | Label |
|---|---|---|---|---|---|---|---|
| 组织承诺 | ← | 过程公平性 | 0.144 | 0.020 | 7.330 | *** | par_7 |
| 组织承诺 | ← | 绩效考核 | 0.084 | 0.026 | 3.277 | 0.001 | par_8 |
| 组织承诺 | ← | 晋升制度 | 0.099 | 0.017 | 5.741 | *** | par_9 |
| 组织承诺 | ← | 职业成长机会 | 0.154 | 0.023 | 6.759 | *** | par_10 |
| 组织承诺 | ← | 分配公平性 | 0.077 | 0.024 | 3.213 | 0.001 | par_55 |
| 组织承诺 | ← | 工作单调性 | -0.129 | 0.017 | -7.707 | *** | par_58 |
| 组织承诺 | ← | 工作自主权 | 0.102 | 0.020 | 5.068 | *** | par_59 |
| 组织承诺 | ← | 薪酬 | 0.017 | 0.006 | 2.731 | 0.006 | par_60 |
| 工作满意度 | ← | 工作自主权 | 0.234 | 0.019 | 12.087 | *** | par_1 |
| 工作满意度 | ← | 分配公平性 | 0.269 | 0.022 | 12.470 | *** | par_2 |
| 工作满意度 | ← | 过程公平性 | 0.084 | 0.019 | 4.486 | *** | par_3 |
| 工作满意度 | ← | 晋升机会 | 0.116 | 0.021 | 5.590 | *** | par_4 |
| 工作满意度 | ← | 职业成长机会 | 0.083 | 0.022 | 3.764 | *** | par_5 |
| 工作满意度 | ← | 工作单调性 | -0.145 | 0.016 | -8.828 | *** | par_6 |
| 工作寻找行为 | ← | 组织承诺 | -0.216 | 0.023 | -9.490 | *** | par_47 |
| 工作寻找行为 | ← | 分配公平性 | -0.094 | 0.021 | -4.435 | *** | par_52 |
| 工作寻找行为 | ← | 薪酬 | -0.021 | 0.007 | -3.072 | 0.002 | par_57 |
| 工作寻找行为 | ← | 过程公平性 | -0.077 | 0.021 | -3.602 | *** | par_61 |
| 去职意向 | ← | 组织承诺 | -0.234 | 0.019 | -12.424 | *** | par_48 |
| 去职意向 | ← | 工作满意度 | -0.111 | 0.018 | -6.252 | *** | par_49 |
| 去职意向 | ← | 工作寻找行为 | 0.173 | 0.017 | 10.409 | *** | par_50 |
| 去职意向 | ← | 过程公平性 | -0.139 | 0.017 | -8.211 | *** | par_51 |
| 去职意向 | ← | 职业成长机会 | -0.144 | 0.023 | -7.364 | *** | par_53 |
| 去职意向 | ← | 晋升机会 | -0.097 | 0.018 | -5.423 | *** | par_54 |
| 去职意向 | ← | 绩效考核 | -0.081 | 0.018 | -4.385 | *** | par_56 |

注：此表采用极大似然法估计各路径系数值，回归加权表中的估计值栏为非标准化回归系数值，S. E. 为估计值的标准误差，C. R. 为临界比值，当临界比值的绝对值大于1.96，表示估计值达到0.05显著水平。显著性概率值 P 如小于0.001，会呈现"***"符号，显著性概率值 P 大于0.001时，则 P 栏中会直接呈现 P 值。[1]

---

[1] 吴明隆：《结构方程模型——AMOS的操作与应用》（第2版），重庆出版社，2010，第275页。

从表5-19的β值看，"工作单调性→组织承诺""工作单调性→工作满意度""组织承诺→工作寻找行为""分配公平性→工作寻找行为""薪酬→工作寻找行为""过程公平性→工作寻找行为""组织承诺→去职意向""工作满意度→去职意向""过程公平性→去职意向""职业成长机会→去职意向""晋升机会→去职意向""绩效考核→去职意向"共12条路径对效标变量的直接影响效果为负向。其余13条路径对效标向量的直接影响效果为正向。

表5-19 结构化变量的标准化回归系数

| 路径 | | | 估计值 |
|---|---|---|---|
| 组织承诺 | ← | 过程公平性 | 0.152 |
| 组织承诺 | ← | 绩效考核 | 0.097 |
| 组织承诺 | ← | 晋升制度 | 0.122 |
| 组织承诺 | ← | 职业成长机会 | 0.153 |
| 组织承诺 | ← | 分配公平性 | 0.086 |
| 组织承诺 | ← | 工作单调性 | -0.160 |
| 组织承诺 | ← | 薪酬 | 0.046 |
| 组织承诺 | ← | 工作自主权 | 0.114 |
| 工作满意度 | ← | 工作自主权 | 0.242 |
| 工作满意度 | ← | 分配公平性 | 0.277 |
| 工作满意度 | ← | 过程公平性 | 0.083 |
| 工作满意度 | ← | 晋升机会 | 0.108 |
| 工作满意度 | ← | 职业成长机会 | 0.076 |
| 工作满意度 | ← | 工作单调性 | -0.167 |
| 工作寻找行为 | ← | 组织承诺 | -0.234 |
| 工作寻找行为 | ← | 分配公平性 | -0.113 |
| 工作寻找行为 | ← | 薪酬 | -0.063 |
| 工作寻找行为 | ← | 过程公平性 | -0.089 |

| 路径 | | | 估计值 |
|---|---|---|---|
| 去职意向 | ← | 组织承诺 | -0.244 |
| 去职意向 | ← | 工作满意度 | -0.124 |
| 去职意向 | ← | 工作寻找行为 | 0.166 |
| 去职意向 | ← | 过程公平性 | -0.153 |
| 去职意向 | ← | 职业成长机会 | -0.148 |
| 去职意向 | ← | 晋升机会 | -0.102 |
| 去职意向 | ← | 绩效考核 | -0.097 |

注：标准化回归加权值（Standardized Regression Weights）为标准化回归系数值（β值），标准化回归系数值即变量间的路径系数，此路径系数为标准化直接效果值。[1]

（4）$R^2$ 值及解释

表5-20中为4条结构方程式的多元相关系数的平方，即复回归分析中的决定系数（$R^2$），表示"组织承诺"、"工作满意度"、"工作寻找行为"和"去职意向"4个内因变量被其外因变量所能解释的变异量百分比，4条结构方程式的多元相关系数平方（$R^2$）分别是0.483、0.560、0.165、0.523。根据假设模型图5-16可知，"薪酬、晋升制度、绩效考核、工作单调性、职业成长机会、过程公平性、分配公平性、工作自主权"8个结构化外因变量可以联合解释"组织承诺"48.3%的变异量；"工作单调性、职业成长机会、晋升机会、过程公平性、分配公平性、工作自主权"6个结构化外因变量可以联合解释"工作满意度"56.0%的变异量；"薪酬、晋升制度、绩效考核、工作单调性、职业成长机会、过程公平性、分配公平性、工作自主权、组织承诺"9个结构化外因变量可以联合解释"工作寻找行为"16.5%的变异量；"薪酬、晋升制度、绩效考核、工作单调性、职业成长机会、过程公平性、分配公平性、工作自主权、晋升机会、组织承诺、工作满意

① 吴明隆：《结构方程模型——AMOS的操作与应用》（第2版），重庆出版社，2010，第275页。

度、工作寻找行为"12 个变量可以联合解释"去职意向"52.3%的变异量。

表 5-20　模型的多元回归系数的平方（$R^2$）

| 内因变量 | $R^2$ 的估计值 |
| --- | --- |
| 组织承诺 | 0.483 |
| 工作满意度 | 0.560 |
| 工作寻找行为 | 0.165 |
| 去职意向 | 0.523 |

（5）SEM 模型效应分析

表 5-21 中，"薪酬、晋升制度、工作单调性、分配公平性、工作自主权"5 个结构化变量对"去职意向"的影响均为间接影响，β 值分别为 -0.024、-0.034、0.066、-0.078、-0.062，因此这 5 个变量的中介效果显著，均对"去职意向"起决定性影响。其中工作单调性对去职意向的影响为显著正向影响，即工作越单调，公务员去职意向越明显。薪酬、晋升制度、分配公平性和工作自主权对去职意向的影响为显著负向影响，即薪酬越高，去职意向越低；晋升制度越好，去职意向越低；分配公平性越好，去职意向越低；工作越有自主权，去职意向越低。反之亦然。

其余变量为直接效果起决定作用的变量。其中，"绩效考核、职业成长机会、过程公平性、晋升机会、组织承诺"这 5 个变量对"去职意向"影响的直接效果值分别为 -0.097、-0.148、-0.153、-0.102、-0.244，间接效果值分别为 -0.028、-0.053、-0.068、-0.014、-0.038，总体效果值分别为 -0.125、-0.201、-0.221、-0.116、-0.282，总体效果值较大，但是直接效果的绝对值大于间接效果的绝对值，中介变量没有发挥作用，主要是直接效果起决定性作用，而且都是显著负向影响，即绩效考核越客观，职业成长机会越多；过程越公平，晋升机会越多；组织承诺越强，公务员的去职意向越弱。反之亦然。

而"工作满意度、工作寻找行为"对"去职意向"的影响仅有直接

效果，β值分别为-0.124、0.166。工作满意度对去职意向的影响是显著
负向，说明工作满意度越高，公务员的去职意向越低；反之，工作满意
度越低，去职意向越高。工作寻找行为对去职意向的影响为显著正向影
响，说明工作寻找行为越多，去职意向越强，反之亦然。

表 5-21  结构化变量（不包括社会支持和工作压力）模型的标准化效果值

| 变量 | 效应名称 | 组织承诺 | 工作寻找行为 | 工作满意度 | 去职意向 |
|---|---|---|---|---|---|
| 薪酬 | 总体效果 | 0.046 | -0.074 | 0.000 | -0.024 |
| | 直接效果 | 0.046 | -0.063 | 0.000 | 0.000 |
| | 间接效果 | 0.000 | -0.011 | 0.000 | -0.024 |
| 晋升制度 | 总体效果 | 0.122 | -0.029 | 0.000 | -0.034 |
| | 直接效果 | 0.122 | 0.000 | 0.000 | 0.000 |
| | 间接效果 | 0.000 | -0.029 | 0.000 | -0.034 |
| 绩效考核 | 总体效果 | 0.097 | -0.023 | 0.000 | -0.125 |
| | 直接效果 | 0.097 | 0.000 | 0.000 | -0.097 |
| | 间接效果 | 0.000 | -0.023 | 0.000 | -0.028 |
| 工作单调性 | 总体效果 | -0.160 | 0.038 | -0.167 | 0.066 |
| | 直接效果 | -0.160 | 0.000 | -0.167 | 0.000 |
| | 间接效果 | 0.000 | 0.038 | 0.000 | 0.066 |
| 职业成长机会 | 总体效果 | 0.153 | -0.036 | 0.076 | -0.201 |
| | 直接效果 | 0.153 | 0.000 | 0.076 | -0.148 |
| | 间接效果 | 0.000 | -0.036 | 0.000 | -0.053 |
| 过程公平性 | 总体效果 | 0.152 | -0.125 | 0.083 | -0.221 |
| | 直接效果 | 0.152 | -0.089 | 0.083 | -0.153 |
| | 间接效果 | 0.000 | -0.036 | 0.000 | -0.068 |
| 分配公平性 | 总体效果 | 0.086 | -0.133 | 0.277 | -0.078 |
| | 直接效果 | 0.086 | -0.113 | 0.277 | 0.000 |
| | 间接效果 | 0.000 | -0.020 | 0.000 | -0.078 |

续表

| 变量 | 效应名称 | 组织承诺 | 工作寻找行为 | 工作满意度 | 去职意向 |
|---|---|---|---|---|---|
| 工作自主权 | 总体效果 | 0.114 | −0.027 | 0.242 | −0.062 |
| | 直接效果 | 0.114 | 0.000 | 0.242 | 0.000 |
| | 间接效果 | 0.000 | −0.027 | 0.000 | −0.062 |
| 晋升机会 | 总体效果 | 0.000 | 0.000 | 0.108 | −0.116 |
| | 直接效果 | 0.000 | 0.000 | 0.108 | −0.102 |
| | 间接效果 | 0.000 | 0.000 | 0.000 | −0.014 |
| 组织承诺 | 总体效果 | 0.000 | −0.234 | 0.000 | −0.282 |
| | 直接效果 | 0.000 | −0.234 | 0.000 | −0.244 |
| | 间接效果 | 0.000 | 0.000 | 0.000 | −0.038 |
| 工作满意度 | 总体效果 | 0.000 | 0.000 | 0.000 | −0.124 |
| | 直接效果 | 0.000 | 0.000 | 0.000 | −0.124 |
| | 间接效果 | 0.000 | 0.000 | 0.000 | 0.000 |
| 工作寻找行为 | 总体效果 | 0.000 | 0.000 | 0.000 | 0.166 |
| | 直接效果 | 0.000 | 0.000 | 0.000 | 0.166 |
| | 间接效果 | 0.000 | 0.000 | 0.000 | 0.000 |

4. 社会支持与工作压力（结构化变量）模型的 AMOS 验证

（1）模型拟合情况

通过表 5-22 发现，初始模型的卡方值为 1491.304，P = 0.000 < 0.05，RMSEA 的值为 0.177 > 0.1，RMR 的值为 0.074 > 0.05，增值拟合度指标和精简拟合度指标均不符合要求，模型需要修正。

修正后的模型适配度检验的卡方值在自由度等于 14 时为 37.820，显著性概率值 P = 0.001 < 0.05，达到 0.05 显著水平，不接受虚无假设，表示理论模型与样本数据的适配存在问题。但从绝对拟合度指标、增值拟合度指标、精简拟合度指标的其他值拟合结果看，它们都较好地达到了标准，考虑到样本量（2046 份）较大，整体模型的适配可以接受。

表 5-22　社会支持和工作压力模型的拟合情况

| 拟合指标 | | 模型拟合值 | | 判断标准 |
|---|---|---|---|---|
| | | 最初模型 | 修正模型 | |
| 绝对拟合度指标 | X² | 1491.304（P=0.000） | 37.820（P=0.001） | 一般卡方值（P>0.05） |
| | GFI | 0.903 | 0.997 | >0.9 |
| | RMR | 0.074 | 0.007 | <0.05 |
| | RMSEA | 0.177 | 0.029 | <0.1 |
| 增值拟合度指标 | AGFI | 0.670 | 0.983 | >0.9 |
| | NFI | 0.783 | 0.995 | >0.9 |
| | CFI | 0.785 | 0.997 | >0.9 |
| | IFI | 0.786 | 0.997 | >0.9 |
| 精简拟合度指标 | AIC | 1601.304 | 165.820 | 越小越好 |
| | CAIC | 1965.604 | 589.733 | 越小越好 |
| | 拟合结果 | 不符合 | 除 P 值以外，均符合 | |

（2）模型的修正与验证

根据大模型的假设构建了社会支持和工作压力（两个结构变量）的初始模型（见图 5-17），发现模型的拟合不符合要求，需要修正。修正模型依据修正指标的提示对该模型中不显著的"同事支持→工作满意度""同事支持→组织承诺"这两条路径进行了删除，增加了"角色模糊→组织承诺""工作负荷→组织承诺""资源匮乏→组织承诺""上司支持→工作寻找行为""同事支持→工作寻找行为""工作满意度→去职意向""组织承诺→去职意向" 7 条路径，并在 e1↔e2、e1↔e3、e1↔e4、e2↔e4 这 4 个误差项之间建立关系，进行"释放"①，使卡方值减少，P 值增加（见图 5-18）。通过数据检验，所有路径的效果值均符合要求（见图 5-19）。

---

① 荣泰生：《AMOS 与研究方法》（第 2 版），重庆大学出版社，2010，第 136 页。

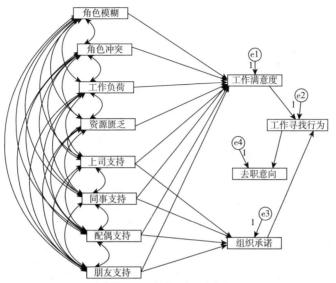

卡方值=\CMIN（P值=\p）；自由度=\DF
RMSEA=\RMSEA；卡方自由度比值=\CMINDF
GFI=.\GFI；AGFI=\AGFI

**图 5-17　社会支持和工作压力初始模型**

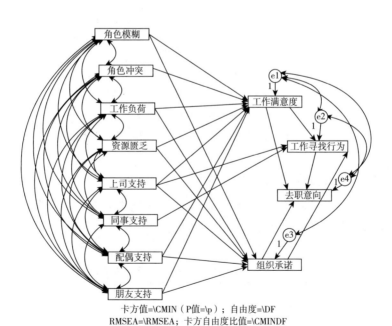

卡方值=\CMIN（P值=\p）；自由度=\DF
RMSEA=\RMSEA；卡方自由度比值=\CMINDF
GFI=.\GFI；AGFI=\AGFI

**图 5-18　社会支持和工作压力修正模型**

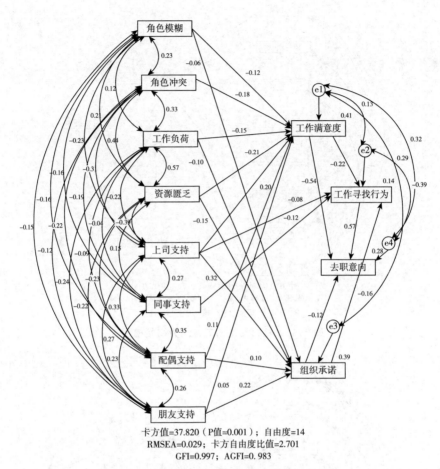

卡方值=37.820（P值=0.001）；自由度=14
RMSEA=0.029；卡方自由度比值=2.701
GFI=0.997；AGFI=0.983

**图 5-19　工作压力与社会支持模型验证（β值）**

（3）模型的路径系数及显著性

从表 5-23 中看出，所有路径的方差、临界比值都符合要求，P 值都在 0.05 水平上显著，可以进行中介效果检验。

**表 5-23　工作压力与社会支持模型的非标准化回归系数**

| 路径 | | | 估计值 | S. E. | C. R. | P | Label |
|---|---|---|---|---|---|---|---|
| 工作满意度 | ← | 角色模糊 | −0.088 | 0.012 | −7.205 | *** | par_28 |
| 工作满意度 | ← | 角色冲突 | −0.150 | 0.015 | −10.183 | *** | par_29 |

| 路径 | | | 估计值 | S. E. | C. R. | P | Label |
|---|---|---|---|---|---|---|---|
| 工作满意度 | ← | 工作负荷 | −0.135 | 0.017 | −7.712 | *** | par_30 |
| 工作满意度 | ← | 资源匮乏 | −0.198 | 0.020 | −9.933 | *** | par_31 |
| 工作满意度 | ← | 上司支持 | 0.222 | 0.021 | 10.463 | *** | par_32 |
| 工作满意度 | ← | 配偶支持 | 0.118 | 0.019 | 6.242 | *** | par_33 |
| 工作满意度 | ← | 朋友支持 | 0.052 | 0.017 | 3.037 | 0.002 | par_34 |
| 组织承诺 | ← | 角色模糊 | −0.044 | 0.013 | −3.540 | *** | par_35 |
| 组织承诺 | ← | 工作负荷 | −0.084 | 0.018 | −4.709 | *** | par_36 |
| 组织承诺 | ← | 上司支持 | 0.331 | 0.021 | 16.014 | *** | par_37 |
| 组织承诺 | ← | 配偶支持 | 0.104 | 0.019 | 5.330 | *** | par_38 |
| 组织承诺 | ← | 朋友支持 | 0.205 | 0.018 | 11.609 | *** | par_39 |
| 组织承诺 | ← | 资源匮乏 | −0.132 | 0.020 | −6.616 | *** | par_48 |
| 工作寻找行为 | ← | 工作满意度 | −0.186 | 0.048 | −3.857 | *** | par_40 |
| 工作寻找行为 | ← | 组织承诺 | −0.145 | 0.031 | −4.697 | *** | par_44 |
| 工作寻找行为 | ← | 同事支持 | −0.129 | 0.023 | −5.564 | *** | par_49 |
| 工作寻找行为 | ← | 上司支持 | −0.076 | 0.024 | −3.120 | 0.002 | par_52 |
| 去职意向 | ← | 工作寻找行为 | 0.595 | 0.142 | 4.182 | *** | par_41 |
| 去职意向 | ← | 工作满意度 | −0.478 | 0.059 | −8.148 | *** | par_42 |
| 去职意向 | ← | 组织承诺 | −0.119 | 0.035 | −3.383 | *** | par_43 |

注：标准化回归加权值（Standardized Regression Weights）为标准化回归系数值（β值），标准化回归系数值即变量间的路径系数，此路径系数为标准化直接效果值。①

从表 5-24 中的直接效果 β 值看，工作压力的 4 个维度对工作满意度的影响为显著负向影响，即工作压力越大，工作满意度越低，反之亦然。其中资源匮乏对工作满意度影响的绝对值最大，说明其对工作满意度的影响最明显。工作压力中的角色模糊、资源匮乏和工作负荷对组织承诺

① 吴明隆：《结构方程模型——AMOS 的操作与应用》（第 2 版），重庆出版社，2010，第 275 页。

的影响的直接效果值也是显著负向，说明其对组织承诺同样具有显著负向影响，即角色越模糊，工作负荷越重；资源匮乏越严重，公务员的组织承诺越低，反之亦然。

而社会支持的相关变量对工作满意度和组织承诺呈显著正向影响，即社会支持越高，工作满意度和组织承诺越高。其中，上司支持对工作满意度和组织承诺的影响最明显，直接效果值分别为 0.198 和 0.318。

外生变量上司支持和同事支持对工作寻找行为存在显著负向影响，说明上司和同事的支持会显著降低工作寻找行为；内生变量工作满意度和组织承诺对工作寻找行为存在显著负向影响，说明较高的工作满意度和组织承诺也会降低工作寻找行为。

工作满意度、组织承诺和工作寻找行为对去职意向影响的直接效果值分别为 -0.536、-0.124 和 0.572。特别是工作满意度和工作寻找行为对去职意向影响的直接效果的绝对值特别大，说明其直接影响非常显著。

表 5-24　工作压力与社会支持模型的标准化回归系数

| 路径 | | | 估计值 |
| --- | --- | --- | --- |
| 工作满意度 | ← | 角色模糊 | -0.117 |
| 工作满意度 | ← | 角色冲突 | -0.175 |
| 工作满意度 | ← | 工作负荷 | -0.149 |
| 工作满意度 | ← | 资源匮乏 | -0.207 |
| 工作满意度 | ← | 上司支持 | 0.198 |
| 工作满意度 | ← | 配偶支持 | 0.106 |
| 工作满意度 | ← | 朋友支持 | 0.051 |
| 组织承诺 | ← | 角色模糊 | -0.064 |
| 组织承诺 | ← | 工作负荷 | -0.101 |
| 组织承诺 | ← | 上司支持 | 0.318 |
| 组织承诺 | ← | 配偶支持 | 0.101 |
| 组织承诺 | ← | 朋友支持 | 0.217 |

| 路径 | | | 估计值 |
| --- | --- | --- | --- |
| 组织承诺 | ← | 资源匮乏 | -0.149 |
| 工作寻找行为 | ← | 工作满意度 | -0.217 |
| 工作寻找行为 | ← | 组织承诺 | -0.157 |
| 工作寻找行为 | ← | 同事支持 | -0.115 |
| 工作寻找行为 | ← | 上司支持 | -0.079 |
| 去职意向 | ← | 工作寻找行为 | 0.572 |
| 去职意向 | ← | 工作满意度 | -0.536 |
| 去职意向 | ← | 组织承诺 | -0.124 |

注：标准化回归加权值（Standardized Regression Weights）为标准化回归系数值（β值），标准化回归系数值即变量间的路径系数，此路径系数为标准化直接效果值。[①]

（4）$R^2$值及解释

表 5-25 中为 4 条结构方程式的多元相关系数的平方，即复回归分析中的决定系数（$R^2$），表示"组织承诺"、"工作满意度"、"工作寻找行为"和"去职意向"4 个内因变量被其外因变量所能解释的变异量百分比，4 条结构方程式的多元相关系数平方（$R^2$）分别是 0.387、0.407、0.136、0.282。根据图 5-19 可知，"朋友支持、配偶支持、上司支持、资源匮乏、工作负荷、角色模糊"6 个结构化外因变量可以联合解释"组织承诺"38.7%的变异量；"朋友支持、配偶支持、上司支持、资源匮乏、工作负荷、角色模糊、角色冲突"7 个结构化外因变量可以联合解释"工作满意度"40.7%的变异量；"朋友支持、配偶支持、上司支持、同事支持、资源匮乏、工作负荷、角色模糊、角色冲突、工作满意度、组织承诺"10 个结构化外因变量可以联合解释"工作寻找行为"13.6%的变异量；"朋友支持、配偶支持、上司支持、同事支持、资源匮乏、工作负荷、角色模糊、角色冲突、工作满意度、组织承诺、工作寻找行为"11个变量可以联合解释"去职意向"28.2%的变异量。

---

[①]　吴明隆：《结构方程模型——AMOS 的操作与应用》（第 2 版），重庆出版社，2010，第 275 页。

表 5-25　多元相关系数的平方（$R^2$）

| 内生变量 | $R^2$ |
|---|---|
| 组织承诺 | 0.387 |
| 工作满意度 | 0.407 |
| 工作寻找行为 | 0.136 |
| 去职意向 | 0.282 |

（5）SEM 的效应值

表 5-26 显示，"朋友支持、配偶支持、上司支持、同事支持、资源匮乏、工作负荷、角色模糊、角色冲突" 8 个结构化变量对 "去职意向"影响的总体效果的 β 值分别为 - 0.080、- 0.091、- 0.244、- 0.066、0.169、0.120、0.091、0.116。其中社会支持的 4 个变量对 "去职意向"的影响为显著负向影响，表示朋友、配偶、上司、同事的支持度越高，公务员的去职意向越低，反之亦然。尤其是上司支持对减少公务员去职意向尤为明显（-0.244）。工作压力的 4 个维度对 "去职意向"的影响为显著正向影响，即资源越匮乏、工作负荷越重、角色越模糊、角色冲突越多，去职意向越高，反之亦然。其中，资源匮乏、工作负荷和角色冲突的影响的绝对值较大，说明增加资源、减少工作负荷和角色冲突对降低公务员的去职意向的效果非常明显。

表 5-26　社会支持和工作压力模型的标准化效果值

| 变量 | 效果名称 | 组织承诺 | 工作满意度 | 工作寻找行为 | 去职意向 |
|---|---|---|---|---|---|
| 朋友支持 | 总体效果 | 0.217 | 0.051 | -0.045 | -0.080 |
| | 直接效果 | 0.217 | 0.051 | 0.000 | 0.000 |
| | 间接效果 | 0.000 | 0.000 | -0.045 | -0.080 |
| 配偶支持 | 总体效果 | 0.101 | 0.106 | -0.039 | -0.091 |
| | 直接效果 | 0.101 | 0.106 | 0.000 | 0.000 |
| | 间接效果 | 0.000 | 0.000 | -0.039 | -0.091 |
| 上司支持 | 总体效果 | 0.318 | 0.198 | -0.172 | -0.244 |
| | 直接效果 | 0.318 | 0.198 | -0.079 | 0.000 |
| | 间接效果 | 0.000 | 0.000 | -0.093 | -0.244 |

| 变量 | 效果名称 | 组织承诺 | 工作满意度 | 工作寻找行为 | 去职意向 |
|---|---|---|---|---|---|
| 同事支持 | 总体效果 | 0.000 | 0.000 | -0.115 | -0.066 |
| | 直接效果 | 0.000 | 0.000 | -0.115 | 0.000 |
| | 间接效果 | 0.000 | 0.000 | 0.000 | -0.066 |
| 资源匮乏 | 总体效果 | -0.149 | -0.207 | 0.068 | 0.169 |
| | 直接效果 | -0.149 | -0.207 | 0.000 | 0.000 |
| | 间接效果 | 0.000 | 0.000 | 0.068 | 0.169 |
| 工作负荷 | 总体效果 | -0.101 | -0.149 | 0.048 | 0.120 |
| | 直接效果 | -0.101 | -0.149 | 0.000 | 0.000 |
| | 间接效果 | 0.000 | 0.000 | 0.048 | 0.120 |
| 角色模糊 | 总体效果 | -0.064 | -0.117 | 0.036 | 0.091 |
| | 直接效果 | -0.064 | -0.117 | 0.000 | 0.000 |
| | 间接效果 | 0.000 | 0.000 | 0.036 | 0.091 |
| 角色冲突 | 总体效果 | 0.000 | -0.175 | 0.038 | 0.116 |
| | 直接效果 | 0.000 | -0.175 | 0.000 | 0.000 |
| | 间接效果 | 0.000 | 0.000 | 0.038 | 0.116 |
| 组织承诺 | 总体效果 | 0.000 | 0.000 | -0.157 | -0.214 |
| | 直接效果 | 0.000 | 0.000 | -0.157 | -0.214 |
| | 间接效果 | 0.000 | 0.000 | 0.000 | 0.000 |
| 工作满意度 | 总体效果 | 0.000 | 0.000 | -0.217 | -0.660 |
| | 直接效果 | 0.000 | 0.000 | -0.217 | -0.536 |
| | 间接效果 | 0.000 | 0.000 | 0.000 | -0.124 |
| 工作寻找行为 | 总体效果 | 0.000 | 0.000 | 0.000 | 0.572 |
| | 直接效果 | 0.000 | 0.000 | 0.000 | 0.572 |
| | 间接效果 | 0.000 | 0.000 | 0.000 | 0.000 |

　　值得关注的是，社会支持的 4 个变量和工作压力的 4 个变量对去职意向的影响表现为间接效果，说明中介变量完全发挥作用。其间接路径（结合图 5-19 和表 5-26 看）如下。

工作压力

角色模糊的中介作用通过 4 条间接路径实现：

角色模糊→工作满意度→去职意向 =（-0.12）×（-0.54）≈0.065

角色模糊 →工作满意度→工作寻找行为→去职意向 =（-0.12）×（-0.22）×0.57＝0.015

角色模糊→组织承诺→去职意向 =（-0.06）×（-0.12）≈0.007

角色模糊→组织承诺→工作寻找行为→去职意向 =（-0.06）×（-0.16）×0.57≈0.005

角色模糊的总体效果值是 4 条间接路径之和，即 0.092（表 5-26 中总体效果值为 0.091，误差来源于模型图 5-19 中 β 值的四舍五入）

角色冲突的中介作用通过两条间接路径实现：

角色冲突→工作满意度→去职意向 =（-0.18）×（-0.54）≈0.097

角色冲突 →工作满意度→工作寻找行为→去职意向 =（-0.18）×（-0.22）×0.57≈0.023

角色冲突的总体效果值为 0.120（计算方法同上，以下计算结果若有误差，以表 5-26 中总体效果值为准）

工作负荷的中介作用通过 4 条间接路径实现，总体效果值为 0.120（以下仅汇报路径和影响值）：

工作负荷→工作满意度→去职意向

工作负荷 →工作满意度→工作寻找行为→去职意向

工作负荷→组织承诺→去职意向

工作负荷→组织承诺→工作寻找行为→去职意向

资源匮乏的中介作用通过 4 条间接路径实现，总体效果值为 0.169：

资源匮乏→工作满意度→去职意向

资源匮乏 →工作满意度→工作寻找行为→去职意向

资源匮乏→组织承诺→去职意向

资源匮乏→组织承诺→工作寻找行为→去职意向

社会支持

上司支持的中介作用通过 5 条间接路径实现，总体效果值为-0.244：

上司支持→工作满意度→去职意向

上司支持 →工作满意度→工作寻找行为→去职意向

上司支持→组织承诺→去职意向

上司支持→组织承诺→工作寻找行为→去职意向

上司支持→工作寻找行为→去职意向

同事支持的中介作用只通过 1 条间接路径实现，总体效果值为 -0.066：

同事支持→工作寻找行为→去职意向

配偶支持的中介作用通过 4 条间接路径实现，总体效果值为 -0.091：

配偶支持→工作满意度→去职意向

配偶支持 →工作满意度→工作寻找行为→去职意向

配偶支持→组织承诺→去职意向

配偶支持→组织承诺→工作寻找行为→去职意向

朋友支持的中介作用通过 4 条间接路径实现，总体效果值为 -0.080：

朋友支持→工作满意度→去职意向

朋友支持 →工作满意度→工作寻找行为→去职意向

朋友支持→组织承诺→去职意向

朋友支持→组织承诺→工作寻找行为→去职意向

# 第六节　结论

## 一　关于标准化路径系数的结论

（1）从表 5-27 可见，标准化路径系数的正负向影响方向与修正后的模型假设完全一致。标准化系数（β 值）既是路径系数，又是这一条路径的直接影响效果。例如：机会对去职意向的影响为显著正向影响（0.042），即公务员的机会越多，越有可能产生去职意向；转换成本对去职意向的影响为显著负向影响（-0.143），即公务员的转换成本越高，去职意向越低。

（2）对于内生变量工作满意度而言，环境变量没有对其产生直接影响，不存在直接影响路径。而个体变量和结构化变量基本都对工作满意度产生直接显著影响，仅少数变量不存在直接影响路径，如结构化变量中的薪酬、绩效考核、晋升制度和同事支持。

（3）对于内生变量组织承诺而言，环境变量和个体变量均没有对其产生直接影响，不存在直接影响路径。结构化变量基本对其均有直接显著影响，仅有少数变量没有直接影响路径，如晋升机会、角色冲突和同事支持。

（4）对于内生变量工作寻找行为而言，环境变量中除机会外，均对其有直接显著影响；个体变量中一般培训、积极情感和关系3个变量对其不存在直接路径或没有对其产生直接显著影响；结构化变量中仅分配公平性、薪酬、过程公平性、上司支持和同事支持5个变量对其存在直接路径或对其产生直接显著影响。

（5）对于因变量去职意向而言，环境变量和个体变量全部对其存在直接路径或产生直接显著影响；结构化变量中仅过程公平性、绩效考核、晋升机会和职业成长机会对其存在直接路径或产生直接显著影响。

（6）内生变量之间的路径，由于是4个模型，因此，工作满意度和组织承诺对工作寻找行为和去职意向的路径会出现多次，工作寻找行为对去职意向的路径也存在多条，从路径系数看，不同模型中的β值大小不一样，但是路径影响的正负方向完全一致，说明模型基本是稳定的。

表 5-27  标准化路径系数 （$N = 2046$）

| 变量 | 工作满意度 | 组织承诺 | 工作寻找行为 | 去职意向 |
|---|---|---|---|---|
| 内生变量 | | | | |
| 工作满意度 | — | — | -0.122/-0.217 | -0.223/-0.124/-0.536 |
| 组织承诺 | — | — | -0.234/-0.157 | -0.244/-0.124 |
| 工作寻找行为 | — | — | — | 0.181/0.166/0.572 |
| 自变量环境变量 | | | | |
| 机会 | — | — | — | 0.042 |
| 转换成本 | — | — | -0.326 | -0.143 |
| 亲属责任 | — | — | -0.045 | -0.090 |
| 政治经济形势 | — | — | 0.367 | 0.314 |
| 自变量个体变量 | | | | |
| 一般培训 | -0.101 | — | — | 0.047 |
| 退出倾向 | -0.199 | — | 0.238 | 0.297 |

| 变量 | 工作满意度 | 组织承诺 | 工作寻找行为 | 去职意向 |
|---|---|---|---|---|
| 工作参与度 | 0.267 | — | −0.107 | −0.113 |
| 积极情感 | 0.203 | — | | −0.171 |
| 消极情感 | −0.089 | — | −0.072 | 0.074 |
| 关系 | 0.207 | — | | −0.048 |
| 公共服务动机 | 0.085 | — | −0.095 | −0.061 |
| 自变量结构化变量 | | | | |
| 工作自主权 | 0.242 | 0.114 | | |
| 分配公平性 | 0.277 | 0.086 | −0.113 | |
| 薪酬 | — | 0.046 | −0.063 | |
| 过程公平性 | 0.083 | 0.152 | −0.089 | −0.153 |
| 绩效考核 | — | 0.097 | | −0.097 |
| 晋升机会 | 0.108 | — | | −0.102 |
| 晋升制度 | — | 0.122 | | |
| 职业成长机会 | 0.076 | 0.153 | | −0.148 |
| 工作单调性 | −0.167 | −0.160 | | |
| 角色模糊 | −0.117 | −0.064 | | |
| 角色冲突 | −0.175 | — | | |
| 工作负荷 | −0.149 | −0.101 | | |
| 资源匮乏 | −0.207 | −0.149 | | |
| 上司支持 | 0.198 | 0.318 | −0.079 | |
| 同事支持 | — | | −0.115 | |
| 配偶支持 | 0.106 | 0.101 | | |
| 朋友支持 | 0.051 | 0.217 | | |

注：以上路径均在 0.05 水平上显著相关。"—"为不存在这一路径。

## 二 决定量对去职意向的效果分析和中介效应检验

（1）从表 5-28 可见，环境变量中中介变量均不发挥作用，直接效果对公务员的去职意向起决定性作用，其中政治经济形势和转换成本的绝对值较大，在管理中应该引起重视。

（2）个体变量中的 7 个变量均存在显著直接效果和间接效果，但是依据直接效果绝对值大于间接效果的绝对值进行判断，除关系变量外，其他变量的中介效果没有发挥作用，只有关系变量的直接效果的绝对值略小于间接效果的绝对值，中介变量发挥作用。这说明关系越好，公务员的去职意向越低，关系变量值得重视。退出倾向、工作参与度和积极情感的总体效果的绝对值较大，个体变量中的这几个变量应格外引起重视。

表 5-28　决定量对去职意向的直接、间接和总体效果

| 变量 | 直接效果 | 间接效果 | 总体效果 | 中介效果 |
|---|---|---|---|---|
| 内生变量 | | | | |
| 工作满意度 | −0.223/−0.124/−0.536 | −0.022/0.000/−0.124 | −0.245/−0.124/−0.660 | 无 |
| 组织承诺 | −0.244/−0.214 | −0.038/0.000 | −0.283/−0.214 | 无 |
| 工作寻找行为 | 0.238/0.181/0.166/0.572 | 0.000/0.000/0.000/0.000 | 0.238/0.181/0.166/0.572 | 无 |
| 环境变量 | | | | |
| 机会 | 0.042 | 0.000 | 0.042 | 无 |
| 转换成本 | −0.143 | −0.078 | −0.221 | 无 |
| 亲属责任 | −0.090 | −0.011 | −0.101 | 无 |
| 政治经济形势 | 0.314 | 0.087 | 0.401 | 无 |
| 个体变量 | | | | |
| 一般培训 | 0.047 | 0.025 | 0.072 | 无 |
| 退出倾向 | 0.297 | 0.092 | 0.389 | 无 |
| 工作参与度 | −0.113 | −0.085 | −0.198 | 无 |
| 积极情感 | −0.171 | −0.050 | −0.221 | 无 |
| 消极情感 | 0.074 | 0.009 | 0.083 | 无 |
| 关系 | −0.048 | −0.051 | −0.099 | 部分 |
| 公共服务动机 | −0.061 | −0.038 | −0.099 | 无 |
| 结构化变量 | | | | |
| 工作自主权 | 0.000 | −0.062 | −0.062 | 完全 |
| 分配公平性 | 0.000 | −0.078 | −0.078 | 完全 |

| 变量 | 直接效果 | 间接效果 | 总体效果 | 中介效果 |
|------|---------|---------|---------|---------|
| 薪酬 | 0.000 | -0.024 | -0.024 | 完全 |
| 过程公平性 | -0.153 | -0.068 | -0.221 | 无 |
| 绩效考核 | -0.097 | -0.028 | -0.125 | 无 |
| 晋升机会 | -0.102 | -0.014 | 0.116 | 无 |
| 晋升制度 | 0.000 | -0.034 | -0.034 | 完全 |
| 职业成长机会 | -0.148 | -0.053 | -0.201 | 无 |
| 工作单调性 | 0.000 | 0.066 | 0.066 | 完全 |
| 角色模糊 | 0.000 | 0.091 | 0.091 | 完全 |
| 角色冲突 | 0.000 | 0.116 | 0.116 | 完全 |
| 工作负荷 | 0.000 | 0.120 | 0.120 | 完全 |
| 资源匮乏 | 0.000 | 0.169 | 0.169 | 完全 |
| 同事支持 | 0.000 | -0.066 | -0.066 | 完全 |
| 上司支持 | 0.000 | -0.244 | -0.244 | 完全 |
| 配偶支持 | 0.000 | -0.091 | -0.091 | 完全 |
| 朋友支持 | 0.000 | -0.080 | -0.080 | 完全 |

注：以上效果值均在 0.05 水平上显著相关。

（3）结构化变量中存在三类情况：第一类是中介变量在自变量对因变量影响中起完全中介作用，包括工作自主权、分配公平性、薪酬、晋升制度、工作单调性、工作压力的 4 个变量和社会支持的 4 个变量，它们对去职意向的影响完全取决于间接效果，中介变量完全发挥作用；第二类是过程公平性、绩效考核、晋升机会和职业成长机会 4 个结构化变量对去职意向的影响，既存在直接显著影响，也存在间接显著影响，但是由于直接效果的绝对值大于间接效果的绝对值，因此中介变量不发挥作用，影响效果主要取决于直接效果；第三类是总体效果的绝对值大于 0.10 的结构化变量应该在管理中突出权重，它们是过程公平性、绩效考核、晋升机会、职业成长机会、角色冲突、工作负荷、资源匮乏和上司支持 8 个变量。

# 第六章　公务员去职意向及其差异分析

## 第一节　研究假设与研究方法

### 一　研究假设

Moynihan 和 Landuyt 发现，一些人口变量促使人们产生了离开组织的意愿，包括民族地位、家庭规模、受访者是否是家庭的主要收入来源，不包括年龄和工作经验。[1] 但是 Moynihan 和 Pandey 的研究表明去职意向与年龄、经验呈负相关。[2] Blau 和 Kahn[3]、Kellough 和 Osuna[4]、Lewis 和 Park[5]、Smith[6] 对性别和种族与离职之间的关系进行深入调查并发现，年龄、教育、晋升机会、经验和薪酬等因素会对离职行为产生影响。本

---

[1] Moynihan, D. P., Landuyt, N., "Explaining Turnover Intention in State Government: Examining the Roles of Gender, Life Cycle, and Loyalty," *Review of Public Personnel Administration* 28 (2008): 120-143.

[2] Moynihan, D. P., Pandey, S. K., "The Ties That Bind: Social Networks, Person-Organization Value Fit, and Turnover Intention," *Journal of Public Administration Research and Theory* 18 (2008): 205-227.

[3] Blau, F. D., Kahn, L. M., "Race and Sex Differences in Quits by Young Workers," *Industrial and Labor Relations Review* 34 (1981): 563-577.

[4] Kellough, J. E., Osuna, W., "Cross-Agency Comparisons of Quit rates in the Federal service: Another Look at the Evidence," *Review of Public Personnel Administration* 15 (1995): 15-68.

[5] Lewis, G. B., Park, K., "Turnover Rates in Federal White-Collar Employment: Are Women More Likely to Quit Than Men?" *American Review of Public Administration* 18 (1989): 13-28.

[6] Smith, C. B., "Influence of Internal Opportunity Structure and Sex of Worker on Turnover Patterns," *Administrative Science Quarterly* 24 (1979): 362-381.

章将对人口变量与公务员去职意向的差异性进行分析，假设公务员去职意向在区域、性别、民族、年龄、党派、学历、工龄、行政级别、系统（公检法与非公检法）、层级、类别、工作时长、婚姻状况、有无孩子、年收入情况、是否为家庭经济主要来源方面存在差异。

具体假设如下。

H1　在不同区域之间的公务员去职意向存在显著差异，东部地区公务员的去职意向>中部地区公务员的去职意向>西部地区公务员的去职意向。

H2　不同性别公务员之间的去职意向存在显著差异，男性的去职意向高于女性的去职意向。

H3　不同民族公务员之间的去职意向存在显著差异，汉族的去职意向高于少数民族的去职意向。

H4　不同年龄阶段公务员之间的去职意向存在显著差异，30~35岁的公务员去职意向最高。

H5　不同党派公务员之间的去职意向存在显著差异，因长期受到执政党的教育，作为共产党员的公务员的去职意向最低。

H6　不同学历公务员之间的去职意向存在显著差异，高学历公务员的去职意向高于低学历公务员的去职意向。

H7　不同工龄公务员之间的去职意向存在显著差异，依据"七年之痒"的说法，有6~10年工龄的公务员去职意向最高。

H8　不同行政级别公务员之间的去职意向存在显著差异，因受到职务晋升的鼓励，领导干部的去职意向低于科员的去职意向。

H9　不同系统公务员之间的去职意向存在显著差异，从调查中反映的情况看，公检法系统公务员的去职意向高于非公检法系统公务员的去职意向。

H10　不同层级公务员之间的去职意向存在显著差异，因为条件艰苦，基层公务员的去职意向高于高层公务员的去职意向。

H11　不同类别公务员之间的去职意向存在显著差异，因为专业技术优势，专业技术类公务员的去职意向高于综合管理类和行政执法类公务员的去职意向。

H12 不同工作时长的公务员之间的去职意向存在显著差异，经常加班的公务员的去职意向高于不加班的公务员的去职意向。

H13 不同婚姻状况公务员之间的去职意向存在显著差异，单身公务员的去职意向高于已婚公务员的去职意向。

H14 有无孩子的公务员之间的去职意向存在显著差异，无孩子的公务员的去职意向高于有孩子的公务员的去职意向。

H15 不同收入群体的公务员之间的去职意向存在显著差异，低收入公务员的去职意向高于高收入公务员的去职意向。

H16 作为家庭收入支柱的公务员的去职意向较高。

## 二 研究方法

本章运用单因素方差分析法来检验单因素水平下的一个或多个独立因变量均值是否存在显著差异[①]，用于分析的数据包括一个自变量（人口控制变量之一）、一个因变量（去职意向）。

# 第二节 研究结果

从表 6-1 的分析结果可以看出，民族、类别和是否为家庭经济主要来源 3 个人口控制变量 P 值分别为 0.194、0.246、0.362，均大于 0.05 的显著标准，因此差异性不显著，这表明公务员去职意向在民族、类别和是否为家庭经济主要来源 3 个控制变量上不存在显著差异，H3、H11 和 H16 未得到证实。除此之外，其他人口控制变量 P 值均显著，并存在显著差异。

## 一 公务员去职意向的区域差异

从区域来看，本研究选取了云南、上海、湖南、山东、北京和广东 6 地区。结果显示，区域变量的 P 值为 0.000，远小于 0.05，表示公务员去

---

[①] 李昕、张明明：《SPSS22.0 统计分析从入门到精通》，电子工业出版社，2015，第 140 页。

职意向在不同区域间存在显著差异。图 6-1 中，通过均值比较发现，北京的公务员的去职意向最高，之后依次是广东、云南、湖南、山东和上海。H1 假设部分得到验证，即不同区域的去职意向确实存在差异，但是这种差异并不是按照东中西部的顺序排列，而是北京>广东>云南>湖南>山东>上海，西部的云南的公务员去职意向排在第三，而上海却排到了最后。

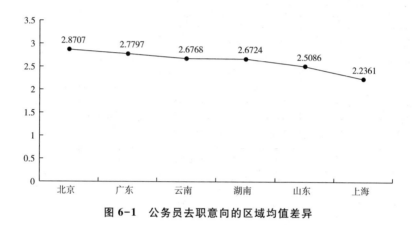

**图 6-1 公务员去职意向的区域均值差异**

北京属于一线城市，广东属于发达省区，经济形势好，就业就会多，因此公务员容易受到好的流动机会的诱惑，产生去职意向。云南排在中间位置，公务员去职意向较高，通过本研究在云南的大量访谈了解到，这可能是由于其基层公务员收入偏低和工作压力大。然而，上海为何排在最后，值得进一步研究和探索。

## 二 公务员去职意向的性别差异

从表 6-1 的统计结果发现，性别变量的 P 值为 0.031，小于 0.05，表示公务员去职意向在性别上存在显著差异，男性公务员的去职意向高于女性，H2 假设全部得到验证。这与国内外的大多数研究结果一致。因此男性公务员的去职意向更加值得关注和重视。

表 6-1　公务员去职意向差异（$N = 2046$）

| 人口学控制变量 | | $N$ | 均值 | 标准差 | F | P | 比较结果 |
|---|---|---|---|---|---|---|---|
| 区域 | 云南 | 505 | 2.6768 | 0.68022 | 36.083* | 0.000 | 北京>广东>云南>湖南>山东>上海 |
| | 上海 | 324 | 2.2361 | 0.63609 | | | |
| | 湖南 | 225 | 2.6724 | 0.63004 | | | |
| | 山东 | 463 | 2.5086 | 0.70590 | | | |
| | 北京 | 352 | 2.8707 | 0.70153 | | | |
| | 广东 | 177 | 2.7797 | 0.64747 | | | |
| 性别（缺失36） | 男 | 1012 | 2.6509 | 0.73153 | 3.496* | 0.031 | 男>女 |
| | 女 | 998 | 2.5743 | 0.67554 | | | |
| 民族（缺失42） | 汉族 | 1768 | 2.6029 | 0.71150 | 1.643 | 0.194 | 不显著 |
| | 少数民族 | 236 | 2.6376 | 0.67239 | | | |
| 年龄（缺失17） | 25岁及以下 | 170 | 2.5735 | 0.68026 | 6.254* | 0.000 | 51岁及以上>31~40岁>26~30岁>25岁及以下>41~50岁 |
| | 26~30岁 | 764 | 2.5792 | 0.70066 | | | |
| | 31~40岁 | 754 | 2.6446 | 0.70964 | | | |
| | 41~50岁 | 169 | 2.4268 | 0.68377 | | | |
| | 51岁及以上 | 172 | 2.7799 | 0.66235 | | | |
| 党派（缺失11） | 共产党员 | 1395 | 2.5794 | 0.71627 | 4.861* | 0.002 | 民主党派党员>群众>共产党员 |
| | 民主党派党员 | 46 | 2.9076 | 0.57096 | | | |
| | 群众 | 594 | 2.6633 | 0.67752 | | | |
| 学历（缺失220） | 高中及以下 | 113 | 2.7375 | 0.55255 | 34.110* | 0.000 | 高中及以下>硕士及以上>本科>大专 |
| | 大专 | 250 | 2.4597 | 0.58070 | | | |
| | 本科 | 899 | 2.4817 | 0.67430 | | | |
| | 硕士及以上 | 564 | 2.6990 | 0.73720 | | | |
| 工龄 | 5年及以下 | 505 | 2.4948 | 0.69839 | 14.805* | 0.000 | 21年及以上>16~20年>11~15年>5年及以下>6~10年 |
| | 6~10年 | 516 | 2.4815 | 0.61922 | | | |
| | 11~15年 | 323 | 2.6413 | 0.67769 | | | |
| | 16~20年 | 260 | 2.7334 | 0.78197 | | | |
| | 21年及以上 | 439 | 2.7996 | 0.71869 | | | |

| 人口学控制变量 | | N | 均值 | 标准差 | F | P | 比较结果 |
|---|---|---|---|---|---|---|---|
| 行政级别（缺失8） | 地厅级及以上（含巡视员） | 42 | 2.7738 | 0.70237 | 5.805* | 0.000 | 县处级>地厅级以上>其他>科级>科员 |
| | 县处级（含调研员） | 204 | 2.8027 | 0.74111 | | | |
| | 科级 | 605 | 2.6208 | 0.73263 | | | |
| | 科员 | 916 | 2.5400 | 0.70346 | | | |
| | 其他 | 271 | 2.6504 | 0.57231 | | | |
| 系统（缺失71） | 公检法系统 | 485 | 2.5665 | 0.70810 | 4.560* | 0.011 | 非公检法系统>公检法系统 |
| | 非公检法系统 | 1490 | 2.6345 | 0.70805 | | | |
| 层级（缺失23） | 中央机关 | 202 | 2.8552 | 0.78251 | 7.064* | 0.000 | 中央机关>省部级单位>地厅级单位>乡镇级单位>县处级单位 |
| | 省部级单位 | 114 | 2.6974 | 0.64790 | | | |
| | 地厅级单位 | 256 | 2.6230 | 0.76054 | | | |
| | 县处级单位 | 879 | 2.5569 | 0.66897 | | | |
| | 乡镇级单位 | 572 | 2.5760 | 0.69684 | | | |
| 类别（缺失9） | 综合管理类 | 913 | 2.6230 | 0.73780 | 1.337 | 0.246 | 不显著 |
| | 行政执法类 | 505 | 2.5985 | 0.70821 | | | |
| | 专业技术类 | 461 | 2.5616 | 0.66291 | | | |
| | 其他 | 158 | 2.7173 | 0.59580 | | | |
| 工作时长（缺失9） | 8个小时以下 | 559 | 2.6019 | 0.72805 | 17.255* | 0.000 | 12个小时及以上>10~12个小时>8个小时以下>8~10个小时 |
| | 8~10个小时 | 1262 | 2.5535 | 0.67120 | | | |
| | 10~12个小时 | 161 | 2.9449 | 0.71409 | | | |
| | 12个小时及以上 | 55 | 3.0545 | 0.74020 | | | |
| 婚姻状况 | 已婚 | 974 | 2.5020 | 0.68233 | 11.886* | 0.000 | 丧偶>离婚或分居>单身>已婚 |
| | 未婚 | 1012 | 2.7053 | 0.71411 | | | |
| | 离婚或分居 | 50 | 2.8225 | 0.61864 | | | |
| | 丧偶 | 2 | 2.8750 | 0.17678 | | | |

| 人口学控制变量 | | N | 均值 | 标准差 | F | P | 比较结果 |
|---|---|---|---|---|---|---|---|
| 有无孩子<br>（缺失<br>170） | 有 | 1389 | 2.6235 | 0.69122 | 7.859* | 0.000 | 没有>有 |
| | 无 | 487 | 2.6449 | 0.72740 | | | |
| 年收入<br>情况<br>（缺失<br>89） | ≤25000元 | 145 | 2.7259 | 0.62938 | 5.671* | 0.000 | 100001元及以上><br>25000元及以下><br>25001~35000元><br>50001~60000元><br>35001~50000元><br>70001~80000元><br>90001~100000元><br>60001~70000元><br>80001~90000元 |
| | 25001~35000元 | 299 | 2.6722 | 0.62694 | | | |
| | 35001~50000元 | 570 | 2.5891 | 0.69694 | | | |
| | 50001~60000元 | 322 | 2.5922 | 0.65933 | | | |
| | 60001~70000元 | 207 | 2.4626 | 0.71242 | | | |
| | 70001~80000元 | 175 | 2.5829 | 0.81886 | | | |
| | 80001~90000元 | 44 | 2.2045 | 0.40445 | | | |
| | 90001~100000元 | 94 | 2.5718 | 0.86184 | | | |
| | ≥100001元 | 101 | 2.7673 | 0.81414 | | | |
| 是否为<br>家庭经<br>济主要<br>来源 | 是 | 1228 | 2.6119 | 0.70876 | 1.066 | 0.362 | 不显著 |
| | 不是 | 667 | 2.5992 | 0.69224 | | | |
| | 不适合 | 126 | 2.6925 | 0.72881 | | | |

注：*$P<0.05$，表示在 0.05 水平上显著。

## 三 公务员去职意向的年龄差异

从表 6-1 的统计结果发现，年龄变量的 P 值为 0.000，小于 0.05，表示公务员去职意向在年龄分布上存在显著差异。图 6-2 显示，在被调查的样本中，不同年龄段的去职意向的排序为 51 岁及以上>31~40 岁>26~30 岁>25 岁及以下>41~50 岁。H4 "不同年龄阶段公务员之间的去职意向存在显著差异，30~35 岁的公务员去职意向最高"这一假设被否定。51 岁及以上的这个群体排在第一位，这是一个新发现，值得深入研究和寻找原因。本研究原本认为 51 岁及以上的公务员群体即将退休，应该是最稳定的，172 份样本的分析结果却推翻了这个假设。

Lewis 发现在美国多数高级联邦雇员不太可能离职。[①] 然而，一旦考

---

① Lewis, G.B., "Turnover and the Quiet Crisis in the Federal Civil Service," *Public Administration Review* 51（1991）：145-155.

虑了年龄和经验的相关影响，较高层次的雇员可能更容易离开，因为他们有机会获得其他职位。① 这个研究的结论或许对理解我国 51 岁及以上公务员去职意向高有一定启发。

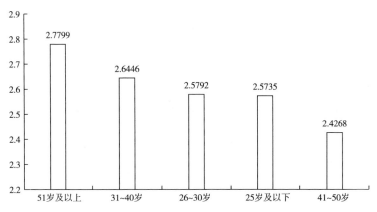

图 6-2　公务员去职意向的年龄均值差异

## 四　公务员去职意向的党派差异

从表 6-1 的统计结果发现，党派变量的 P 值为 0.002，小于 0.05，表示公务员去职意向在党派分布上存在显著差异。如图 6-3 所示，民主党派公务员的去职意向最高，其次是群众类公务员，作为共产党员的公务员去职意向最低，完全验证了 H5 假设。这说明中国共产党对党员进行教育和引导的效果是明显的。共产党员成为公务员队伍中的稳定器。

## 五　公务员去职意向的学历差异

从表 6-1 的统计结果发现，学历变量的 P 值为 0.000，小于 0.05，表示公务员去职意向在不同学历之间存在显著差异。如图 6-4 所示，均值比较的结果显示为 "U" 形，即高中及以下学历和硕士及以上学历的公

---

① Cotton, J. L., Tuttle, J. M., "Employee Turnover: A Meta-Analysis and Review with Implications for Research," *Academy of Management Review* 51 (1986): 55-70.

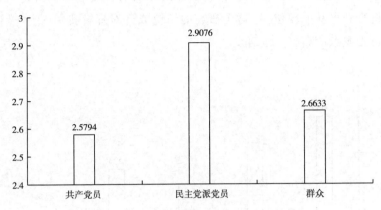

图6-3 公务员去职意向的党派均值差异

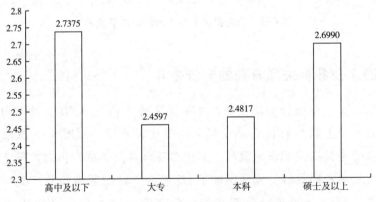

图6-4 公务员去职意向的学历均值差异

务员去职意向较高,而本科学历和大专学历的公务员相对稳定。H6假设部分得到验证。硕士及以上学历公务员的去职意向确实较高,因为学历高,选择面较大,因此流动性相对较大。但是高中及以下公务员的去职意向却排名第一,究其原因,可能是这个群体在公务员队伍中工作量大,工资少,缺乏晋升空间,甚至有的可能属于聘任制,没有编制,因此流动意愿强烈。

## 六　公务员去职意向的工龄差异

从表 6-1 的统计结果发现，工龄变量的 P 值为 0.000，小于 0.05，表示公务员去职意向在不同工龄区间存在显著差异。如图 6-5 所示，不同工龄段的公务员去职意向从高到低的排序为：21 年及以上>16~20 年>11~15 年>5 年及以下>6~10 年，H7 "不同工龄公务员之间的去职意向存在显著差异，依据'七年之痒'的说法，有6~10 年工龄的公务员去职意向最高"这一假设基本被否定了，不同工龄段的公务员的去职意向确实存在显著差异，但是工龄为 6~10 年的公务员去职意向不是最高的，反而是最低的，而 21 年及以上工龄的公务员的去职意向最高。

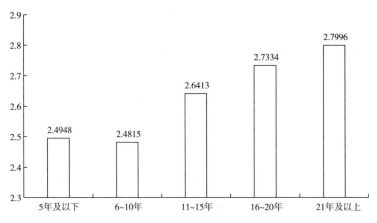

图 6-5　公务员去职意向的工龄均值差异

## 七　公务员去职意向的行政级别差异

从表 6-1 的统计结果发现，行政级别的 P 值为 0.000，小于 0.05，表示公务员去职意向在不同行政级别之间存在显著差异。如图 6-6 所示，县处级（含调研员）公务员的去职意向最高，其次是地厅级及以上（含巡视员），科员排在最后。H8 假设得到了反向验证，原本认为领导干部因为得到晋升，去职意向会较低，但统计的结果是其去职意向高于科级及以下公务员，原因可能是县处级及以上公务员会有更多的机会。从去职

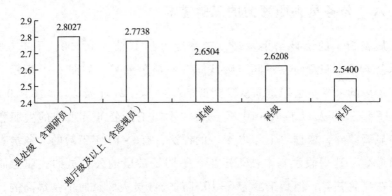

**图 6-6    公务员去职意向的行政级别均值差异**

的现象看，大部分去职的有领导级别的公务员去向均比较好，薪酬也会高于之前的岗位。结合前面的几个差异性分析来看，县处级及以上领导干部的去职意向高与工龄为 16 年及以上的公务员的去职意向较高是相互吻合的，可以相互印证。而行政级别中的"其他"极有可能是学历层级较低的聘用制公务员，这与高中及以下学历的公务员去职意向较高也可相互印证。

## 八    公务员去职意向的系统差异

从表 6-1 的统计结果发现，系统变量的 P 值为 0.011，小于 0.05，表示公务员去职意向在不同系统之间存在显著差异。但是统计的结论是非公检法系统公务员的去职意向高于公检法系统，否定了 H9 的假设。结合本研究的走访发现公检法系统虽然有去职现象，但与调离该系统的公务员相比要少得多，这应引起管理部门的重视。

## 九    公务员去职意向的层级差异

从表 6-1 的统计结果发现，层级变量的 P 值为 0.000，小于 0.05，表示公务员去职意向在不同层级之间存在显著差异。通过图 6-7 的比较发现，不同层级间公务员去职意向差异明显，H10 的假设基本得到验证。中央机关的去职意向最高，县处级单位的公务员去职意向最低。原因可能是中央机关的公务员多属于重点高校的优秀毕业生，在激烈的公务员

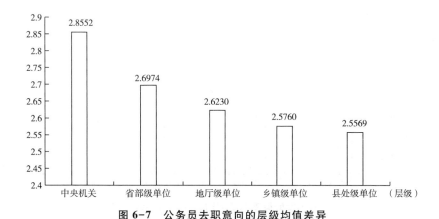

图 6-7　公务员去职意向的层级均值差异

考试竞争中脱颖而出，工作中对外联络的层次高，找到更好工作的机会较多，因此有更高的去职意向。这同样可以解释省部级单位的公务员去职意向排在第二位，地厅级单位的排在第三位的原因。为何乡镇级单位比县处级单位的去职意向高呢？根据本研究的访谈发现，乡镇级单位条件比较艰苦，尽管西部地区乡镇级单位每月有至少 500 元的补贴，但这早就和交通成本和家庭照顾成本抵消了，因此去职意向不是最低的。相比较而言，县城是一个收入和房价性价比最高（收入 5000 元左右，房价3000 元左右/平方米）、最适于生活的地方，本地户籍公务员非常稳定，因此县处级单位公务员去职意向最低。当然也有单位之间的差别，比如公安局和法院等压力大的单位也会有去职现象。外省户籍的公务员也会有去职现象。

## 十　公务员去职意向的工作时长差异

从表 6-1 的统计结果发现，工作时长变量的 P 值为 0.000，小于0.05，表示公务员去职意向在不同工作时长之间存在显著差异。如图 6-8所示，H12 的假设全部得到验证，即加班多的公务员的去职意向会增高。工作时长在 10 个小时及以上，公务员的去职意向明显。这有力解释了乡镇级单位、法院和公安等部门的公务员为何压力大，去职现象较多。从访谈中了解到，乡镇公务员吃住在单位，周末也要轮流值班；公安机关公务员

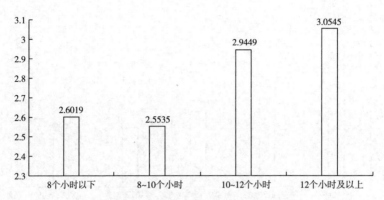

图 6-8 公务员去职意向的工作时长均值差异

手机保持 24 小时开机状态；法官人手少，案件多，有案必立，结案有比例要求。因此这三类公务员的加班会比较多，去职现象时有发生。

## 十一　公务员去职意向的婚姻状况差异

从表 6-1 的统计结果发现，婚姻状况变量的 P 值为 0.000，小于 0.05，表示公务员去职意向在不同婚姻状况之间存在显著差异。从图 6-9 的均值对比结果看，已婚的公务员是最稳定的群体，证实了"安居乐业"这个经典说法。未婚群体的去职意向高于已婚的公务员群体。而离婚或分居、丧偶的去职意向偏高，H13 假设得到了验证。本研究访谈中发现，婚姻不幸福，导致公务员想换一个新环境，逃离过去婚姻的阴影，这是其去职意向偏高的原因之一。

## 十二　公务员去职意向的有无孩子差异

从表 6-1 的统计结果发现，"有无孩子"变量的 P 值为 0.000，小于 0.05，表示公务员去职意向在有无孩子之间存在显著差异。无孩子的公务员的去职意向的均值为 2.6449，高于有孩子的公务员的去职意向的均值 2.6235，H14 假设得到全部验证。无孩子的公务员，多半还是单身，当然也可能结了婚没有孩子，流动起来方便。有了孩子，拖家带口，流动起来得全家搬迁，遇到的困难会大得多。

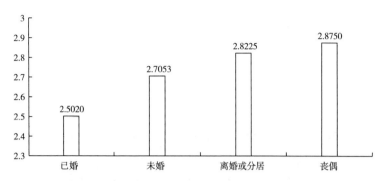

**图 6-9　公务员去职意向的婚姻状况均值差异**

## 十三　公务员去职意向的年收入差异

从表 6-1 的统计结果发现，年收入变量的 P 值为 0.000，小于 0.05，表示公务员去职意向在不同收入之间存在显著差异。如图 6-10 所示，年收入不同的公务员群体的去职意向从高到低的排序是：100001 元及以上 > 25000 元及以下 > 25001 ～ 35000 元 > 50001 ～ 60000 元 > 35001 ～ 50000 元 > 70001 ～ 80000 元 > 90001 ～ 100000 元 > 60001 ～ 70000 元 > 80001 ～ 90000 元，收入 100001 元以上的公务员的去职意向最高，这印证了行政级别为地厅级及以上的公务员的去职意向较高的结论。而年收入在 25000 元及以下公务员的去职意向也高，同样印证了高中及以下学历公务员去职意向高的结论。H15 假设部分得到验证，但是收入影响去职意向的趋势是两头高、中间低，也就是中间收入的公务员的去职意向相对较低和稳定。

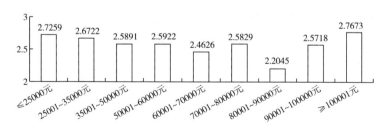

**图 6-10　公务员去职意向的年收入均值差异**

# 第三节 结论与启示

（1）经济越发达的地区，机会越多，公务员的去职意向会越高。经济落后的地区，可能因为条件艰苦和收入偏低，公务员的去职意向也会偏高。

（2）男性公务员的去职意向高于女性公务员，男性的去职管理要更加受到重视。

（3）51岁及以上年龄、21年及以上工龄、地厅级及以上（含巡视员）的公务员去职意向分别在年龄、工龄和行政级别中排在前列，这是本次调查的最大发现，打破了传统的"七年之痒"的说法。这说明现代社会，老当益壮，快要退休的群体的去职情况也应受到关注和重视。

（4）公务员中的共产党员最稳定，这为公考和选拔领导干部提供了参考视角。

（5）高中及以下学历和收入最低群体的去职意向高是因为这个群体在公务员队伍中收入低，对发展前景不看好。

（6）最高学历、地厅级和最高收入群体的公务员去职意向高，说明他们的共同特点是机会多、诱惑多，在哪里的发展前景都不错。这三类人才（可能有交叉）容易被挖走，在人才保留中应受到更多重视。

（7）不同层级间公务员去职意向差异显著，中央机关的公务员因机会多，去职意向最高；县处级单位的公务员因生活舒适而最稳定。

（8）加班越频繁、工作时间越长的公务员去职意向越高。因此减少加班或者制定加班轮休制是缓解公务员疲劳、降低去职意向的有效方法。

（9）已婚公务员和有孩子的公务员更稳定，未婚、无孩子或婚姻出现变化的公务员易去职。

（10）少数公务员的高收入不一定能使人员稳定，但普遍较高的收入一定会促进公务员队伍的稳定。

# 第七章　结构化变量的调节效应检验

## 第一节　结构化变量的两类调节效应及假设

Price-Mueller 离职模型建立在北美著名心理学家和行为科学家维克托·弗鲁姆的期望理论（Expectancy Theory）之上。该理论又被称作"效价-手段-期望理论"，这种需要与目标之间的关系用公式"激励力＝期望值×效价"来表示。Price-Mueller 离职模型假设职员带着一定的期望和价值观进入组织，其中期望是指雇员对组织特征所持有的看法，而价值观是对这些特征偏好的程度。期望和价值观在职员进入组织之前就存在。如果这些期望和价值观在职员进入组织后能够得到满足的话，职员就会感到满意并对组织有较强的依附感，因而会保持组织成员的身份。在 Price-Mueller 离职模型中，雇员期望的工作条件被称为"结构化变量"，与其对应的有相应价值观。本章将对两类变量之间的调节效应（Moderating Effects）进行检验。

第一类调节效应，即某个结构化变量对工作满意度和组织承诺的影响将会受到个体对某个结构化变量价值观的调节作用。[①] 例如，虽然某位公务员的工作自主权得分很低，但是该公务员可能认为工作自主权对他来说并不重要，所以工作自主权对去职意向的影响就不显著。结构化变量共有 15 个，其中，有两个结构化变量（配偶支持和朋友支持）因为价值观与其匹配不理想，因此没有用来检验调节效应。我们检验的结构化变量共有 13 个，与之对应的有 13 个价值观（见表 7-1）。

---

① Porter, L. W., Steers, R. M., Mowday, R. T., Boulian, P. V., "Organizational Commitment, Job Satisfaction, and Turnover among Psychiatric Technicians," *Journal of Applied Psychology* 59 (1974): 603-609.

表 7-1　结构化变量与价值观的对应

| 序号 | 结构化变量 | 对应的价值观 |
| --- | --- | --- |
| 1 | 工作自主权 | 自主地工作 |
| 2 | 分配公平性 | 得到公正的回报 |
| 3 | 过程公平性 | 公平的规章制度 |
| 4 | 资源匮乏 | 有足够用来干工作的资源 |
| 5 | 角色模糊 | 明确的工作职责 |
| 6 | 角色冲突 | 没有相互冲突的工作要求 |
| 7 | 工作负荷 | 工作负荷适当 |
| 8 | 职业成长机会 | 有增长知识和技能等资历的机会 |
| 9 | 晋升机会 | 得到职位上的晋升 |
| 10 | 工作单调性 | 内容丰富的工作 |
| 11 | 上司支持 | 顶头上司对工作的支持 |
| 12 | 同事支持 | 同事对工作的支持 |
| 13 | 薪酬 | 得到的收入高（包括工资、奖金、福利和其他所有物质收益） |

对这一调节作用的考察是非常重要的，因为不同的价值观反映了个体不同的需求，而不同需求的个体可能有不同的去职意向的决定量。[①] 具体的研究假设如下。

H1：结构化变量对工作满意度、组织承诺和去职意向的影响会受到个体对某个结构化变量价值观的调节作用的影响。越看重结构化变量对应价值观变量的个体，结构化变量和工作满意度、组织承诺和去职意向之间的相关性会越显著。

第二类交互效应存在于 3 个结构化变量之间，即存在于工作自主权、工作压力和内部社会支持（上司支持和同事支持）之间。模型假定工作压力大会直接影响工作满意度和组织承诺，但是较高的工作自主权和良好的内部社会支持可能会缓冲工作压力对工作满意度、组织承诺的影响。[②] 例如，工作压力较大的公务员会因为对工作有较大的决策权和来自上司或同事较强的支持而不会对工作产生不满，也不会对组织的依附感

---

① 张勉：《企业雇员离职意向模型的研究与应用》，清华大学出版社，2006，第118页。

② Kim, S. W., Price, J. L., Mueller, C. W., Watson, T. W., "The Determinants of Career Intent among Physicians at a U. S. Air Force Hospital," *Human Relations* 7 (1996): 947-976.

下降。具体的假设如下。

H2a：公务员工作压力的 4 个维度对工作满意度和组织承诺的影响会受到工作自主权的调节作用的影响。比较而言，工作自主权较低的个体的工作压力对其工作满意度和组织承诺的负向影响会显著高于工作自主权较高的个体。

H2b：公务员工作压力的 4 个维度对工作满意度和组织承诺的影响会受到内部社会支持（上司支持和同事支持）的调节作用的影响。比较而言，社会支持较低的个体的工作压力对其工作满意度和组织承诺的负向影响会显著高于社会支持较高的个体。

## 第二节　度量与方法

本章采用的分析数据与第五章的一样，这里不再赘述。调节效应中涉及对结构化变量的价值观的测量。在"公务员生活质量调查问卷"中对应的是第 8 个题目"以下是一项工作可能提供的不同机会，您觉得它们对您的重要程度如何？"（详见附录三）被调查的公务员在"非常不重要＝1 分""不重要＝2 分""比较重要＝3 分""重要＝4 分""非常重要＝5 分"5 级量度之间做出选择。例如与"工作自主权"对应的价值观是"自主地工作"，如果被调查的公务员选择的是"重要"，则"工作自主权"的价值观得分是 4 分。

对于只有单一测量项目的变量，笔者采用单一测量项目的值；对于有多测量项目的变量，本研究采用的是多测量项目的均值；对于多测量项目的信度和效度，在第五章中进行了考察和汇报，此处不再赘述。

在分析方法方面，笔者采用普通最小平方和回归方法（OLS）对调节作用进行分析。我们主要是采用 SPSS 分析软件进行数据分析。具体来说，我们先将组成交互项的变量减去变量的平均值，以使变量的分布从围绕均值的分布转换成围绕 0 的分布，然后用转换后的变量计算交互项，发现 OLS 回归结果中不存在严重的共线性问题。在所涉及的交互项回归模型中，交互项最大的方差膨胀因子 VIF 也不超过 1.5。[①]

---

① 张勉：《企业雇员离职意向模型的研究与应用》，清华大学出版社，2006，第 119~120 页。

# 第三节 结果分析

## 一 价值观的调节作用分析

表 7-2 中笔者将工作满意度、组织承诺和去职意向作为结果变量，分别检验价值观与工作自主权、分配公平性、过程公平性、角色模糊、角色冲突、工作负荷、资源匮乏、薪酬、职业成长机会、晋升机会、工作单调性、上司支持、同事支持的交互效应。在 OLS 回归模型中，考虑到文章篇幅以及聚焦模型的交互作用，因此，在表格中将其他变量删除，每次只引入一个交互项进入模型中，具体结果如表 7-2 所示。

从表 7-2 中我们可以看出，一是价值观能够调节工作自主权、分配公平性、过程公平性、工作负荷、资源匮乏、职业成长机会、工作单调性、上司支持和同事支持对工作满意度的影响，效果显著；但价值观对角色模糊、角色冲突、薪酬和晋升机会的调节作用在工作满意度这个因变量上不显著。二是价值观在工作自主权、分配公平性、过程公平性、角色冲突、工作负荷、资源匮乏、职业成长机会、晋升机会、工作单调性、上司支持和同事支持对组织承诺的影响过程中发挥显著调节作用；但对角色模糊和薪酬的调节作用在组织承诺这个因变量上不显著。三是价值观能够调节工作自主权、分配公平性、过程公平性、角色模糊、角色冲突、工作负荷、资源匮乏、职业成长机会、晋升机会、工作单调性、上司支持对去职意向的影响，并且效果显著；但是对薪酬和同事支持的调节作用不显著。

表 7-2 第一类调节效应结果

| 交互效应项 | 工作满意度 | 组织承诺 | 去职意向 |
|---|---|---|---|
| 价值观×工作自主权 | 0.109 *** （0.016） | 0.194 *** （0.015） | -0.150 *** （0.014） |
| 价值观×分配公平性 | 0.131 *** （0.015） | 0.177 *** （0.014） | -0.202 *** （0.013） |
| 价值观×过程公平性 | 0.206 *** （0.017） | 0.142 *** （0.016） | -0.193 *** （0.015） |
| 价值观×角色模糊 | -0.023 （0.017） | -0.047 （0.016） | 0.044 * （0.015） |
| 价值观×角色冲突 | -0.038 （0.015） | -0.106 *** （0.014） | 0.128 *** （0.013） |

续表

| 交互效应项 | 工作满意度 | 组织承诺 | 去职意向 |
|---|---|---|---|
| 价值观×工作负荷 | −0.065 ** （0.016） | −0.216 *** （0.014） | 0.178 *** （0.014） |
| 价值观×资源匮乏 | −0.093 *** （0.016） | −0.220 *** （0.014） | 0.207 *** （0.014） |
| 价值观×薪酬 | −0.017 （0.018） | −0.021 （0.017） | 0.019 （0.016） |
| 价值观×职业成长机会 | 0.223 *** （0.017） | 0.185 *** （0.016） | −0.249 *** （0.015） |
| 价值观×晋升机会 | 0.030 （0.016） | 0.194 *** （0.014） | −0.196 *** （0.014） |
| 价值观×工作单调性 | −0.097 *** （0.014） | −0.106 *** （0.013） | 0.069 ** （0.013） |
| 价值观×上司支持 | 0.211 *** （0.016） | 0.131 *** （0.015） | −0.134 *** （0.015） |
| 价值观×同事支持 | 0.100 *** （0.016） | −0.091 *** （0.015） | 0.023 （0.014） |

注：数值为偏回归系数，括号内数值为标准误差，***、**、* 分别代表在 0.001、0.01 和 0.05 水平上显著。

第一类调节效应的假设验证如下。

（1）结构化变量工作自主权、分配公平性、过程公平性、工作负荷、资源匮乏、职业成长机会、工作单调性和上司支持对工作满意度、组织承诺和去职意向的影响会受到其对应的价值观的调节作用的影响，且在统计学意义上显著。这 8 个结构化变量的假设得到完全验证。也就是说，公务员越看重工作自主权、分配公平性、过程公平性、工作负荷、资源匮乏性、职业成长机会、工作单调性和上司支持对应的价值观，这 8 个结构化变量与工作满意度、组织承诺、去职意向之间的相关性会越显著。这个检验结果优于张勉的结果，他对 IT 行业的数据分析结果表明仅有分配公平性对工作满意度、组织承诺、去职意向 3 个因变量的调节作用显著。本研究的结果发展了张勉的研究，并对公务员去职管理有一定价值。

（2）结构化变量角色冲突和晋升机会对组织承诺和去职意向的影响会受到个体对应的价值观的调节作用的影响，且在统计学意义上显著。这两个结构化变量的假设得到部分验证。也就是说，公务员越看重角色冲突和晋升机会对应的价值观，这两个结构化变量与组织承诺、去职意向之间的相关性会越显著。

（3）角色模糊对去职意向的影响会受到个体对应的价值观的调节作

用的影响，且在统计学意义上显著。角色模糊的假设部分得到验证。

（4）同事支持对工作满意度和组织承诺的影响受到个体对应的价值观的调节作用的影响，且在统计学意义上显著。结合第五章的分析结果，即同事支持有助于降低公务员去职意向，因此价值观对同事支持在工作满意度上的正向调节作用是显著的，且价值观对同事支持在组织承诺上的负向调节作用也是显著的。同事支持的假设得到验证，但也存在一些争议。

（5）薪酬对工作满意度、组织承诺和去职意向的影响会受到其对应的价值观的调节作用的影响，且在统计学意义上不显著，假设没有得到验证。这说明薪酬对工作满意度和去职意向的影响是不稳定的，但是对分配公平性的影响却是非常稳定的，要将两者结合起来分析收入对去职意向的影响。

## 二 工作自主权和内部社会支持对工作压力的调节作用分析

为了考察第二类交互项，我们将工作满意度、组织承诺和去职意向设定为因变量，分别将多组交互项逐一进行 OLS 回归。这里特别说明的是，工作压力的 4 个变量和社会支持的 4 个变量不存在对去职意向的直接影响路径，因此忽略该内生变量的第二类交互效应。

（一）对工作满意度的影响变化

从表 7-3 中可以看出，只有工作负荷×工作自主权、工作负荷×同事支持、资源匮乏×同事支持 3 组交互项表现出统计学意义上的显著性。

（1）工作自主权在工作负荷对工作满意度的影响中具有正向调节作用。当工作负荷单独对工作满意度发生影响时，其直接效果和总体效果为显著负向（-0.149）；在工作自主权的调节作用下，工作负荷对工作满意度的影响变为显著正向（0.057）。这说明工作任务太多，负荷太重，会降低公务员的工作满意度，但是如果公务员有较高的工作自主权，繁重的工作负荷并不会降低其工作满意度，反而会提高其工作满意度。H2a 部分得到验证。

（2）同事支持在工作负荷对工作满意度的影响中具有显著调节作用。当工作负荷单独对工作满意度发生影响时，其直接效果和总体效果为显著负向（-0.149）；在同事支持的调节作用下，工作负荷对工作满意度的影响虽然仍是负向，但影响值大大降低（-0.050）。这说明同事支持度高时，尽管工作负荷同样繁重，但其对工作满意度的负向影响将大大降低。H2b 部分得到验证。

（3）同事支持在资源匮乏对工作满意度的影响中具有显著调节作用。当资源匮乏单独对工作满意度发生影响时，其直接效果和总体效果为显著负向（-0.207）；但是，在同事支持的调节下，资源匮乏对工作满意度的影响虽然仍是负向，但影响值大大降低（-0.083）。这说明同事支持可以降低资源匮乏在工作中带来的工作不满意感。H2b 部分得到验证。

（4）其他交互效应项的调节作用不显著，说明相应交互项的假设没有得到验证。

（二）对组织承诺的影响变化

（1）从表 7-3 可以看出工作自主权对工作压力的 4 个维度的调节作用均不显著，说明 H2a 的相应假设没有得到验证。

（2）除了角色冲突对组织承诺不存在直接影响路径外，内部社会支持的两个变量对公务员工作压力的其中 3 个维度的调节作用均在 0.001 水平上显著，说明角色模糊×上司支持、工作负荷×上司支持、资源匮乏×上司支持、角色模糊×同事支持、工作负荷×同事支持、资源匮乏×同事支持 6 条调节路径对组织承诺的影响显著，上司支持和同事支持有助于削弱公务员工作压力的其中 3 个维度对组织承诺的影响程度。H2b 的相关假设得到部分验证。

表 7-3　第二类调节效应结果

| 交互效应项 | 工作满意度 | 组织承诺 |
| --- | --- | --- |
| 角色模糊×工作自主权 | 0.008（0.022） | 0.000（0.020） |
| 角色冲突×工作自主权 | 0.020（0.015） | 0.021（0.014） |
| 工作负荷×工作自主权 | 0.057 ** （0.015） | 0.000（0.014） |
| 资源匮乏×工作自主权 | -0.022（0.022） | -0.013（0.014） |
| 角色模糊×上司支持 | -0.034（0.016） | -0.111 *** （0.020） |
| 角色冲突×上司支持 | -0.065（0.016） | — |

| 交互效应项 | 工作满意度 | 组织承诺 |
|---|---|---|
| 工作负荷×上司支持 | −0.028 （0.015） | −0.098*** （0.014） |
| 资源匮乏×上司支持 | 0.001 （0.015） | −0.084*** （0.014） |
| 角色模糊×同事支持 | −0.026 （0.020） | −0.118*** （0.019） |
| 角色冲突×同事支持 | −0.042 （0.016） | — |
| 工作负荷×同事支持 | −0.050* （0.016） | −0.122*** （0.015） |
| 资源匮乏×同事支持 | −0.083*** （0.016） | −0.161*** （0.015） |

注：数值为偏回归系数，括号内数值为标准误差，***、**、*分别代表在0.001、0.01和0.05水平上显著。

## 三 小结

本章检验了两类调节效应，结论如下。

1. 价值观的调节作用

（1）结构化变量工作自主权、分配公平性、过程公平性、工作负荷、资源匮乏、职业成长机会、工作单调性和上司支持对工作满意度、组织承诺和去职意向的影响会受到其对应的价值观的调节作用的影响，且在统计学意义上显著。

（2）价值观在薪酬对工作满意度、组织承诺和去职意向的影响中的调节作用在统计学意义上不显著。

2. 工作自主权和内部社会支持对工作压力的调节作用

（1）工作自主权在工作负荷对工作满意度的影响中具有正向调节作用。

（2）同事支持在工作负荷对工作满意度的影响中具有显著调节作用。

（3）同事支持在资源匮乏对工作满意度的影响中具有显著调节作用。

（4）工作自主权在工作压力的4个维度对组织承诺的影响中的调节作用均不显著。

（5）内部社会支持的两个变量（上司支持和同事支持）在公务员压力的其中3个维度对组织承诺的影响中的调节作用均在0.001水平上显著。

# 第八章　研究发现与讨论

## 第一节　对在职公务员去职意向影响
因素的发现与讨论

### 一　环境变量

环境变量中中介变量均不发挥作用，直接效果对公务员的去职意向起决定性作用。

（1）机会对去职意向的影响为显著正向影响，工作寻找行为没有发挥中介作用。这与 Steel 和 Griffeth 通过实证研究发现机会和去职显著正相关是一致的;[①]与张勉对中国企业调查的结论"直接效果为负（-0.03），间接效果为正（0.03，显著），总体效果为0"不太一样。这说明在当前较好的环境下，部分猎头公司挖公务员单位墙脚起了作用，少数公务员面对机会时，会把去职意向变为去职行为。

（2）亲属责任对去职意向的影响为显著负向影响，工作寻找行为的中介路径效果虽然也为显著负向影响，但是小于直接路径效果，因此可以认为，中介变量没有发挥作用。这个结果与美国学者的早期研究女性的结论"呈正向影响"不同;与 Price 和 Mueller 以男性为研究对象的结论"亲属责任会减少而非增加工作寻找行为和去职意向"[②]是一致的。为

---

① Steel, R. P., Griffeth, R. W., "The Elusive Relationship Between Perceived Employment Opportunity and Turnover Behavior: A Methodological or Conceptual Artifact?" *Journal of Applied Psychology* 74（1989）: 846–885.

② Price, J. L., Mueller, C. W., *Handbook of Organizational Measurement*（Scranton, PA: Harper Collins, 1986）.

了观察亲属责任对公务员去职意向的影响是否在性别上存在差异，我们专门在模型中进行了验证（见表8-1），发现男性和女性公务员的影响效果值都是负向，但是女性公务员的亲属责任比男性更加显著，影响值也更大。这个验证结果符合中国国情，家庭责任感强的女性更不易产生去职意向。张勉对企业调查的结果为负向（-0.03），但是不显著。[①] 而我们对公务员的调查结果不仅显著，绝对值也较大，说明在中国，公务员成家立业的观念还是很重的，家庭责任感越强，越不会轻易去职。

表 8-1　亲属责任对去职意向影响的性别比较

| 变量 | 效应名称 | 总体 | 男性 | 女性 |
|---|---|---|---|---|
| 亲属责任 | 总体效果 | -0.101*** | -0.083** | -0.135*** |
| | 直接效果 | -0.090*** | -0.071** | -0.126*** |
| | 间接效果 | -0.011* | -0.012 | -0.009 |

注：***、**、*分别代表在0.001、0.01和0.05水平上显著。

（3）政治经济形势和转换成本对去职意向影响的绝对值较大，分别为0.401和-0.221。政治经济形势对去职意向的影响为显著正向影响，说明政治环境越严格，对此不适应的公务员越会产生去职意向；经济环境越鼓励创业创新，部分公务员越蠢蠢欲动。转换成本对去职意向的影响为显著负向影响，说明转换成本越大，公务员越会放弃去职的想法，这与张勉的研究结论相同。在去职管理中这两个变量都值得重视。

## 二　个体变量

（1）个体变量中的一般培训、退出倾向、工作参与度、积极情感、消极情感和公共服务动机对去职意向的影响均存在显著直接效果和间接效果，但是直接效果的绝对值大于间接效果的绝对值，说明中介变量没有发挥作用。

①一般培训对去职意向影响的直接效果显著，β值为0.047，总体效果值为0.072，说明与单位专门进行的业务等培训不同，个人提高学历等

---

① 张勉：《企业雇员离职意向模型的研究与应用》，清华大学出版社，2006，第102页。

一般培训会使公务员产生去职意向。

②退出倾向对去职意向的影响为显著正向影响，总体效果值（0.389）、直接效果值（0.297）大于间接效果值（0.092），中介变量没有发挥作用。退出倾向强的公务员显然会更加容易产生去职意向。这与张勉的研究结果一致。

③工作参与度对去职意向的影响为显著负向影响，总体效果值为-0.198，说明工作参与度高的公务员去职意向较低。同时，工作参与度是保证工作效率的基础，营造良好的工作氛围和工作环境、提升工作能力等都会提升公务员的工作参与度，从而增强其组织承诺，避免由此引发的去职现象。

④公共服务动机对去职意向的影响为显著负向影响，直接效果(-0.061)的绝对值大于间接效果（-0.038）的绝对值，说明中介变量不发挥作用，但总体效果值为-0.099，影响显著。Dong 等学者指出，公共服务动机有助于降低公职人员的离职倾向，一方面公共服务动机对去职意向具有显著的负向影响；另一方面，公共服务动机可以削弱工作负荷对离职倾向的正向影响[①]。公共服务动机的总体效果值（-0.099）证实了 Dong 等学者的第一个判断，即"公共服务动机对去职意向具有显著的负向影响"。而如表 8-2 所示，公共服务动机可以削弱工作负荷和角色冲突对去职意向的正向影响，证实了 Dong 等学者的第二个判断。同时，公共服务动机可以调节角色模糊和资源匮乏对去职意向的影响，方向为显著负向。这说明公务员具有较好的公共服务动机不但有助于降低去职意向，而且还可以调节工作压力对去职意向的正向影响。

表 8-2　公共服务动机在工作压力影响去职意向中的调节作用

| 交互效应项 | 去职意向 | $R^2$ |
| --- | --- | --- |
| 公共服务动机×工作负荷 | 0.134*** （0.015） | 0.017 |
| 公共服务动机×角色冲突 | 0.083*** （0.013） | 0.006 |

---

① Dong, C.S., Hyun, H.P., Tae, H.E., "Street-Level Bureaucrats, Turnover Intention: Does Public Service Motivation Matter?" *International Review of Administrative Sciences* 83 (2017): 563-582.

续表

| 交互效应项 | 去职意向 | $R^2$ |
|---|---|---|
| 公共服务动机×角色模糊 | $-0.282^{***}$（0.006） | 0.079 |
| 公共服务动机×资源匮乏 | $-0.278^{***}$（0.005） | 0.077 |

⑤积极情感对去职意向的影响为显著负向影响（-0.221），而消极情感对去职意向的影响为显著正向影响（0.083）。这说明公务员的情感处于积极状态时，去职意向会降低，而公务员的情感处于消极状态时，去职意向会增加。这与 Steel 和 Griffeth 的[1] "去职的产生可能源自多种因素，其中员工的消极情感可能会引起员工的不满，从而产生离职的想法"的研究结论一致；与张勉的研究结论也一致。

（2）关系对去职意向的影响为显著负向影响。其直接效果(-0.048)的绝对值略小于间接效果（-0.051）的绝对值，中介变量发挥作用，中介变量工作满意度和工作寻找行为应当受到重视。其总体效果值为-0.099，说明关系越好，公务员的去职意向越低。这与我们的最初假设一致，与张勉引入这一变量的最初假设也一致。关系变量是一个具有中国特色的变量，值得管理部门重视。中国各地的"关系"对公务员的"去职意向"的影响是否存在不同，需要进一步验证。我们根据个体变量模型比较不同地区"关系"对去职意向的效果值（见表8-3），发现云南、上海和广东的影响不显著；湖南和北京的直接效果特别显著（P<0.001），直接效果的绝对值大于间接效果的绝对值，中介不发挥作用；而山东（P<0.01）和全国（P<0.001）的间接效果显著，且大于直接效果，工作满意度和工作寻找行为两个中介变量起到中介作用。因此，本研究的结论是"关系"在不同省区对"去职意向"的影响是不同的，要正确对待"关系"问题的处理。

---

[1] Steel, R. P., Griffeth, R. W., "The Elusive Relationship Between Perceived Employment Opportunity and Turnover Behavior: A Methodological or Conceptual Artifact?" *Journal of Applied Psychology* 74 (1989): 846-885.

表 8-3　不同地区"关系"对去职意向的效果值比较

| 地点 | 总体效果 | 直接效果 | 间接效果 |
|------|---------|---------|---------|
| 云南 | 0.007 | 0.015 | -0.008 |
| 上海 | -0.037 | -0.032 | -0.005 |
| 湖南 | -0.210 | -0.198 *** | -0.012 |
| 山东 | -0.062 | -0.015 | -0.047 ** |
| 北京 | -0.247 | -0.152 *** | -0.095 *** |
| 广东 | -0.215 | -0.129 | -0.086 |
| 全国 | -0.099 | -0.048 ** | -0.051 *** |

注：*** 、** 、* 分别代表在 0.001、0.01 和 0.05 水平上显著。

## 三　结构化变量

*1. 结构化变量中存在三类情况（研究发现）*

第一类是完全中介效应，包括工作自主权、分配公平性、薪酬、晋升制度、工作单调性、工作压力的 4 个变量和社会支持的 4 个变量，它们对去职意向的影响完全取决于间接效果，中介变量发挥完全作用；第二类是过程公平性、绩效考核、晋升机会和职业成长机会 4 个结构化变量对去职意向的影响，既存在直接显著影响，也存在间接显著影响，但是由于直接效果的绝对值大于间接效果的绝对值，因此中介变量不发挥作用；第三类是总体效果的绝对值大于 0.10 的结构化变量应该在管理中突出权重，它们是过程公平性、绩效考核、晋升机会、职业成长机会、角色冲突、工作负荷、资源匮乏和上司支持 8 个变量。

*2. 关于薪酬讨论*

对在职公务员的问卷调查发现，薪酬会直接影响组织承诺，β 值为 0.046，其影响为显著正向影响。这说明薪酬越高，公务员的组织承诺越强。薪酬也会影响工作寻找行为，直接效果值为-0.063，"薪酬→组织承诺→工作寻找行为"的间接效果值为-0.011，总体效果值为-0.074，直接效果的绝对值大于间接效果的绝对值，中介变量不发挥作用，薪酬对工作寻找行为的影响主要是直接负向影响，即薪酬越高，越不可能去寻找工作，与原假设一致。

对已去职的公务员的调查发现，"薪酬"（包含工资、福利、待遇等）是出现频率最高的关键词。对原来工作的整体评价中，薪酬满意度最低；离职原因中"薪酬"排第一位；离职后的主要去向是私企和自己创业，可以认为是奔着高收入去的；对原工作最不喜欢的一点是"薪酬偏低（分配不公平）"；在对政府部门改进人力资源管理的建议中，"改善薪酬（待遇、工资、福利、收入）"排第一位。这说明随着市场经济的发展，公务员薪酬的"保健"功能出现了问题，需要进行适时调整。2016 年的公务员调薪举措证明了这一点，2017 年以后，公务员去职现象大大减少了，随之而来的是公务员考录比例的回升。

"薪酬"对"去职意向"的间接效果为显著负向，薪酬对去职意向影响的原假设路径是"薪酬→工作满意度→工作寻找行为→去职意向"，修正后的路径为："薪酬→工作寻找行为（-0.06）→去职意向（0.17）= -0.06 × 0.17 ≈ -0.010""薪酬→组织承诺（0.05）→工作寻找行为（-0.23）→去职意向（0.17）= 0.05 × （-0.23）× 0.17 ≈ -0.002""薪酬→组织承诺（0.05）→去职意向（-0.24）= 0.05 × （-0.24）= -0.012"，因此薪酬对去职意向间接影响的效果值为：（-0.010）+（-0.002）+（-0.012）= -0.024，即 3 条间接路径之和。内生变量"工作满意度"在"薪酬"对"去职意向"的间接影响中不发挥中介作用，但是组织承诺和工作寻找行为在其间接效果中发挥中介作用，这值得重视。薪酬对去职意向的影响为显著间接负向影响，说明薪酬越高，去职意向越低。加薪有助于降低去职意向和去职行为。本研究发现加薪不一定会带来公务员对工作满意度（这条路径因为不显著而删除）的提升，但是一定会强化公务员对组织的承诺。

另外，薪酬与分配公平性对去职意向影响的方式和路径基本一致（在分配公平性测试中多了工作满意度的中介路径），分配公平性对去职意向的影响为显著间接负向影响，β 值为 -0.078，间接效果的绝对值大于薪酬的值，如果把两个因素结合起来分析它们对去职意向的影响，则更加有意义，也就是说，要降低去职意向和减少去职行为，除了加薪，还要更加关注分配的公平性。这与赫茨伯格的双因素理论和亚当斯的公平理论的结果趋于一致，即薪酬和分配公平性是保健因素，其对去职意向的影响主要是间接影响。

3. 关于晋升机会的讨论

与薪酬和分配公平性不一样的是，晋升机会是双因素理论中的激励因素，它对去职意向的影响应该是直接的，实证结果证实了这一判断。晋升机会的直接效果值为-0.102，间接效果值为-0.014，总体效果值为-0.116，但是直接效果的绝对值大于间接效果的绝对值，因此可以认为中介变量没有发挥作用，晋升机会对去职意向的影响为显著直接影响，晋升机会越多，去职意向越低，反之亦然。

在对已去职公务员的调查中发现，"晋升"是仅次于"薪酬"出现的高频词，排第二或第三位。在对公务员职业的总体评价中，晋升机会的满意度排倒数第二位。离职原因中，"工作期望"排倒数第三位。"晋升慢"成为已去职公务员对原单位最不满意的第二位因素。在对政府部门改进人力资源管理的建议中，"晋升"排在第三位。

晋升是对公务员最长久的激励方式。同时，要关注"过程公平性"和"晋升机会"对"去职意向"的协同影响。从表5-28中可以看出，过程公平性对去职意向的影响路径与方向与晋升机会高度一致，有直接效果和间接效果，但中介变量都不发挥作用，主要取决于直接效果。因此，只有把晋升机会与过程公平性有机结合起来，才能发挥其降低去职意向的综合作用，即机会给谁主要取决于在过程上是否公平，过程公平性不会带来负面影响和去职意向的产生，但过程不公平，晋升机会给了谁都可能会带来不满。与晋升机会相比，过程公平性不仅能带来更高的工作满意度，还能强化公务员对组织的较高承诺度。

要关注晋升制度与晋升机会的关系。晋升机会有利于提高工作满意度，而良好的晋升制度更有利于强化公务员对组织的承诺，晋升机会的瓶颈问题会使公务员对工作产生不满，从而产生去职意向，或者直接产生去职行为。而晋升制度主要是通过组织承诺和工作寻找行为的中介作用影响去职意向。良好的晋升制度有利于减少去职意向和去职行为。

总之，晋升机会是否会导致公务员对工作产生不满进而产生去职意向，一定程度上取决于公务员管理是否有过程公平的晋升制度。

4. 关于绩效考核的讨论

绩效考核是公务员管理的重点和难点，它是公务员奖惩、绩效工资发放和晋升的前提和基础，也是分配制度和晋升制度是否公平的裁判。之前对绩效考核的研究很多，但少见检验绩效考核对去职意向影响的研究，本研究基于绩效考核不公平会影响公务员的工作满意度和对组织的承诺，从而产生去职意向的假设，将其引入 Price-Mueller 离职模型中。数据分析的结果显示，绩效考核的直接效果值为 -0.097，间接效果值为 -0.028，总体效果值为 -0.125，直接效果的绝对值大于间接效果的绝对值，中介变量不发挥作用，但总体效果呈显著负向。绩效考核的结果越客观公平，公务员的去职意向越低，反之亦然。绩效考核的指标设计及考核结果的公平性应该受到更多关注和重视。

5. 关于工作单调性的讨论

验证结果表明，工作单调性对去职意向的影响主要是间接影响，β 值为 0.066，为显著正向影响，即工作越单调，公务员去职意向越高，反之亦然。泰勒的科学实验证明通过改善技术会提高工人的工作效率，从而为工人和工厂带来更可观的收入和利润，但对公务员这个百里挑一的优秀群体而言，他们的选择会更多，自我实现的愿望更强，因此，过于重复和平淡单调的工作会导致他们产生去职意向和去职行为，这点在对已去职的公务员行为的分析中已得到印证。

6. 关于社会支持和工作压力的讨论

社会支持的 4 个变量和工作压力的 4 个变量均通过中介变量对公务员去职意向产生影响。社会支持的 4 个变量对去职意向的影响为显著负向影响，即社会支持越强，去职意向越低。这与 Sarason[1] 等的"社会支持是影响员工离职的重要影响因素甚至是关键性因素"的研究结论基本一致。

工作压力的 4 个变量对去职意向的影响为显著正向影响，即工作压力越大，去职意向越高。这与 Collins[2] 和 Sanders[3] 的研究结果"工作压

[1] Sarason, I. G., Levine, H. M., Basham, R. B., "Social Support Quastionaire," *Journal of Personality and Social Psychology* 44 (1983): 127-139.

[2] Collins, K. M., "Stress and Departures from Profession: A Study of Gender Differences," *Accounting Horizons* 7 (1993): 29-38.

[3] Sanders, J. C., "Stress and Stress Management in Public Acounting," *CPA Journal* 8 (1995): 46-49.

力过高会导致相应的员工的去职意向增加"一致；与马爽等[1]的研究结论也一致。

7. 关于总体效果绝对值大于 0.10 的结构化变量的讨论

这些结构化变量是过程公平性、绩效考核、晋升机会、职业成长机会、角色冲突、工作负荷、资源匮乏和上司支持。这些结构化变量的特点是突出管理中的考核、晋升、职业发展、工作压力、社会支持及过程公平性 6 个方面，这 6 个方面都是非常重要的激励因素，应该在管理中突出权重。

8. 关于公务员去职模型的讨论

对于公务员去职模型，我们最初的设想是以 Price-Mueller 离职模型为基础，参考张勉修订的 Price-Mueller 离职模型，再增加具有我国公务员特色的变量，形成公务员去职的 Price-Mueller 离职大模型，并用 AMOS 画图工具画出模型图进行分析，但是由于变量涉及太多，模型图中自变量的相关性弧线已经变成了鸟巢，模型的拟合系数达不到标准，数据与模型不匹配。因此本研究根据与专家的交流结果，放弃大模型分析的想法，采用 4 个模型方案，即第五章中的环境变量模型、个体变量模型、结构化变量（不含社会支持和工作压力）模型、社会支持和工作压力模型，经过修正后，每一个模型的拟合系数都达到要求，模型与数据的匹配比较好。本研究在去职模型构建方面借鉴并发展了 Price-Mueller 离职模型和张勉的修订模型，形成了较为成熟的公务员去职模型群（4 个），可以为后续的公务员去职研究提供参考和借鉴。

## 第二节 关于两类调节效应的发现与讨论

### 一 关于价值观的调节作用的讨论

（1）结构化变量工作自主权、分配公平性、过程公平性、工作负荷、资源匮乏、职业成长机会、工作单调性和上司支持对工作满意度、组织

---

[1] 马爽、王晨曦、胡婧、张西超：《地税基层公务员工作压力与工作满意度、离职意向的关系：心理资本的调节作用》，《中国临床心理学杂志》2015 年第 2 期，第 326~329 页。

承诺和去职意向的影响会受到其对应的价值观的调节作用的影响，且在统计学意义上显著。这个结果与张勉①对企业的分析结论相比更加显著。在张勉的研究中，仅有分配公平性对工作满意度、组织承诺和去职意向的影响会受到其对应的价值观的调节作用的影响，且在统计学意义上显著。这说明管理部门不仅要重视工作自主权、分配公平性、过程公平性、工作负荷、资源匮乏、职业成长机会、工作单调性和上司支持等结构化变量，而且还要重视与其相对应的价值观。

（2）价值观在薪酬对工作满意度、组织承诺和去职意向的影响中的调节作用在统计学意义上不显著。这个结论与张勉的结论一致。这说明价值观在薪酬对去职意向的影响中不存在调节作用，应另外关注如分配公平性等与薪酬关系密切的变量。

## 二　工作自主权和内部社会支持对工作压力的调节作用

工作自主权、上司支持和同事支持调节工作压力对工作满意度和组织承诺的影响作用属于第二类交互效应。与张勉只发现"上司支持调节工作负荷对工作满意度影响"的研究结论相比，我们对公务员数据的分析显然有更多发现：（1）工作自主权和同事支持在工作负荷对工作满意度的影响中具有显著调节作用；（2）同事支持在资源匮乏对工作满意度的影响中具有显著调节作用；（3）内部社会支持的两个变量（上司支持和同事支持）在公务员工作压力的 3 个维度对组织承诺的影响中的调节作用均在 0.001 水平上显著。对于第二类交互效应，我们应该更加重视内部社会支持的调节作用，降低工作压力对公务员工作满意度和组织承诺的影响。

## 第三节　去职意向差异性检验的发现与讨论

（1）经济越发达的地区，机会越多，公务员的去职意向会越高；经济落后的地区，可能因为条件艰苦和收入偏低，公务员的去职意向也会

---

① 张勉：《企业雇员离职意向模型的研究与应用》，清华大学出版社，2006，第 120~121 页。

偏高。同样是因为收入问题产生去职意向，经济发达地区的公务员只要自身的专业和能力过硬，去职换工作的机会比较多，收入也会在换工作中得到提高。而地处偏远、经济落后的乡镇，公务员的去职意向也会较高。比如本研究走访的云南省西双版纳州勐海县，由于处在与缅甸接壤的边境线上，条件非常艰苦，乡镇公务员去职的现象倒是不多，但往县城调动的情况比较多，乡镇公务员的流失比较严重。这也能很好地解释云南的两位县财政局的女性公务员为何不愿意被调到乡镇任职的现象。法院由于案件太多，法官太少，公务员的去职意向也很强，但是多半是调动到其他部门，流失也很严重。

（2）男性公务员的去职意向高于女性公务员，男性的去职管理要更加受到重视。这与公务员职业的稳定性有关，女性更倾向于选择这种稳定性较高的工作。而稳定性的另一种表达方式就是工作过于单调且没有挑战性，因此男性倾向于选择更有挑战性的工作，从而在没有发展空间时产生去职意向。

（3）在"年龄、工龄和行政级别"3个控制变量中，51岁及以上年龄、21年及以上工龄、地厅级及以上（含巡视员）公务员的去职意向的均值均排在前列。这是本次调查的最大发现，打破了传统的"七年之痒"的说法。这说明徐辉的结论"有7~8年工龄的青年公务员公共理想型职业价值取向最低而离职倾向最高，最易发生离职行为"[①] 值得商榷；也说明现代社会，老当益壮，快要退休的群体的去职情况也应受到关注和重视。

（4）公务员中的共产党员最稳定，这为公考和选拔领导干部提供了一个参考视角。中国共产党是中国工人阶级的先锋队，共产党员比较早地接受了党的理想和信念，听党的话，跟党走。而且多年的党性教育使得他们的服务意识更强，更愿意从事公共服务类工作，因此相对更稳定。

（5）"高中及以下学历"和"收入最低群体"的去职意向偏高。这两个控制变量的分类标准不一样，但是极有可能是同一类人群，因为在

---

① 徐辉：《青年公务员职业价值取向对离职倾向影响研究：基于不同工龄群体的回归方程解析》，《中国行政管理》2017年第1期，第34~38页。

公务员队伍中，新入职者基本都是本科学历及以上，高中学历的公务员是原来招录的，由于学历较低，其职业发展受到限制，收入可能偏低，因此对发展前景不看好，产生去职意向。

（6）"最高学历"、"地厅级及以上（含巡视员）"和"最高收入群体"的公务员去职意向高，说明他们的共同特点可能是机会多、诱惑多，在哪里的发展前景都不错。这三类人才（可能有交叉）容易被挖走，在人才保留中应受到更多重视。这个"三高"群体是有理想、有抱负的群体，他们想去职可能是想在生命中的后一段去做想做的事情，比如，辽宁省前教育厅副厅长曲建武在 2013 年坚持辞去副厅长职务，为的是想回大学做一名辅导员，经过努力，曲老师从一名副厅长成为一名全国优秀辅导员，成为"时代楷模"。因此，对这样的去职者，管理部门不应该限制，而要鼓励他们去实现自己的人生抱负，在不同的岗位上为实现中国梦贡献自己的力量。而那种认为登上高位不会辞官的看法还是封建社会"学而优则仕"思想的延续，就是在封建社会也有为了理想而放弃高官厚禄的人。

（7）不同层级间公务员去职意向差异明显，中央机关的公务员因机会多，去职意向最高；县处级单位的公务员因生活舒适而最稳定。乡镇等基层找工作不容易，由于就业机会不像大中城市那么多，因此去职意向相对较低，但是，我们前面提到过，乡镇公务员的流动率是非常高的，一有机会就往县城调动。县级城市目前是最适宜生活的地方，公务员的工资水平不低，房价、物价都不算高，生活压力不大。而越是省会城市或者北上广深的公务员，生活压力很大。因此有技术和特长的公务员面对更好的发展机会时，就会产生去职的想法。

（8）加班越频繁、加班时间越长的公务员去职意向越高。这个研究结论在已去职公务员的开放式调查中找到了答案，他们补充的去职原因中就有"工作太累，压力太大""五加二""白加黑""没有多少个人空间，生活质量低""之前经常加班，身体长期处于亚健康状态"等。因此减少加班或者制定加班轮休制是缓解公务员疲劳、降低去职意向的有效方法。

（9）已婚公务员和有孩子的公务员更稳定，未婚、无孩子或婚姻出现变化的公务员易去职。这条结论与在去职模型中对"亲属责任"的验证结果是一致的,管理对策就是要制定和实施合理的"家庭友好政策",帮助未婚公务员尽快成家,帮助分居的公务员解决分居问题,帮助公务员的孩子解决好入学问题等,从而降低未婚和"无孩子"群体的去职比例。

(10)对于薪酬而言,中间档次收入的公务员群体最稳定。这说明人事部门应该依法定期(3~5年)进行公务员工资调查,普遍调整公务员的薪酬,从而达到稳定公务员队伍的目的。2002年前后出现公务员去职的一个"高峰",2006年普遍提薪后,"去职热"马上降温。2014年前后出现了公务员去职的又一个"高峰",2016年普遍加薪后,"去职热"马上降温。这说明收入较高的公务员不一定稳定,但普遍较高的收入一定会带来公务员队伍的稳定。

# 第九章　畅通公务员流动的渠道
# 与保留公务员的策略

## 第一节　畅通公务员流动的渠道

公务员去职（辞去公职）作为公务员管理的重要环节，是畅通公务员"出口"的方式之一。公务员辞去公职制度对优化公务员队伍和提高政府工作效率具有十分积极的意义。一定比例的公务员的合理流动符合人力资源合理配置和人才成长的规律。公务员晋升机会总是有限的，有着强烈晋升愿望的公务员去职到更加适合其发展的组织，看似是政府人才的流失，实际上是对企业等组织在人才资源上的支持，间接促进了国家经济发展。改革开放40多年的经验证明，人才流动是促进国家经济发展的重要方式之一，因此我们要正确认识公务员的合理流动。

## 一　辞去公职制度为公务员去职提供了合法性[①]

我国现行的公务员辞去公职制度是伴随着改革开放诞生的。改革开放以后，邓小平等第二代领导集体随即开始了对人事制度的重要改革，重心是构建符合"四化"要求的干部队伍，但是其前提是必须废除领导干部终身制和构建新型公务员辞职辞退制度，使人才在政府、事业单位和企业中合理流动起来，既保证政府引进新鲜的血液，又保证经济建设和改革开放有更多的人才参与进来。

---

[①]　李永康：《中国公务员辞职及其管理研究》，博士学位论文，中国人民大学，2013，第120~121页。

1982 年我国启动了改革开放以来的第一轮机构改革，邓小平在当年 1 月 13 日中共中央政治局会议上发表了《精简机构是一场革命》的重要讲话，主要解决冗员的"出口"问题。冗员的"出口"除了退休、离休，还包括很多达不到退休年龄的人员的再就业和安置问题。1983 年诞生了最早的公务员停薪留职的政策依据，该年的 2 月 15 日，中共中央、国务院发布的《关于地市州党政机关机构改革若干问题的通知》指出，"地市州定编以后，多下来的人员……可以采取留职停薪的办法，接受社会招聘，参加各种形式的承包责任制，使他们各得其所。"当时国家提出留职停薪的目的主要是解决机关事业单位中精简下来的富余人员的安置问题，并且搞活经济。

党的十四大以后，我国公务员制度在经历了近 10 年的制定、修改、试行之后，也伴随市场经济而诞生。1993 年 4 月，国务院第二次常务会议通过了《国家公务员暂行条例》，其中规定了公务员享有辞职的权利，并单列一章陈述公务员"辞职辞退"内容。1995 年 7 月 12 日，时任人事部部长宋德福在全国推行公务员辞职辞退制度工作会议上的讲话中指出："公务员制度'进''管''出'三个环节是相互影响、相互促进、相互配套的，只有选拔，没有淘汰是不完整的；只考试录用，没有辞职辞退是不完善的。'出口'问题不解决，反过来会影响'进口'，也会影响中间管理环节上的职务晋升、工资晋档等工作。"[①] 1995 年 7 月 18 日人事部颁布了《国家公务员辞职辞退暂行规定》，与市场经济相适应的人才流动机制正式有了法律的保障。

2004 年，中组部认为："建立和完善公务员辞职制度，对于依法保障公务员的职业选择权和机关的用人权，促进领导干部'能下'和公务员'能出'问题的解决，形成公务员队伍的正常新陈代谢机制，具有积极意义。"[②] 2005 年通过的《中华人民共和国公务员法》及 2018 年的《中华人民共和国公务员法》（修订版）都明确了"辞职是公务员享有的一项权利"，2009 年人社部通过并实施了《公务员辞去公职规定

---

①　宋德福：《八年人事制度改革行》，中国人事出版社，2000，第 129 页。
②　中共中央组织部研究室（政策法规局）编写《干部人事制度改革》，中国方正出版社，2004，第 128 页。

（试行）》，使公务员辞职权利有了法律保障。

同时为了完成机构改革的任务和进一步畅通公务员"出口"，许多地方政府出台了优惠措施和补偿机制，鼓励公务员辞职"下海"。通过网络检索发现，安徽、云南昆明、宁夏银川、黑龙江哈尔滨和河南商丘等地都曾先后出台过鼓励公务员辞职创业的措施。《中华人民共和国公务员法》中把"辞职辞退"合为一章，也可以推知立法者希望辞职成为一种有效的退出机制。

## 二 与去（辞）职相关的社会保障配套制度不断完善进一步疏通了去职的渠道

公务员这一职业吸引人的地方是职业稳定，工资和福利有保障，这些优势延续至今。然而国家的医疗制度、养老制度逐步实现社会化，无论什么职业，只要年轻时多赚钱，多交保险，退休后的养老金就多，在医疗方面也有保障。这就消除了不同职业间的差距，为去职的公务员解除后顾之忧。

但是，2014 年以前公务员不敢轻易辞去公职的一大障碍是缺乏养老保险制度支持，如果公务员在退休前主动辞去公职，其退休后将面临福利待遇失去保障的危险。这造成部分公务员熬日子，工作缺乏积极性，有辞职的想法，也不敢落实在行动上。然而毫无争议的是，公务员在政府部门工作的工龄必须与各种保险和待遇挂钩。如果公务员辞职到企业就业，能按照法规把其相应的"五险一金"转移到新单位或相应的社保局，其退休后的福利待遇不会受到影响，那么他选择辞职就没有后顾之忧了。[①]

2015 年，公务员终于迎来了国家层面推进公务员社会养老保险与社会其他行业的社会养老保险接轨的政策，公务员去职和退出的障碍被扫除了。国务院于 2015 年 1 月 14 日发布了《国务院关于机关事业单位工作人员养老保险制度改革的决定》（国发〔2015〕2 号）（以下简称《决定》），改革现行机关事业单位工作人员退休保障制度，逐步建立独立于

---

[①] 李永康：《中国公务员辞职及其管理研究》，博士学位论文，中国人民大学，2013，第178~179 页。

机关事业单位之外、资金来源多渠道、保障方式多层次、管理服务社会化的养老保险体系。从此，养老保险金开始从个人工资中扣除，其目的是与全国的企业一样，在机关事业单位实行基本养老金社会化发放制度。《决定》规定："做好养老保险关系转移接续工作。参保人员在同一统筹范围内的机关事业单位之间流动，只转移养老保险关系，不转移基金。参保人员跨统筹范围流动或在机关事业单位与企业之间流动，在转移养老保险关系的同时，基本养老保险个人账户储存额随同转移，并以本人改革后各年度实际缴费工资为基数，按 12% 的总和转移基金，参保缴费不足 1 年的，按实际缴费月数计算转移基金。转移后基本养老保险缴费年限（含视同缴费年限）、个人账户储存额累计计算。"① 中央机关的个人养老保险缴费政策从 2014 年 10 月开始落实，之前公务员从未缴纳养老保险金，视同缴纳，之后连续计算，这为公务员去职提供了政策支持和实践的可能性。同时这一改革原则上扫除了公务员去职的最大障碍，为公务员在企事业单位之间自由流动提供了初步的支持机制。

总之，《中华人民共和国公务员法》及《公务员辞去公职规定》的实施，公务员养老保险的"并轨制"改革，使公务员的去职渠道更加通畅，人才的流动焕发生机。从制度层面看，公务员去职现象实质上是国家制度设计的结果，应该用平常心来看待这一现象。

## 第二节　公务员保留策略

公务员流动是市场经济人才自由流动和寻找最佳人岗匹配的需要。整个国家或者地区将受益于这种人才流动。然而对于具体单位而言，公务员的去职意味着人才流失，单位的招录、培养公务员的成本将付之东流。因此采取有效措施，做好人才流动的预测和管理工作就显得非常紧迫和必要。然而对中国公务员去职管理的规范和应用研究却是一个容易被疏忽的领域，文献回顾发现，对于公务员去职管理的研究存在实践性

---

① 国务院：《国务院关于机关事业单位工作人员养老保险制度改革的决定》（国发〔2015〕2 号），2015 年 1 月 14 日。

和应用性不强的特征，其原因是公务员去职管理对于研究者来说，信息难以获取，问卷调查难以进行，研究难度非常大，因此关于公务员去职管理的应用性研究较少。我们对 Price-Mueller 离职模型进行了修订和实证检验，发现这是一个具有很好应用前景的模型，它所涉及的变量在政府预测公务员的去职意向并进行去职管理中很有价值。

接下来本节将依据公务员去职意向模型，从环境变量、个体变量、结构化变量以及中介变量四个层面提出针对公务员人才保留的策略。

## 一 环境变量策略

### 1. 制造机会，留住人才

因好"机会"产生去职意向，从而产生去职行为的情况，主要发生在高层机关、大中城市、通过司法考试的法检类公务员或专业性较强的公务员群体中。对已去职的公务员的调查发现，更好的工作机会和工作期望排在去职原因的第二位，说明被调查的已去职公务员就是因为有好的发展机会才选择去职。我们可以采取三点对策进行应对。一是为公务员提供较好的职业发展机会或晋升机会，当前主要表现为科学合理地落实好公务员职务和职级"双梯制"晋升的相关规定，给公务员更多的职业发展机会。二是适当增加公务员去职的"转换成本"。比如签订 3~5 年的服务合同，或为公务员提供培训基金，如果未达到服务年限就选择离职的，应该按合同进行相应的赔付。三是面对市场经济环境的人才竞争，公务员管理部门应该思考为特殊人才制定一些有竞争性的引进或保留人才的政策。既然在公务员招录工作中，竞争很激烈，拿什么留住他们就值得进一步思考。

### 2. 实施家庭友好政策，帮助公务员落实亲属责任

英国的《劳动力调查》统计数据显示，5%~10% 的雇员去职是因为"家庭或个人的原因"，33% 的女性放弃工作的原因是将更多的时间投入家庭中。[①] 结婚生子、照顾孩子的这个时期往往也是让夫妻双方感到疲惫不堪、困难重重的时期，尤其是当夫妻双方都没有跟双方父母生活在同

---

① 〔英〕德里克·托林顿、劳尔·霍尔、史蒂芬·泰勒：《人力资源管理》（第 6 版），邵剑兵等译，经济管理出版社，2008，第 146~147 页。

一个城市时，更是如此。调查中发现，公务员因家庭原因去职的现象较为普遍，如夫妻两地分居、夫妻离异、父母需要照顾等都可能导致公务员去职。这类去职现象有的是不可避免的，但是组织及其工会及时发现公务员的困难，并分类实施援助计划及心理辅导等，将会避免这类潜在的去职现象发生，并增加他们对组织的信任感。具体来说，管理部门应该通过工会多关心公务员的婚姻问题、子女教育问题、夫妻两地分居问题等，实施家庭友好政策，帮助公务员落实亲属责任，从而强化其对单位的组织承诺。2018 年修订的《中华人民共和国公务员法》要求公务员要模范落实"家庭美德"要求，亲属责任是公务员"家庭美德"的重要内容，因此组织部门采取切实有效的措施帮助公务员落实好亲属责任成为建立新时代高素质公务员队伍的必然要求。

3. 顺应政治经济形势，支持国家战略

在某种政治经济形势下，公务员去职是一种顺应形势的行为，比如"大众创业、万众创新"是国务院出台的鼓励政策，公职人员也可以参与，这对公务员是一种拉力。与公务员"严管"相对应的是"厚爱"，如果个别公务员觉得自己的价值观与此不相符合，也可以申请辞职。这是国家人才流动的需要，让人才找到更加符合自己的职业和岗位。对于这种去职现象，相关单位也应该本着从国家发展、民族复兴的角度给予支持，而不能仅从单位的局部利益出发限制人才流动。

4. 依法增加转换成本，降低潜在去职行为

公务员在去职中比较看重"转换成本"，如果成本太高，就不会轻易去职。管理部门应该把"转换成本"与劳务合同、薪酬福利等结合起来，比如：许多地方在正式录用公务员时与其签订 5 年劳动合同，要求公务员其间不能调动和去职，这有利于保持偏远地区和基层公务员队伍的相对稳定；为提升学历的公务员报销部分学费，但增加服务年限的做法也是合理的，这有助于减少潜在的公务员去职行为。

## 二　个体变量策略

1. 注重培训的针对性

关于培训和公务员去职行为之间的关系，存在两种完全相反的观点：

正方的观点认为，培训机会增强了个体对组织的承诺，与没有获得过培训相比，他们更不会去职；反方的观点认为，培训使人们更具有可雇佣性，因此更可能去职以寻求到其他地方开拓自己的职业生涯。[①]

在对公务员的培训中，政府安排的各类培训均可以提升公务员的忠诚度和工作能力，极少导致辞职。而公务员自身寻求的深造和学习会导致公务员去职现象发生。这种学习和深造有几个特点：一是提高学历，如攻读硕士或者博士学位；二是脱产学习；三是需要公务员承担部分或者全部学费。因此公务员的去职也有两种情况：第一，拿到入学通知书后就辞职，调走档案，等毕业后再选择就业；第二，在职学习的过程中转变看法，认为自己更适合从事科研教育工作，因此，毕业后就去职，赔偿原单位相关费用后到科研院所工作。

一般培训中导致公务员去职的部分原因是管理部门对人才的激励机制不够。比如与组织部门派出的培训不一样，这可能是对其进行栽培，是提拔前的培训。而自身通过努力提升能力的公务员回到机关后，并没有增加晋升的机会，反而因为读书增加了成本和失去了可能的晋升机会。但是他们重新选择的机会却增加了。避免"一般培训"造成的人才流失的方法是管理部门制定内部人才培养和选拔机制，明确实施对因提升学历和能力而进行培训的公务员的跟踪培养机制和激励机制，把个人的学历提升和能力提升变成政府部门人才培养的有机组成部分。

2. 分类管理"退出倾向"强的公务员

对退出倾向较强的公务员应分三类进行管理：第一，对科级以下公务员的招录，应在招录的相应环节中设计有关"退出倾向"的测试题目，以便充分了解拟录用公务员的性格特征，对退出倾向过强的考察对象谨慎录用；第二，对需要引进的专家型公务员，他们可能不希望长期在政府部门工作，则采用聘任制方式引进，聘期结束后双方可以选择终止合同或续聘，这样单位和个人都可以提前做好预案；第三，加强党性或公共服务精神教育，强化公务员的服务意识，弱化"退出倾向"。

---

① 〔英〕德里克·托林顿、劳尔·霍尔、史蒂芬·泰勒：《人力资源管理》（第6版），邵剑兵等译，经济管理出版社，2008，第147页。

### 3. 培养积极情感，避免消极情感

一是加强对公务员的理想信念和职业荣誉感教育。公务员队伍是一支运用公共权力为国家和公民进行服务的队伍，他们必须时刻保持学习，与党中央和国家各项法规政策保持高度一致，这是其提供高效服务的基础。因此，当前对共产党员所进行的"不忘初心、牢记使命"的主题教育同样适用于公务员队伍，所有公务员与广大党员一样，要接受"初心教育"，守住为人民谋幸福、为中华民族谋复兴的初心和使命，不断增强"四个意识"，坚定"四个自信"，做到"两个维护"。长期限于琐碎事务中的公务员往往疲于应付，逐渐淡化或忘记了自己的职业使命，从而产生职业倦怠感和消极情感。对公务员加强理想信念教育，不仅有利于提高其积极的心理情感，还会强化其组织承诺，提高其工作满意度。只有真正理解党中央的精神和中国梦的本质，公务员才会常常充满愿景，工作才会有目标，才会始终保持积极向上的情感状态。

二是关注和预测个体需求。公务员也希望受到关注和重视，也希望得到关怀。因此人事部门要建立长效的人文关怀机制，定期开展关于公务员身心健康的问卷调查，掌握公务员的心理变化趋势，针对有困难或有问题的对象开展人文关怀，防止消极情感在公务员队伍中蔓延，保持整体队伍处于积极情感状态，为良好的公共服务打下坚实的基础。

### 4. 发挥"关系"的合理作用，推进中国式"关系"的转型

"关系"在中国有特定的内涵，"中国式关系"成为很多中外学者感兴趣的话题，也困扰中国人自身。每个人都希望自己有特殊的"关系"，也害怕别人有比自己更好的"关系"。"关系"成就了一些人，也伤害了很多人。特殊关系可能会破坏制度，也可能会产生裙带关系和腐败问题。要将"关系"变成团队建设的良好人际关系，并用制度规避具有破坏性的"关系"，具体有以下两个方面的内容。

一是发挥好"关系"的积极作用。在当代社会，传统中国式关系中所包含的人缘、人伦及人情基本模式仍然起着显著的作用，比如人们可以通过各种人际关系网，依靠"人情"获得他人的帮助或者碍于"面子"而去帮助别人。中国式关系在某些方面有着积极意义，"它的存在提高了人与人之间的认同感和亲近感，这在一定程度上消除了因现代文明所带

来的人际关系功利化弊病，提高了人们的生活幸福感"。同时，虽然"外国人嘲笑讽刺中国人的'要面子'现象"，但"他们不知道只有这样才能在社会上形成互相尊重的风气。每个人都有面子，即使最卑贱的乞丐。如果你不想违反中国人的伦理准则，那就连乞丐也不能侮辱"[1]，因为"中国人正是通过脸面来保全自我的"[2]。"面子"作为中国式关系中的一个最基本的"调节器"，它显著地影响着中国社会人际关系发展的方向与程度，关系到整个社会的和谐运行。比如本研究中，"关系"对去职意向的影响为显著负向影响，且中介效应成立，"工作满意度"在其中起到了中介作用。这说明公务员如果认为自己的"关系"还不错时，就会增加工作满意度，降低去职意向。

二是推进传统"关系"向契约型和平等型关系转变。中国式关系在社会朝着理性方面发展的进程中会产生一些消极作用。一方面，传统中国式关系中的"人情"如果泛化到社会政治和经济生活中，就会将"私人化""感情化"带入社会政治与经济生活中，从而造成社会政治腐败的加剧和社会不良风气的泛滥，从而破坏正常的社会秩序；另一方面，对于个体而言，中国式关系的增加容易激起人们的虚荣心，使得个人承受的心理压力过大以及背负的人际关系包袱过重，这会导致其在人际交往活动中出现心理失衡现象。从社会层面来看，如果将私人间的中国式关系泛化到整个社会的政治经济关系之中，就会很容易将"面子"渗透于公事之中，使公事"私事化"，导致社会组织机构无法按照科学的程序运转，进而导致政治生态和社会风气受到破坏。从图9-1可知，在"关系"对公务员去职意向的总体影响效果中，云南呈正向影响，与其他地区存在一定的差异。这可能与云南在某特定时期的政治生态受到破坏有关。

可以说，首先，传统"关系"对当前社会流动频率加大、社会交换增多的现代市场经济社会起到了一定的破坏作用，这种颇具情感的关系导致我国当前的社会秩序经常要纠缠于"事实与规范之间"，将现代法治置于困境之中。因此，实现人与人之间的关系由以情感型为纽带的联结

---

[1] 吴主惠：《汉民族的个性》，《港台及海外学者论中国文化》，上海人民出版社，1988，第549页。

[2] 荆门市博物馆编《郭店楚墓竹简》，文物出版社，1998，第157页。

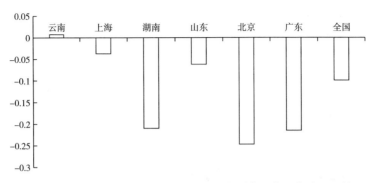

**图 9-1　不同地区"关系"影响公务员去职意向的总体效果比较**

向以契约型为轴心的相互依赖关系的转变，引导人与人之间的良性互动已经成为当代中国政治和社会发展的需要之一。[①]　其次，中国式关系问题从实质上来说就是个人在社会中的地位问题，也就是人与人之间是平等的还是有等级的，是以个人为中心、为本位的还是以社会整体为中心、为本位的问题。中国传统儒家文化所奉行的是一整套严格而规范的交往礼仪与等级秩序，尤其强调人际关系的等级性，"在家庭和社会组织中，家长、族长和君主拥有绝对的权威，严格压制家庭和社会成员的不同意见"[②]。然而，传统社会向现代社会的转型，又是人类社会发展与进步不可逆转的必然性，这种理想的现代化社会要求社会全体公民进行主体性的合作，要求全体公民民主参与社会生活，在社会权力功能上进行民主管理，这一切也就必然要求传统中国式关系实现由等级型向平等型的转变。诚然，在今天要建立这种平等型的人际关系，不但要排除封建等级关系残余的干扰，而且还要不断地使自身得以发展与完善，这些因素也决定了中国式关系平等型本质的真正实现必然是一个渐进式的发展过程。[③]

---

① 金爱慧：《中国传统人际关系对政治腐败的影响及对策研究》，博士学位论文，东北师范大学，2012，第 126 页。

② 费孝通：《乡土中国·生育制度》，北京大学出版社，1998，第 72 页。

③ 金爱慧：《中国传统人际关系对政治腐败的影响及对策研究》，博士学位论文，东北师范大学，2012，第 127 页。

5. 制定"内外兼修"的人力资源管理政策，塑造公务员的公共服务精神

近年来，"公考热"已经成为中国社会一种独特的择业现象，每年都有大批的高校毕业生加入公务员报考浪潮中，这也这引发了国内学界的关注与研究。然而，当前的公务员考试录取方式仍然以公文写作和行政能力测试为主，并未涉及对报考者的价值取向的考核，对报考者报考公务员的真正动机无法考察，而这在一定程度上会对公务员录取者的工作行为产生影响。[①] 正如威尔逊曾经指出："我们面临的问题是，要使政府官员经常感兴趣的是尽他的才智做最大的努力，用他的良心做最大的服务，不仅为他的上级而且为他的社会尽力。"[②] 对于公共部门而言，一方面，人力资源管理部门应将公共服务动机纳入公务员选拔指标体系，在人才引进过程中考察公务员报考者的公共服务动机，甄选出"先天下之忧而忧，后天下之乐而乐"的个体，引入具有强烈公共服务动机与利他主义精神的人才；另一方面，公共部门须更加重视公务员队伍的内部建设，强化对公务员个体的职业生涯管理，尤其是完善内部激励机制，提升公务员的公共服务动机水平和"公仆意识"。在实践中，公共部门在人力资源管理方面只有"内外兼修"，才能更好地择优录取具有公共服务精神的人才，这也有利于其利用公共服务动机理论对公共组织进行高效管理，加强公务员队伍建设。

## 三 结构化变量的策略

1. 合理增加报酬，提高报酬分配的公平性

增加报酬能否降低雇员离职率一直存在争议。[③] 一方面，有证据表明，在企业中，如果雇主提供最有吸引力的报酬计划，该企业的人员缩减率要低于那些提供报酬较差的企业，许多组织都是用报酬率作为他们保留雇员的主要武器；另一方面，有一个以问卷为基础的调查显示，员

---

① 葛蕾蕾：《变革型领导对公务员工作态度的影响——公共服务动机的中介效应研究》，《烟台大学学报》（哲学社会科学版）2016 年 3 月 9 日，第 111～120 页。

② 〔美〕伍德罗·威尔逊：《行政学研究》，载彭和平、竹立家等编译《国外公共行政理论精选》，中共中央党校出版社，1997，第 26 页。

③ 〔英〕德里克·托林顿、劳尔·霍尔、史蒂芬·泰勒：《人力资源管理》（第 6 版），邵剑兵等译，经济管理出版社，2008，第 144 页。

工在决定放弃职位的时候并不会更重视报酬的多少。比如那些从企业考入政府部门的公务员，他们坦言，工作的变动反而降低了薪水，但是成为公务员的成就感使得他们不会太在乎工资是否降低。在专门从事雇员保留的研究中，多数人认为报酬是获得工作满意度的重要因素，但当其他因素促使雇员离开的时候，报酬通常不会产生作用。当人们已经对工作感到满意的时候，提高报酬会产生更高的工作满意度，但不会阻止对工作不满意的员工离职。Sturges 和 Guest 在他们有关毕业生的离职决策研究中总结道："至于他们所关心的，当挑战性工作与报酬一致时，报酬就根本无法让他们去完成令人烦恼的和没有刺激性的工作。"这些研究进一步印证了赫茨伯格的观点，他在双因素理论中提出"保健因素"和"激励因素"，而报酬属于"保健因素"而非"激励因素"。这意味着报酬是对工作产生不满的因素，但不能产生积极的工作满意度。人们如果认为报酬很低，他们会选择离开，一旦他们对报酬表示满意了，额外的报酬增加不会有什么影响。[①]

　　中国公务员的报酬在当前存在的问题是与经济增长水平和物价上涨水平相比较，其显性报酬水平普遍偏低。第一，比较公务员和社会平均劳动力的教育投入成本与平均智商，最近 10 年入职的公务员均是通过当前竞争性很强的公务员考试层层选拔出来的，他们的智商和学历都明显高于社会的平均劳动力水平，然而公务员的显性工资收入水平与社会劳动力的工资水平大体一致。这就导致看似公平的结果包含着不公平的对待。第二，党的十八大以来的薪酬改革目标是基本实现同工同酬，不同地区或者不同部门的公务员薪酬水平差距进一步缩小，带来的新问题是加深了大中城市部分公务员的不公平感和受挫感，与三线城市比，公务员之间的工资差距不大，但房价悬殊太大。在第六章对不同层级的公务员去职意向的比较中，"县级公务员的去职意向最低，中央机关公务员的去职意向最高"的结果也反映了这一问题。第三，在调查中发现，薪酬往往与分配公平性一起成为影响公务员产生去职意向和去职行为的最重

---

① 李永康：《中国公务员辞职及其管理研究》，博士学位论文，中国人民大学，2013，第182~183 页。

要因素。此外，通过问卷分析发现，不同公务员收入段位中，最低收入和最高收入群体去职意向高，而中间收入群体相对稳定。现实中，高收入群体比较的对象是企业管理层，低收入群体比较的对象是社会平均工资，结果他们都发现收入低于比较对象，认为报酬分配不公平。

通过薪酬留住公务员人才的措施有如下几点。第一，及时贯彻《中华人民共和国公务员法》规定的工资水平增长机制要求，根据经济发展水平、物价水平和当地工资水平，合理增长公务员工资，落实分配公平性，从而降低公务员队伍的整体不满意感和去职意向。第二，对少数具有较强专业性的公务员，岗位的特殊性使得他们的职务晋升受到限制，因此影响其收入和待遇。对于这样的岗位，可以考虑实施岗位选拔制和聘任制，对岗位做出明确的专业要求，同时参考企业高管的年薪制，或者事业单位的特殊人才引进的待遇水平来确定其工资水平。第三，需要重新审视同工同酬的含义。在同一地区实施同工同酬非常公平，但是对于经济发展水平不同的城市和地区来说，应适当通过地区补贴来缩小公务员薪酬与当地企业薪酬平均水平的差距，保持相对公平性，确保大中城市公务员队伍的薪酬水平与当地企业相比有一定竞争性。

2. 落实好职务与职级晋升规定

通过分析调查数据我们发现，一方面，晋升机会对去职意向具有显著的负向效应，并与工作满意度呈正相关。由此可见，晋升机会在保留公务员方面有着至关重要的作用。然而相对于企业雇员而言，公务员的职业发展更加缓慢和艰难，级别越高，晋升越难。另一方面，晋升机会是公务员工作中的一种强有力的动力，完善绩效考核和晋升制度，提高公务员在晋升过程中的公平感与具有晋升机会同样重要，可以在很大程度上提高公务员的工作效率和工作热情。晋升机会对组织承诺和去职意向的影响会受到个体对应的价值观的调节作用的影响，且在统计学意义上显著。这说明在职公务员群体非常看重晋升机会和晋升的价值观，晋升机会越多，公务员的去职意向越低，公务员对晋升的价值观强化了这一趋势。总之，如前文所述，"晋升"成了公务员最为关心的仅次于"薪酬"的第二位因素，我们应该重视公务员晋升制度的设计和落实。

2018 年 12 月 29 日通过的《中华人民共和国公务员法》（修订版）规定，"国家实行公务员职务与职级并行制度"①，紧接着 2019 年 3 月中共中央办公厅印发了《公务员职务与职级并行规定》，并于 2019 年 6 月 1 日开始实施。乡镇机关可以设一定比例的二级调研员，县级机关可以设一定比例的二级巡视员，职务晋升与职级晋升分开，公务员晋升职级并不改变工作职位和领导指挥关系，职级只与个人待遇有关，与职务相关的权力、职务待遇都没有关系。这为全国 700 多万名公务员带来了福音，有利于提高公务员的工作积极性。但在政策执行中我们也发现了一些问题，首先，有的地方实行"一刀切"政策，评上主任科员 1 年和评上主任科员 10 年的公务员依新规都成为"二级主任科员"，这似乎使所有主任科员站在了同一起跑线，看似公平且易于操作，然而却违背了政策制定的初衷，使那些工作兢兢业业、年龄偏老的公务员更加感到晋升无望。其次，实践中，处长们率先占用了一级调研员指标，使得其他非领导职务的公务员没有了晋升一级调研员的机会，导致他们感到不公平。再次，新规对县级主任科员的比例规定为"一级至四级主任科员不超过机关综合管理类职位数量的 60%，其中一级、二级主任科员不超过一级至四级主任科员总数的 50%"②，这一比例让一些县乡级机关单位在政策落实中遇到了麻烦，有的单位原来的主任科员比例过多，怎么让多出来的主任科员"降级"成了这些机关单位遇到的一大麻烦。当然，这也可能是管理部门想治理基层机关"主任科员遍地是，干活只抓小年轻"的乱象，从而激起"鲶鱼效应"。

无论如何，公务员职务与职级并行制度为公务员创造了美好的晋升前景，具体落实则考验各地管理部门的创新能力和管理水平。只有对不同实施方案进行比较，才能挑选出最优的进行学习和推广，因此落实《公务员职务与职级并行规定》的最好方式就是对各地的不同方案进行比较，并不断在政策落实过程中进行修正。

---

① 《中华人民共和国公务员法》，2018 年 12 月 29 日第十三届全国人民代表大会常务委员会第七次会议修订。
② 《公务员职务与职级并行规定》，2019 年 3 月中共中央办公厅印发。

3. 合理减负，正确对待工作压力

对已去职的公务员的调查发现，与工作压力有关的表述较多，如："工作太累，压力太大""五加二""白加黑""没有多少个人空间，生活质量低""之前经常加班，身体长期处于亚健康状态"等。"工作压力大"成为去职公务员对原单位不满意的第三大因素。对在职公务员的调查也发现，工作时间超过8个小时的公务员的去职意向明显上升。因此相关部门需要按照党中央的精神，给公务员，尤其是基层公务员合理减负。同时相关部门也要引导公务员正确对待工作压力。

（1）树立科学的政绩观，合理设置工作目标。政绩观主要是指个人对于从政绩效的总的看法，在很大程度上反映了公务员内心的从政价值取向，也是公务员能够高效工作的前提基础，这也在很大的程度上决定了其究竟能取得怎样的成绩、创造出多大的绩效。政绩观正确才能正确对待"五位一体"的发展观，才不会再犯只追求数字和速度的错误，才能够合理设置工作目标，减少公务员不必要的加班，减轻工作负荷。同时，正确的政绩观可以引导公务员正确地对待工作中的得失，正确对待工作中的压力，从而减少其对工作的不满和不必要的去职。

（2）建立良好的沟通机制和工作关系。工作中的角色模糊在一定程度上使得工作的不确定性增加，进而使得公务员的工作压力加大。组织中的人本理念须通过加强组织的沟通来实现，对公务员的关心和引导，加强组织内的沟通也是解决角色模糊这一工作压力的有效手段。释放工作压力的一个有效的渠道是逐步实现部门间的无缝沟通，这就需要在组织中建立起良好的沟通机制，形成组织内部释放压力和情绪的表达机制。此外，上司和同事支持、工作自主权的扩大都能够调节工作压力对去职意向的影响，鼓励公务员构建良好的上下级关系和同事关系，形成良好的人际关系，互帮互助，共同克服工作中的困难和压力。

（3）采取有效措施，合理减小公务员工作压力。2019年3月中共中央办公厅印发《关于解决形式主义突出问题为基层减负的通知》（以下简称《通知》），明确提出将2019年作为"基层减负年"。坚决破除形式主义，解决"口号喊得震天响，行动起来轻飘飘"等问题，将干部从文山会海中解脱出来。《通知》提出四点具体措施：一是层层大幅度精简文件和会议；二是明确中央印发的政策性文件原则上不超过 10 页，地方和部门也要按此从严掌握；三是提出地方各级、基层单位贯彻落实中央和上级文件，可结合实际制定务实管用的举措，除有明确规定外，不再制定贯彻落实意见和实施细则；四是强调少开会、开短会，开管用的会，对防止层层开会做出规定。《通知》要求严格控制"一票否决"事项，不能动辄签"责任状"。对《通知》精神的贯彻落实将会有效缓解公务员的工作负荷和角色冲突等工作压力，使公务员轻装上阵，集中精力提升工作质量。

4. 重视绩效考核结果的运用

通过数据分析我们发现，良好的绩效考核结果有利于降低公务员的去职意向。在已去职公务员给人事管理部门提出的意见中，排前六位的分别是：（1）薪酬相关（待遇、工资、福利、收入）；（2）制度（机制）；（3）晋升；（4）"三公"（公开、公平、公正）；（5）绩效考核；（6）奖惩（激励）。绩效考核排第五位，排在其前面的薪酬、制度、晋升、"三公"，排在其后的奖惩等因素均与绩效考核有密切的关系。由此我们提出以下对策：第一，绩效考核的指标要具体和合理，考核过程要尽可能公开、公平、公正；第二，绩效考核的结果必须与薪酬挂钩，突出基于绩效的收入分配体系的功能；第三，绩效考核的结果必须与晋升制度结合起来，必须树立只有绩效考核为优秀的公务员才具备升职的资格的理念；第四，绩效考核的结果必须与奖惩挂钩，绩效考核结果优秀者应该受到嘉奖，不称职者应该受到降级降职的处罚乃至被辞退。

5. 重视领导科学与艺术的学习

公务员去职的原因之一是其与上级领导的关系紧张。产生矛盾的原因有下属公务员自身的问题，也有上级领导的领导方法不妥或领导能力不足等问题。避免此类公务员去职的主要办法就是不断完善直接领导的管理水平，提升其领导能力。被提升到管理和领导岗位时的某些公务员在一定程度上存在经验不足等问题。组织部门往往认为，他们提拔的干部是有能力的管理者，他们具备领导的潜力。而被提拔的干部往往过于关注自己的工作而没有有效回应下属的感受，甚至习惯于将自己的意志强加给下属而造成工作损失。提高领导者管理水平的方法是认真落实公务员任职培训。同时要注重公务员对"领导科学与艺术"的学习。例如：提升公务员与上级、平级和服务对象的语言规范和沟通时的语言表达能力；科学处理上下级关系等。

6. 积极培育公务员的社会支持获取能力

研究发现，社会支持的 4 个变量均通过组织承诺、工作满意度和工作寻找行为的中介作用对去职意向产生影响，因此降低公务员去职意向的有效对策就是积极培育公务员的社会支持获取能力。

第一，应培育公务员获取上司支持的能力。对于公务员而言，获得上级领导的支持、帮助、关心越多，其对工作的满意程度、组织归属感和认同感也就越强，寻找其他工作的行为会大大减少，相应的，出现去职意向或去职行为的可能性也就越小。对于领导来说，公务员工作能力和工作效率是衡量其能力的重要尺度。因而公务员应通过提升自己的工作能力和效率来获得领导的赏识和认可。同时，在工作中公务员应与上级领导保持比较融洽的关系，这对提高领导对自己的认可具有一定的促进作用。我们在研究中也发现，上级支持对于调节公务员工作压力对去职意向的影响非常显著。因此获取上级特别是直接上司的支持有助于缓解工作压力。

第二，应培育公务员获取同事支持的能力。从前文的验证模型中可以发现，同事支持对公务员去职意向的影响为负向影响，这说明公务员得到同事比较多的支持，在一定程度上可以减少工作寻找行为和去职意向的产生。公务员在工作中对于有困难或需要帮助的同事应给予支持和帮助，这样当自己遇到困难的时候也会获得其他同事的帮助，这有助于提高获取同事支持的能力。从心理学角度来说，当个体长期处在和谐融洽的工作氛围中，心情就会无比愉悦，自然而然就能开心而又高效地完成工作。同事的支持同样可以调节工作压力对去职意向的影响。

第三，应培育公务员获取朋友支持的能力。这是因为朋友支持与同事支持的影响效果一样，都是对公务员去职意向产生直接负向影响。朋友支持度越高，去职的可能性越小。朋友作为社会支持的重要外部因素对减少公务员去职的作用和效果更为明显。因而在生活中公务员通过沟通交流的方式，向朋友讲述工作中的困难、烦恼、压力，从朋友那里获得帮助和支持显得尤为重要。

第四，应培育公务员获取配偶支持的能力。通过模型验证还发现，公务员获得配偶的关心和支持越多，寻找其他工作机会的概率就会降低，从而降低公务员的去职意向和去职行为。在平时的工作中，公务员应加强与配偶的沟通交流，可以将工作中的压力和困难向配偶倾诉，从配偶那里获得支持、理解。同时，作为配偶应尽全力支持丈夫（或妻子）的工作，减少其工作压力和焦虑感。

## 四　中介变量的策略

1. 重视公务员录用时的个体价值观，把好"进人"关

在招聘公务员时，公务员单位应该注重对应聘者的组织承诺、工作参与度和积极情感的考察，分析和判断他们的价值观。在 Price-Mueller 离职模型中，组织承诺、工作参与度和积极情感在公务员去职方面具有很大影响，因此必须在招聘时注意对这些变量的考察。对于这些个性变量的甄别主要是在面试阶段，因为采用笔试的方式考察这些变量的难度很大且不准确，而在面试中对这些个体变量的直接考察可能也收效甚微。有些学者对这些变量的甄别提出了以下几点具体性的操作：首先，对于组织承诺的考察，特别需要注意应聘者过去的工作经历；其次，对于工作参与度的考察，比如可以设计"你的上一份工作什么地方让你最满意，什么地方让你最不满意，为什么?"等问题，这是一种基于行为的结构化面试方法，也是目前在一些国际知名企业面试中被广泛采用的方法；再次，对积极情感的判断可能主要靠面试官的主观判断，一般具有积极情感导向的，应聘者会在自己的言谈举止中有所表现；最后，在招聘中要考察应聘者和组织之间价值观的匹配程度。[①] 这些具体性操作在面试时对考察雇员个体价值观具有很强的借鉴意义。

2. 重视工作满意度和组织承诺在公务员组织中的作用

公共部门要强调用"感情留人""文化留人"，要格外重视对公务员的工作满意度和组织承诺的培养，加强人性化管理。同时在塑造和吸引人才的软环境上下功夫，让公务员感受到人性化的管理氛围，政府和企

---

① Wynant, W. B., lkwukananne, U., "The Relationship between HRM Practices and Turnover Intentions: A Study of Government and Employee Organizational Citizenship Behavior in the Virgin Islands," *Public Personnel Management* 1 (2014): 58-82.

业虽然在本质上具有很大的区别,在雇员保持方面政府显然要比企业更加被动,因为政府相对而言是一个相对稳定的组织,在雇员保持方面缺乏相应的管理和建设经验。

但是通过调查发现,政府部门也存在公务员去职现象。公务员的工作满意度和组织承诺与去职意向呈显著负相关,由此可以知道工作满意度作为一个重要的因素对公务员的保留具有非常重要的影响。因此,在公务员的保留方面,相关公务员单位应更加重视并加强对公务员工作满意度的建设,具体方法有以下几点。第一,加强职业培训,培训是让公务员融入组织氛围的重要手段。公务员进入组织之初,对环境最敏感,接受新事物的可能性最大,因此必须使培训更具针对性和有效性。[①] 第二,公务员体制应该更加注重工作适合度、责权匹配度、工作挑战性、工作胜任度的协调。随着社会的发展,公务员越来越重视工作满意度,工作满意度在保留公务员方面越来越重要,低工作满意度不仅会造成公务员的流失,同时也会影响到组织自身的良好形象。提高工作满意度的重要方法在于拓展上下级沟通渠道,建立有效的对话机制,增强互动公平感。有效沟通机制的建立不仅能够提高下属对上级的认同感,还是确保个体获得互动公平的关键,从而提高公务员的工作满意度。第三,建立有效的沟通和对话机制,使领导者能够在与个体工作有关的内容上进行及时有效沟通,既可以掌握工作进度又可以让下属感受到组织的关心和尊重,从而提高其工作满意度和热情。因此,相关公务员单位应在提高公务员工作满意度和组织承诺方面下足功夫,以此减少公务员去职意向和降低去职率。

---

① 王颖、王笑宇:《中国公务员的职场去留动机:职业承诺及其影响因素研究》,《中国行政管理》2016 年第 5 期。

# 第十章　研究不足与展望

## 第一节　研究不足

### 一　公务员去职研究资料的系统性不足

官网上关于我国公务员去职的数据较少，调研中获取相关数据的难度也大。本研究涉及的公务员去职情况的数据部分来自各网络、媒体等，数据和资料存在不系统、不全面的问题。

### 二　公务员去职意向与去职行为的关系缺少实证支撑

本研究在实施过程中曾想预测去职意向和去职行为之间的关系，希望至少分三个阶段对某地同一批公务员进行问卷调研，并获取该地同一年度的公务员去职率，这样可以观察公务员去职意向与去职行为之间的相关性，从而得出符合中国实际的去职意向对去职行为产生影响的相对科学的解释。但是限于去职率的数据难以持续获取，同一批公务员的分阶段调查也难以进行，所以只好放弃，待今后进行可持续研究。

### 三　对公务员养老保险制度改革的跟踪力度不够

2015年1月，国务院发布了《国务院关于机关事业单位工作人员养老保险制度改革的决定》（国发〔2015〕2号），逐步实现了机关事业单位和企业同等的社会化养老保险制度，同时扫除了公务员去职道路上的最后一个障碍。那么自政策实施以来，这项养老保险制度改革是否对公务员的去职产生显著影响，本研究由于在设计之初考虑不周，在问卷中没有设计相关问题，因此缺少实证数据来证明两者之间的相关性。

# 第二节 研究展望

## 一 构建更加规范的去职行为模型

虽然去职意向被认为是去职行为的直接前因变量，但两者之间可能存在较大的不同。本研究也做了尝试，采用半开放式问卷对已去职的公务员进行问卷调查，基本取得了访谈需要达到的效果，对结果可以进行图表分析，但是难以进行更加深入的相关性、回归和结构方程分析，因此如何构建一个规范的去职行为模型是今后研究的努力方向。

## 二 进一步考察模型中变量之间可能存在的交互作用

在交互作用的检验中，本研究发现不仅存在价值观对结构化变量的调节、工作自主权和内部社会支持对工作压力的调节两类交互作用，在公务员数据中还存在职业成长机会对公共服务动机的调节、公共服务动机对工作压力的调节。同时公共服务动机在晋升机会对去职意向的影响中是否存在调节作用？分配公平性在薪酬对去职意向的影响中是否存在调节作用？这些都值得进一步检验。

## 三 构建公务员去职数据库

与本地公务员局构建合作关系，进行长期合作，每年进行一次问卷调查，并统计当年的去职率，构建至少 5 年的数据库，这些数据对于分析去职意向与去职行为的关系，为当地组织部门预测公务员工作满意度、公务员去职行为等提供非常重要的参考，为科学决策提供保障。

## 四 关注公务员去职的新变量

公务员的去职行为可能是传统变量如薪酬偏低、晋升机会不足、工作压力大等所致，也有可能是新时代、新形势下出现的新变量如养老保险并轨制改革、公务员建言、公务员主动担责等政策环境所致，因此要不断追踪可能出现的最新变量。

## 五 进一步推动公务员局的信息公开工作

美国人事管理办公室网站（http：//www.fedscope.opm.gov）提供的数据非常详细且完全对外开放，公众和研究者可以自由访问并下载使用这些数据（见表 10-1）。关于我国的经济和社会发展的数据统计和发布也越来越规范；关于公务员招录和人事任免方面的信息公示和公开也逐步规范化，相信公务员退出方面的统计数据也会走上逐步公开的规范之路。在这一过程中，学术机构和学者可以为组织部门提供智力支持，拓展学术研究领域的广度和深度。

表 10-1　美国联邦公务员进入和退出的情况（2000~2018 年）

单位：个,%

| 财政年度 | 公务员总数 | 进入人员（Accessions） | | 退出人员（Separations） | | | 辞职人数占公务员总数的比例 |
|---|---|---|---|---|---|---|---|
| | | 总数 | 新雇佣人数 | 总数 | 辞职人数（Quits） | 辞职人数占退出人数的比例 | |
| 2000 | 1762559 | 240403 | 226471 | 237938 | 94127 | 39.56 | 5.34 |
| 2001 | 1772533 | 255570 | 242051 | 231921 | 89668 | 38.67 | 5.06 |
| 2002 | 1819107 | 290991 | 280311 | 222571 | 78417 | 35.23 | 4.31 |
| 2003 | 1848378 | 431120 | 257925 | 394189 | 82377 | 20.90 | 4.46 |
| 2004 | 1856441 | 246086 | 235969 | 235652 | 83688 | 35.51 | 4.51 |
| 2005 | 1860949 | 247584 | 234461 | 254989 | 91123 | 35.74 | 4.90 |
| 2006 | 1852825 | 249050 | 237086 | 248386 | 91643 | 36.90 | 4.95 |
| 2007 | 1862404 | 263997 | 241193 | 254952 | 90161 | 35.37 | 4.84 |
| 2008 | 1938821 | 319178 | 303520 | 247199 | 89870 | 36.36 | 4.64 |
| 2009 | 2038183 | 322969 | 309162 | 215730 | 74774 | 34.66 | 3.67 |
| 2010 | 2113210 | 305926 | 291862 | 231197 | 75261 | 32.55 | 3.56 |

续表

| 财政年度 | 公务员总数 | 进入人员（Accessions） | | 退出人员（Separations） | | | 辞职人数占公务员总数的比例 |
| | | 总数 | 新雇佣人数 | 总数 | 辞职人数（Quits） | 辞职人数占退出人数的比例 | |
|---|---|---|---|---|---|---|---|
| 2011 | 2130289 | 260829 | 240516 | 251395 | 76709 | 30.54 | 3.60 |
| 2012 | 2110221 | 218539 | 205834 | 241699 | 76248 | 31.53 | 3.61 |
| 2013 | 2067262 | 185130 | 173452 | 229257 | 73374 | 32.86 | 3.64 |
| 2014 | 2045707 | 205051 | 192350 | 224652 | 73001 | 32.5 | 3.57 |
| 2015 | 2071716 | 250972 | 233748 | 230871 | 73451 | 31.82 | 3.55 |
| 2016 | 2097038 | 260607 | 242022 | 234442 | 76851 | 32.78 | 3.66 |
| 2017 | 2087747 | 228698 | 215126 | 227761 | 79315 | 34.82 | 3.80 |
| 2018 | 2100802 | 257364 | 242138 | 235787 | 80444 | 34.12 | 3.83 |

资料来源：依据美国人事管理办公室网站（http://www.fedscope.opm.gov）提供的数据整理。

## 六 深入研究公务员去职现象中的突出问题

在调研中我们发现了公务员去职现象中的一些突出问题。

一是法院系统及基层业务能力较强的公务员流动太快。某县法院的统计显示，该法院近3年来，有1人去职，另有1人正在申请去职，去职现象并不严重。然而，2003年以来招录的51名公务员中，截至2015年5月12日，有23人通过组织调动、考试选调、去职等方式离开县法院，离职率达到45%。2003~2010年招录的30人中，仅有7人还在该法院工作，77%的骨干力量离开了该法院。法院的工作人员只剩下上了年纪、专业基础较为薄弱的老法官，或者刚入职、办案经验不足的新法官，每一个法庭仅仅能保证一名经验相对丰富、已经结婚、家在本地的法官。对于公务员管理体系而言，公务员在系统内部的正常调动并不算去职，然而，对于具体的单位而言，各种形式的职员离开实质上均是离职行为，都会给单位具体工作造成影响。

　　二是偏远县市很难招到和留住所需人才。西部地区一个民族县招录公务员，所有程序均完成，新录用公务员到县里报到，看见该县太偏僻，交通太滞后，第二天早上就不辞而别。偏远基层单位招人难、留人更难成了普遍现象。

　　三是同时出现公务员缺员和超员的怪象。由于基层单位年轻的公务员多流向高层公务员机构，就会在公务员总数不变的情况下，出现有的部门缺人，而有的部门臃肿、人浮于事的现象。

　　这些问题有的与去职有很大关系，有的是公务员人事管理的系统性问题，需要进行专题研究，从而提出针对性对策。

# 参考文献

## （一）中文文献

包国宪、任怡、马佳铮：《公务员绩效管理中的激励问题研究》，《兰州大学学报》2010年第3期。

《北京80后公务员生存状态：压力大但"离职"只是一种"抱怨"》，《中国青年报》，http：//news. xinhuanet. com/fortune/2015 - 02/12/c_127486249. htm，2015-02-12。

毕重增、黄希庭：《中学教师成就动机、离职意向与倦怠的关系》，《心理科学》2005年第1期。

才国伟、刘剑雄：《归因、自主权与工作满意度》，《管理世界》2013年第1期。

陈鑫：《公务员心理健康"求关注"》，《健康时报》2015年2月。

陈云良：《儒家伦理与法治精神》，《中国法学》2000年第5期。

陈振明、林亚清：《政府部门领导关系型行为影响下属变革型组织公民行为吗？——公共服务动机的中介作用和组织支持感的调节作用》，《公共管理学报》2016第1期。

陈忠卫、田素芹、汪金龙：《工作家庭冲突双向性与离职倾向关系研究》，《软科学》2014年第8期。

崔鹏：《党报称潜规则破坏社会公平 民众因无权无势焦虑》，《人民日报》2011年8月11日，第18版。

〔英〕德里克·托林顿、劳尔·霍尔、史蒂芬·泰勒：《人力资源管理》（第6版），邵剑兵等译，经济管理出版社，2008。

杜文戈：《解决公务员辞职养老保险有利于精兵简政》，《民主与法制时报》2010 年 1 月 25 日。

费孝通：《乡土中国·生育制度》，北京大学出版社，1998。

高光宇：《完善辞职辞退制度 建立公务员正常退出机制》，《中国人才》2009 年第 17 期。

高国舫：《党政干部淘汰机制研究》，中共中央党校出版社，2005。

葛蕾蕾：《变革型领导对公务员工作态度的影响——公共服务动机的中介效应研究》，《烟台大学学报》（哲学社会科学版）2016 年 3 月 9 日。

耿怡君、谢媛、陈熙：《存在离职意向的公务员的工作压力分析——基于需求层次理论视角》，《改革与开放》2017 年第 4 期。

《公务员职务与职级并行规定》，2019 年 3 月 27 日中共中央办公厅印发。

龚雨玲：《武警基层干部工作压力、应对方式与工作倦怠的关系》，《中国临床心理学杂志》2015 年第 4 期。

郭钟泽、谢宝国、程延园：《如何提升知识型员工的工作投入？——基于资源保存理论与社会交换理论的双重视角》，《经济管理》2016 年第 2 期。

国务院：《国务院关于机关事业单位工作人员养老保险制度改革的决定》（国发〔2015〕2 号），2015 年 1 月 14 日。

何琪：《绩效管理：走出绩效考核的困境》，《上海行政学院学报》2007 年第 1 期。

贺寨平：《国外社会支持网研究综述》，《国外社会科学》2001 年第 1 期。

衡霞：《公务员绩效考核的基础理论研究》，《理论界》2007 年第 5 期。

侯典牧、刘翔平：《气质性情感对工作满意度及组织公民行为的影响》，《管理评论》2009 年第 9 期。

胡大伟：《公务员离职"旋转门"的法律防火墙：价值衡量与规制重塑》，《探索》2017 年第 1 期。

胡永平：《数字解读全面从严治党五年反腐"成绩单"》，中国网，2017 年 10 月 19 日，http://www.china.com.cn/19da/2017-10/19/content

_41758950. htm。

黄海艳、陈莉莎：《地市级审计人员的工作压力与绩效的关系研究》，《中国行政管理》，2015 年 12 期。

黄仁宗：《"辞官下海"的制度分析》，《决策咨询》2001 年第 10 期。

姜明安：《政府官员"下海"的是非评说》，《法制资讯》2008 年第 Z1 期。

蒋桂斌：《辞职公务员养老保险官司开庭》，《北京晨报》2005 年 10 月 25 日。

荆门市博物馆编《郭店楚墓竹简》，文物出版社，1998。

阚文琦：《1980 年代以来的公务员离职潮》，《中国青年报》，2015 年 4 月 3 日，http：//zqb. cyol. com/html/2015 - 04/03/nw. D110000zgqnb _ 20150403_3-05. htm。

康淼、乌梦达、姜刚、杨玉华、刘巍巍、陈寂、张逸之：《基层公务员辞职原因调查：有三大原因、分三种类型》，《瞭望新闻周刊》2015 年 6 月。

孔大伟：《离职潮来了》，中国警察网-人民公安，2015 年 11 月 12 日，http：//news. cpd. com. cn/n19016/n47141/c31013273/content. html。

孔靓：《官员"下海"与我国公务员退出机制的完善》，《党政干部论坛》2004 年第 12 期。

李浩：《法官离职问题研究》，《法治现代化研究》2018 年第 3 期。

李珲、丁刚：《专业雇员职业成长与离职意愿：组织-专业冲突的调节作用》，《现代财经》《天津财经大学学报》2014 第 2 期。

李金：《新世纪推行公务员辞职辞退制度的挑战与创新》，《科技进步与对策》2004 年第 5 期。

李俊昊：《绩效评估公平与 guanxi 运作对工作满意度、组织公民行为的影响及评估接受性、野心、guanxi 流行的中介效果——基于国有企业的研究》，博士学位论文，中国人民大学，2013。

李强：《流动农民社会支持网探析》，《社会学研究》2010 年第 2 期。

李强：《社会支持与个体心理健康》，《天津社会科学》1998 年第 1 期。

李宪印、杨博旭、姜丽萍、左文超、张宝芳：《职业生涯早期员工的工作满意度、组织承诺与离职倾向关系研究》，《中国软科学》2018年第1期。

李晓玉、高冬东、高峰：《党政干部工作倦怠、离职意向、自我效能感、工作绩效关系研究》，《中国健康心理学杂志》2007年第7期。

李昕、张明明：《SPSS22.0统计分析从入门到精通》，电子工业出版社，2015。

李雪卿：《我国国家公务员辞职辞退制度存在的问题及对策分析》，《云南行政学院学报》2004年第2期。

李永康、夏训杰：《公务员工作满意度、晋升机会、工作压力、积极情感对去职意向的影响实证研究》，中国人力资源开发年会论文，2016年。

李永康：《公务员激励机制研究——从公务员满意度调查看公务员激励》，硕士学位论文，云南大学，2005。

李永康：《我国公务员辞职趋势分析》，第五届全国公共部门人力资源管理研讨会，2016。

李永康：《中国公务员辞职及其管理研究》，博士学位论文，中国人民大学，2013。

林崇德：《心理学大辞典》，上海教育出版社，2003。

林琼、熊节春：《公共服务动机对公务员工作倦怠的影响》，《江西社会科学》2018年第5期。

刘俊生：《公共人事制度》，中国人民大学出版社，2009。

刘俊生：《中国人事制度概要》，清华大学出版社，2009。

刘星、谢亚乔、易舒冉：《公务员辞职潮来了吗：离开体制还能干啥?》，《中国青年报》2015年4月3日，第5版。

龙太江、博岚岚：《公务员辞职后的利益冲突问题》，《探索与争鸣》2007年第6期。

卢丹：《中国公务员退出机制研究》，博士学位论文，中国人民大学，2011。

罗玲、王娟茹：《回任人员职业成长、情感承诺与知识转移的关系》，

《经济管理》2016 年第 11 期。

骆立骞：《广东省公务员辞职、辞退、开除状况进行调查》，《探求》2006 年第 5 期。

马翠翠：《"大数据"背景下的公务员绩效考核体系探析》，《现代商业》2016 年第 5 期。

马爽、王晨曦、胡婧、张西超：《地税基层公务员工作压力与工作满意度、离职意向的关系：心理资本的调节作用》，《中国临床心理学杂志》2015 年第 2 期。

马岩、冷秀华：《纳税服务人员公共服务动机对工作满意度的影响：情绪劳动的中介作用》，《税务研究》2018 年第 1 期。

马玉凤、王涛：《情绪劳动对服务业员工都是一样的吗？—消极情感和社会技能的调节作用》，《经济管理》2011 年第 5 期。

毛万磊、郑栋、陈玉龙：《公共服务动机对基层公务人员工作满意度的影响研究：基于山东问卷调查的实证分析》，《山东行政学院学报》2017 年第 4 期。

梅继霞：《我国公务员薪酬制度的公平性问题》，《中国人力资源开发》2007 年第 7 期。

门新国：《走了一个圈》，《时代人物周报》2005 年 8 月 8 日。

苗元江、冯骥：《工作幸福感慨观》，《经济管理》2009 年第 10 期。

倪春青、武博：《公务员多元化激励路径研究——以曾国藩用人激励为例》，《江苏社会科学》2013 年第 1 期。

青平、施丹、聂坪：《工作嵌入对大学生"村官"离职意向研究——以工作价值观为调节变量》，《农业技术经济》2012 年第 4 期。

邱茜：《公务员公共服务动机对组织公民行为的影响——基于山东省 17 地市的实证研究》，《中国行政管理》2017 年第 6 期。

荣泰生：《AMOS 与研究方法》（第 2 版），重庆大学出版社，2010。

舒锋：《公务员辞职给补偿是赎买权力》，《检察日报》2008 年 6 月 11 日，第 6 版。

宋斌、鲍静、谢昕：《政府部门人力资源开发》，清华大学出版社，2005。

宋德福：《八年人事制度改革行》，中国人事出版社，2000。

宋佳萌、范会勇：《社会支持与主观幸福感关系的元分析》，《心理科学进展》2013 年第 8 期。

宋林飞：《西方社会学理论》，南京大学出版社，1997。

邵思翊：《浙江杭州公务员辞职人数逐年递增 去年 103 人离职》，新华网，2015 年 5 月 7 日，https：//china.huanqiu.com/article/9CaKrnJKIM0。

谭新雨、刘帮成、汪艳霞：《激励－贡献导向下心理契约差异对公务员离职倾向的影响：基于公共服务动机和变革态度的综合分析》，《公共管理学报》2017 年第 4 期。

谭新雨、汪艳：《公共服务动机视角下服务型领导对公务员建言行为的影响》，《软科学》2017 年第 8 期。

唐凤平、单玉香、雷金美：《聘用制护士工作价值观与离职倾向的研究》，《吉林医学院学报》2014 年第 4 期。

唐静：《论中国公务员辞职、辞退制度》，《四川行政学院学报》2001 年第 3 期。

田辉：《组织公平、组织承诺与离职倾向关系研究》，《学习与探索》2014 年第 2 期。

王宝林：《建立国家公务员离职审计制度初探》，《中国审计信息与方法》1994 年第 3 期。

王凤菊、李楠、张国莉：《护士工作嵌入与离职意愿的相关性研究》，《护理学》2014 年第 3 期。

王红茹：《我国公务员总数首披露：截至 2015 年底共有 716.7 万人》，《中国经济周刊》2016 年第 24 期。

王梅：《试析公务员绩效考核中若干问题——以 Y 市 X 区为例》，《管理观察》2017 年第 23 期。

王若磊：《依规治党与依法治国的关系》，《法学研究》2016 年第 6 期。

王士红、顾远东：《国家审计人员心理契约、工作满意度与知识共享行为》，《审计研究》2015 年第 1 期。

王文俊：《女性公务员工作满意度、组织承诺与离职倾向的关系研究》,《领导科学》2016 年第 23 期。

王颖、倪超、刘秋燕:《中国公务员职业倦怠的产生过程:社会支持与应对方式的调节效应》,《中国行政管理》2015 年第 4 期。

王颖、王笑宇:《中国公务员的职场去留动机:职业承诺及其影响因素研究》,《中国行政管理》2016 年第 5 期。

王玉峰、乔美秀:《职业延迟满足对员工过劳的影响研究——职业成长机会的调节作用》,《西部论坛》2018 年第 1 期。

魏英杰:《公务员辞职无须过度解读》,《钱江晚报》2015 年 5 月 11 日。

温忠麟、叶宝娟:《中介效应分析:方法和模型的发展》,《心理科学进展》2014 年第 5 期。

翁清雄、席西民:《职业成长与离职倾向:职业承诺与感知机会的调节作用》,《南开管理评论》2010 年第 2 期。

翁清雄、杨惠、曹先霞:《科研人员职业成长、工作投入与工作绩效的关系》,《科研管理》2017 年第 6 期。

吴国强、郭亚宁、黄杰、鲍旭辉、李越:《挑战性-阻碍性压力源对工作投入和工作倦怠的影响:应对策略的中介作用》,《心理与行为研究》2017 年第 6 期。

吴兢、白龙:《公务员辞职下海:政府鼓励还是中立?》,《人民日报》2008 年 7 月 2 日。

吴明隆:《结构方程模型——AMOS 的操作与应用》(第 2 版),重庆出版社,2010。

吴琼恩等:《公共人力资源管理》,北京大学出版社,2006。

吴主惠:《汉民族的个性》,《港台及海外学者论中国文化》,上海人民出版社,1988。

武博:《当代中国人才流动》,人民出版社,2005。

项凯标、颜锐、蒋小仙:《职业成长、组织承诺与工作绩效:机理和路径》,《财经问题研究》2017 年第 12 期。

熊剪梅:《公务员辞职属正常人才流动》,《中国纪检监察报》2015 年 4 月 27 日。

徐辉：《青年公务员职业价值取向对离职倾向影响研究：基于不同工龄群体的回归方程解析》，《中国行政管理》2017年第1期。

杨东涛、宋联可、魏江茹：《中国情景下员工离职意向影响因素实证研究》，《河南社会科学》2007年第4期。

杨明、张璐：《徐刚：辞官八年谈下海》，《瞭望东方周刊》2010年第29期。

杨平、孟天广：《青年公务员价值观的共识与差异研究》，《中国青年研究》2014年第6期。

叶必丰：《"辞官下海"与廉政监控》，《政治与法律》2004年第4期。

叶仁荪、倪昌红、廖列法：《领导信任、群体心理安全感与群体离职——基于群体互动视角的分析》，《经济管理》2016年第5期。

叶仁荪、王玉芹、林泽炎：《工作满意度、组织承诺对国企员工离职影响的实证研究》，《管理世界》2005年第3期。

殷彩桥、吴开松：《政府组织中核心公务员的保持性研究》，《湖北经济学院学报》（人文社会科学版）2008年第6期。

尹俊、王辉、刘斌：《员工情感状态与工作满意度对工作绩效的影响：领导-部属交换的调节作用》，《商业研究》2013年第6期。

袁建伟：《邓小平在干部能上能下问题上的贡献》，《中国组织人事报》2015年8月11日。

袁庆宏、丁刚、李珲：《知识型员工职业成长与离职意愿——组织认同和专业认同的调节作用》，《科学学与科学技术管理》2014年第1期。

曾垂凯：《情感承诺对LMX与员工离职意向关系的影响》，《管理评论》2012年第11期。

张富强：《基于三个维度的政府管理人才流出行为及原因剖析》，《价值工程》2012年第27期。

张剑、董荔、田一凡：《促进还是阻碍：情感对员工创造性绩效的影响》，《心理科学进展》2010年第6期。

张伶、张大伟：《工作—家庭冲突研究：国际进展与展望》，《南开管理评论》2006年第4期。

张梦园、陈萍、李苏蓉、王明辉：《社会支持在监狱警察工作家庭冲突与离职倾向中的作用》，《心理研究》2017 年第 1 期。

张勉、张德、李树茁：《IT 企业技术员工离职意图路径模型实证研究》，《南开管理评论》2003 年第 4 期。

张勉、张德：《国外雇员主动离职模型研究新进展》，《外国经济与管理》2003 年第 9 期。

张勉、张德：《企业雇员离职意向的影响因素：对一些新变量的量化研究》，《管理评论》2007 年第 4 期。

张勉：《企业雇员离职意向模型的研究与应用》，清华大学出版社，2006。

张敏：《前瞻性人格与大学生创业胜任力的实验研究——时间压力的调节作用分析》，《实验室研究与探索》2012 年第 8 期。

张伟：《青年人才流动与辞职权》，《上海青少年研究》1984 年第 12 期。

张小玲、郭锐川、刘颖、李亚坤：《公务员，深圳拿什么留住你?》，《南方都市报》2016 年 2 月 1 日。

张小鑫、李明泽：《论我省公务员绩效考核存在的问题及改进对策》，《中国管理信息化》2017 年第 1 期。

张燕：《商务部 2014 年至 2016 年辞职人数最多，他们去哪了?》，《中国经济周刊》2018 年 8 月 12 日。

章敬平：《权变：从官员下海到商人从政》，浙江人民出版社，2004。

赵鹏：《人社部否认出现公务员离职潮》，《京华时报》2015 年 4 月 25 日。

赵西萍、丁文森、吕辉：《员工离职倾向影响因素的多变量分析》，《中国软科学》2010 年第 3 期。

赵西萍、刘玲、张长征：《员工离职倾向影响因素的多变量分析》，《中国软科学》2003 年第 3 期。

赵勇、刘业政、陈刚、孙祥：《积极情感、消极情感和薪酬满意度的关系实证研究》，《科学学与科学技术管理》2006 年第 7 期。

中共中央组织部研究室（政策法规局）编写《干部人事制度改革》，

中国方正出版社，2004。

《中华人民共和国公务员法》，2018 年 12 月 29 日第十三届全国人民代表大会常务委员会第七次会议修订。

周庆行、吴新中：《新一轮"官员下海"析》，《党政论坛》2005 年第 2 期。

周霞：《职业成长与员工敬业度——基于组织承诺的中介作用》，《软科学》2015 年第 1 期。

周小虎、马丽：《企业社会资本、文化取向与离职意愿——基于本土化心理学视角的实证研究》，《管理世界》2008 年第 6 期。

朱春奎、吴辰：《公共服务动机对工作满意度的影响研究》，《公共行政评论》2012 年第 1 期。

## （二）英文文献

Adams, J. S., "Inequity in Social Exchange," in Berkowitz, L., eds., *Advances in Experimental Social Psychology* (New York: Academic Press, 1965).

Adams, J. S., "Toward an Understanding of Inequity," *Journal of Abnormal and Social Psychology* 67 (1963).

Arthur, J. B., "Effects of Human Resource Systems on Manufacturing Performance and Turnover," *Academy of Management Journal* 37 (1994).

Balfour, D. L., Wechsler, B., "Organizational Commitment," *Public Productivity & Management Review* 19 (1996).

Barak, M. E. M., Nissly, J. A., Levin, A., "Antecedents to Retention and Turnover among Child Welfare, Social Work, and Other Human Service Employees: What Can We Learn from Past Research? A Review and Metaanalysis," *Social Science Review* 75 (2001).

Becker, G. S., *Human capital* (New York: Columbia University Press, 1964).

Bedeian, A. G., Armenakis, A. A., "A Path-Analytic Study of the Consequences of Role Conflict and Ambiguity," *Academy of Management Journal* 24 (1981).

Bertelli, A. M., "Bureaucratic Turnover and Democratic Governance: Evidence from the U. S. Internal Revenue Service," *Journal of Public Administration Research and Theory* 17 (2007).

Bertelli, A. M., "Determinants of Bureaucratic Turnover Intention: Evidence from the Department of the Treasury," *Journal of Public Administration Research and Theory* 17 (2007).

Bertelli, A. M., Lewis, D. E., "Policy Influence, Agency-Specific Expertise, and Exit in the Federal Service," *Journal of Public Administration Research and Theory* 23 (2013).

Besich, J., "Job Embeddedness versus Traditional Models of Voluntary Turnover: A Test of Voluntary Turnover Prediction," *Unt Theses & Dissertations* 12 (2005).

Blau, F. D., Kahn, L. M., "Race and Sex Differences in Quits by Young Workers," *Industrial and Labor Relations Review* 34 (1981).

Blegen, M. A, Mueiler, C. W., Price, J. L., "Measurement of kinship Rgsponsibility for Organizational Research," *Journal of Applied Psychology* 73 (1988).

Bostrom, R. P., "Role Conflict and Ambiguity: Critical Variables in the User-Designer Relationship," in Awad, E. M., ed., *Proceedings of the Seventeenth Annual Computer Personnel Research Conference* (New York: Association for Computing Machinery Press, 1981).

Brayfield, A. H., Rothe, H. F., "An Index of Job Satisfation," *Journal of Applied Psychology* 35 (1951).

Breukelen, V. W., Vlist, R., Steensma, H., "Voluntary Employee Turnover Combining Variables from the Traditional Turnover Literature with the Theory of Planned Behavior," *Journal of Organizational Behavior* 25 (2004).

Bright, L., "Does Public Service Motivation Really Make a Difference on the Job Satisfaction and Turnover Intentions of Public Employees?" *American Review of Public Administration* 38 (2008).

Caillier, J. G., "I Want to Quit: A Closer Look at Factors That Contribute to the Turnover Intentions of State Government Employees," *State & Local Government Review* 43 (2011).

Camara, N. D., Dulewicz, V., Higgs, M., "Exploring the Relationship between Perceptions of Organizational Emotional Intelligence and Turnover Intentions amongst Employees: The Mediating Role of Organizational Commitment and Job Satisfaction," in Charmine Härtel, E. J., Zerbe, W. J., Ashkanasy, N. M., eds., *New Ways of Studying Emotions in Organizations* (Emerald Group Publishing Limited, 2015).

Campbell, J. W., Im, T., Jeong, J., "Internal Efficiency and Turnover Intention: Evidence From Local Government in South Korea," *Public Personnel Management* 43 (2014).

Carlson, D. S., Perrewé, P. L., "The Role of Social Support in the Stressor-Strain Relationship: An Examination of Work-Family Conflict," *Journal of Management* 25 (1999).

Carsten, J. M., Spector, P. E., "Unemployment, Job Satisfaction, and Employee Turnover: A Meta-Analytic Test of the Muchinsky Model," *Journal of Applied Psychology* 72 (1987).

Cheung, M. F. Y. et al., "Supervisor-Subordinator Guanxi and Employee Work Outcomes: The Mediating Role of Job Satisfaction," *Journal of Business Ethics* 88 (2009).

Cho, Y. J., Lewis, G. B., "Turnover Intention and Turnover Behavior: Implications for Retaining Federal Employees," *Review of Public Personnel Administration* 32 (2012).

Choi, Y. J., Chung, I. H. "Effects of Public Service Motivation on Turnover and Job Satisfaction in the U. S. Teacher Labor Market," *International Journal of Public Administration* 41 (2017).

Choi, S. J., "Diversity in the U. S. Federal Government: Diversity Management and Employee Turnover in Federal Agencies," *Journal of Public Administration Research and Theory* 19 (2009).

Cohen, S., Wills, T. A., "Stress, social support, and the buffering hypothesis," Psychological bulletin 98 (1985).

Collins, K. M., "Stress and Departures from Profession: A Study of Gender Differences," *Accounting Horizons* (1993).

Cordes, C. L., Dougherty, T. W., "A Review and an Integration of Research on Job Burnout," *Academy of Management Review* 18 (1993).

Cotton, J. L., Tuttle, J. M., "Employee Turnover: A Meta-analysis and Review with Implications for Research," *Academy of Management Review* 11 (1986).

Coursey, D., Rainey, H. G., "Perceptions of Personnel System Constraints in Public, Private, and Hybrid Organizations," Review of Public Personnel Administration 10 (1990) .

Cohen, S., "Stress, Social Support and the Buffering Hypothesis," *Psychological Bulletin* 98 (1985).

Dalton, D. R., Johnson, J. L., Daily, C. M., "On the Use of 'Internet to...' Variables in Organizational Research: An Empirical and Cautionary Assessment," *Human Relations* 52 (1999) .

Dehart, D. L., Marlowe, J., & Sanjay, P. K., "Gender dimensions of public service motivation," Public Administration Review 66 (2007): 873–887.

Denton, M. et al., "Job Stress and Job Dissatisfaction of Home Care Workers in the Context of Health Care Restructuring," *International Journal of Health Services Planning Administration Evaluation* 32 (2002).

Dong, C. S., Hyun, H. P., Tae, H. E., "Street-Level Bureaucrats, Turnover Intention: Does Public Service Motivation Matter?" *International Review of Administrative Sciences* 83 (2017).

Dougherty, T. W., Bluedorn, A. C., Keon, T. L., "Precursors of Employee Turnover: A Multiple-Sample Causal Analysis," Journal of Occupational Behaviour 6 (1985) .

Fogarty, T. J., Singh, J., Rhoads, G. K., Moore, R. K.,

"Antecedents and Consequences of Burnout in Accounting: beyond the Role Stress Model," *Behavioral Research in Accounting* 12 (2000).

Frey, B. S., Margit, O., eds., *Successful Management by Motivation—Balancing Intrinsic and Extrinsic Incentives* (Berlin, Germany: Springer Verlag, 2002).

Frey, B. S., *Not Just for the Money: An Economic Theory of Personal Motivation* (Cheltenham, UK: Edward Elgar, 1997).

Geys, B. et al., "Are Bureaucrats Paid like CEOs? Performance Compensation and Turnover of Top Civil Servants," *Journal of Public Economics* (2017).

Gilford, J. P., *Psychometric Methods* (New York: McGraw-Hill, 1954).

Palshikar, G. K. et al., "HiSPEED: A System for Mining Performance Appraisal Data and Text," *International Journal of Data Science and Analytics* 6 (2018).

Gouldner, A. W., *Patterns of Industrial Bureaucracy* (New York: Free Press, 1951).

Gray-Toft, P., Anderson, J. G., "Stress among Hospital Nursing Staff: Its Causes and Effects," *Social Science and Medicine* 15 (1981).

Griffeth, R. W., Hom, P. W., Gaertner, S., "A Meta-Analysis of Antecedents and Correlates of Employee Turnover: Update, Moderator Tests, and Research Implications for the Next Millennium," *Journal of Management* 26 (2000).

Griffeth, R. W., Hom, P. W., "A Comparison of Different Conceptualizations of Perceived Alternatives in Turnover Research," *Journal of Organizational Behavior* 9 (1988).

Hackman, J. R., Oldham, G. R., "Motivation through Design of Work: Test of a Theory," *Organizational Behavior and Human Performance* 16 (1976).

Halaby, C. N., "Worker Attachment and Workplace Authority," *Americans Sociological Review* 51 (1986).

Hobfoll, S. E., "The Influence of Culture, Community, and the Nested-Self in the Stress Process: Advancing Conservation of Resources Theory," *Applied Psychology* 50 (2001).

Hom, P. W., Griffeth, R. W., Sellaro, C. L., "The Validity of Mobley's Model of Employee Turnover," *Organizational Behavior and Human Performance* 34 (1984).

Hom, P. W., Griffeth, R. W., *Employee Turnover* (Cincinnati: Southwestern College Publishing, 1995).

Homans, G. C., *Social Behavior* (New York: Harcourt, Brace, 1961).

House, J. S., *Work Stress and Social Support* (MA: Addison-Wesley, 1981).

House, J. S., *Occupational Stress and the Mental and Physical Health of Factory Workers* (Ann Arbor, Michigan: Survey Research Center, University of Michigan, 1980).

Huang, I. C., Chuang, C. H. J., Lin, H. C., "The Role of Burnout in the Relationship Between Perceptions of Organizational Politics and Turnover Intentions," *Public Personnel Management* 32 (2003).

Huffman, A. H., Casper, W. J., Payne, S. C., "How Does Spouse Career Support Relate to Employee Turnover? Work Interfering with Family and Job Satisfaction as Mediators," *Journal of Organizational Behavior* 2 (2014).

Iverson, R. D., Currivan, D. B., "Union Participation, Job Satisfaction, and Employee Turnover: An Event-History Analysis of the Exit-Voice Hypothesis," *Industrial Relations* 42 (2003).

Jackson, S. E., Schuler, R. S., "A Meta-Analysis and Conceptual Critique of Research on Role Ambi-Guity and Role Conflict in Work Settings," *Organizational Behavior and Human Decision Processes* 36 (1985).

Jackson, S. E., Schwab, R. L., Schuler, R. S., "Toward an Understanding of the Burnout Phenomenon," *Journal of Applied Psychology* 71 (1986).

Jackson, S. E., Turner, J. A., Brief, A. P., "Correlates of Burnout

Among Public Service Lawyers," *Journal of Occupational Behavior* 8 (1987).

Janairo, E., *Technical Difficulties: Hiring and Keeping IT Employees in State Government* (Lexington, KY: Council of State Governments, 2000).

Jovanovic, B., "Firm Specific Capital and Turnover," *Journal of Political Economy* 87 (1979).

Jung, C., "Predicting Organizational Actual Turnover Rates in the U. S. Federal Government," *International Public Management Journal* 13 (2010).

Kanungo, R. N., "Measurement of Job and Work Involvement," *Journal of Applied Psychology* 67 (1982).

Kellough, J. E., Osuna, W., "Cross-Agency Comparisons of Quit Rates in the Federal Service: Another Look at the Evidence," *Review of Public Personnel Administration* 15 (1995) .

Kephas, O. B., "Effect of Performance Appraisal on Employee Productivity in the Ministry of Agriculture Homa Bay County, Kenya," *International Journal of Research in Soctal Science* 6 (2016).

Kim, M., "Where the Grass Is Greener: Voluntary Turnover and Wage Premiums," *Industrial Relations* 38 (1999).

Kim, S., "Factors Affecting State Government Information Technology Employee Turnover Intentions," *American Review of Public Administration* 35 (2005).

Kim, S., "Participative Management and Job Satisfaction: Lessons for Management Leadership," *Public Administration Review* 62 (2002).

Kim, S., "The Impact of Human Resource Management on State Government IT Employee Turnover Intentions," *Public Personnel Management* 2 (2012).

Kim, S. E., Lee, J. K., Is Mission Attachment an Effective Management Tool for Employee Retention? An Empirical Analysis of a Nonprot Human Service Agency (Paper Presented at the 8th Public Management Research Conference, Los Angeles, 2005).

Kim, S. W., Price, J. L., Mueller, C. W., Watson, T. W., "The Determinants of Career Intent among Physicians at a U. S. Air Force Hospital," *Human Relations* 7 (1996).

Kwon, K., Chung, K., Roh, H., Chadwick, C., and Lawler, J. J., "The Moderating Effects of Organizational Context on the Relationship between Voluntary Turnover and Organizational Performance: Evidence from Korea," *Human Resource Management* 51 (2012).

Lamberta, E. G. et al., "A Test of Turnover Intent Model," *Administration in Social Work* 36 (2012).

Lawler, E. E., *Pay and Organizational Effectiveness* (New York: McGraw-Hill, 1971).

Lee, G., Jimenez, B. S., "Does Performance Management Affect Job Turnover Intention in the Federal Government?" *The American Review of Public Administration* 41 (2011).

Lee, R. T., Ashforth, B. E., "A Meta-Analytic Examination of the Correlates of the Three Dimensions of Burnout," *Journal of Applied Psychology* 81 (1996).

Lee, S. Y., Hong, J. H., "Does Family-Friendly Policy Matter? Testing Its Impact on Turnover and Performance," *Public Administration Review* 71 (2011).

Lee, S. Y., Whitford, A. B., "Commitment, Voice, and the Intent to Leave: Evidence from the Public Workforce," *Journal of Public Administration Research and Theory* 18 (2008).

Lee, S. Y., Whitford, A. B., "Exit, Voice, Loyalty, and Pay: Evidence from the Public Workforce," *Journal of Public Administration Research and Theory* 18 (2008).

Leonard, J. S., "Carrots and Sticks: Pay, Supervision, and Turnover," *Journal of Labor Economics* 5 (1987).

Lewis, G. B., "Turnover and the Quiet Crisis in the Federal Civil Service," *Public Administration Review* 51 (1991).

Lewis, G. B., "Turnover, Hiring, and the Changing Face of the Federal Service," *Social Science Electronic Publishing* 7 (2010).

Lewis, G. B., Park, K., "Turnover Rates in Federal White-Collar Employment: Are Women More Likely to Quit Than Men?" *American Review of Public Administration* 18 (1989).

Li, Y. K., "Analysis of Reasons for Chinese Civil Servants Resigning from Office," International Integration for Regional Public Management of ICPM2014, August 2014.

Li, Y. K., "Analysis of Resignation Trend of Chinese Civil Servants," 2016 2nd International Conference on Social, Education and Management Engineering, 2016.

Li, Y. K., Ai, J., "An Empirical Analysis of the Impact of Psychological and Emotional States on Job Performance and Turnover Intention of Civil Servants," International Collaboration for Innovation Public Governance of ICPM 2018, September 2018.

Li, Y. K., Xie, H. J., Duan, Y. P., "Research on Issues Concerning Chinese Civil Servant Resignation Administration," Proceedings of the 2016 International Conference on Public Management, July 2016.

Lin, N., "Social Resources and Instrumental Action" *Sage Publications* 1 (1981).

Lincoln, J. R., Kalleberg, A. L., *Culture, Control, and Commitment: A study of Work Organization and Work Attitudes in the United States and Japan* (Cambridge, New York: Cambridge University Press, 1990).

Maertz, C. P., Griffeth, R. W., "Eight Motivational Forces and Voluntary Turnover: A Theoretical Synthesis with Implications," *Journal of Management* 30 (2004).

March, J. G., Simon, H. A., *Organizations* (New York: Wiley, 1958).

Maslach, C., Jackson, S. E., "Burnout in Organizational Settings," *Applied Psychological Annual* 5 (1984).

Mathieu, J. E., Farr, J. L., "Further Evidence for the Discriminant Validity of Mesures of Organization Commitment, Job Involvement and Job Satisfaction," *Journal of Applied Psychology* 76 (1991).

Meyer, J. P., Allen, N. J., "A Three-Component Conceptualization of Organizational Commitment," *Human Resource Management Review* 1 (1991).

Mill, S., "Motivating Your IT Staff," *Computing Canada* 20 (2001).

Miller, G. J., Whitford, A. B., "Trust and Incentives in Principal-Agent Negotiations: The Insurance-Incentive Trade-Off," *Journal of Theoretical Politics* 14 (2002).

Mobley, W. H., "Intermediate Linkages in the Relationship between Job Satisfaction and Employee Turnover," *Journal of Applied Psychology* 62 (1977).

Mobley, W. H., *Employee Turnover* (Reading: Addsion-Wesley, 1982).

Mobley, W. H., Griffeth, R. W., Hand, H. H., Meglino, B. M., "Review and Conceptual Analysis of the Employee Turnover Process," *Psychological Bulletin* 86 (1979).

Moore, J. E., "One Road to Turnover: An Examination of Work Exhaustion in Technology Professionals," *MIS Quarterly* 24 (2000).

Moriarty, A. R., Field, M. W., *Police Officer Selection*, Springfield (IL: Thomas, C. C., 1994).

Mortensen, D. T., "Job Search and Labor Market Analysis," in Ashenfelter, O., Layard, R., eds., *Handbook of Labor Economics* 3 (Amsterdam, The Netherlands: North Holland, 1986).

Mowday, R. T., Steers, R. M., Porter, L. W., "The Measurement of Organizational Commitment," *Journal of Vocational Behavior* 14 (1979).

Moynihan, D. P., Landuyt, N., "Explaining Turnover Intention in State Government: Examining the Roles of Gender, Life Cycle, and Loyalty," *Review of Public Personnel Administration* 28 (2008).

Moynihan, D. P., Pandey, S. K., "The Ties That Bind: Social Networks, Person Organization Value Fit, and Turnover Intention," *Journal of Public Administration Research and Theory* 18 (2008).

Moynihan, D. P., Pandey, S. K., " The Ties that Bind: Social Networks, Person-Organization Value Fit, and Turnover Intention," Journal of Public Administration Research and Theory 2 (2008) .

Murphy, W. H., Gorchels, " How to Improve Product Management Effectiveness," *Industrial Marketing Management* 25 (1996) .

Naff, K. C., Crum, J., " Working for America: Does Public Service Motivation Make a Difference?" *Review of Public Personnel Administration* 19 (1999).

National Academy of Public Administration, *The Transformation Power of Information Technology: Making the Federal Government an Employer of Choice for IT* Employees (Washington, DC: Author, 2001).

Netemeyer, R. G., Johnston, M. W., Burton, S., " Analysis of Role Conflict and Role Ambiguity in a Structural Equations Framework," *Journal of Applied Psychology* 75 (1990).

Ostroff, C., " The Relationship between Satisfaction, Attitudes, and Performance: An Organizational Level Analysis," *Journal of Applied Psychology* 77 (1992).

Parsons, D. O., " Models of Labor Market Turnover: A Theoretical and Empirical Survey," in Ehrenberg, R. G., ed., *Research in Labor Economics: An Annual Compilation of Research* (Greenwich, CT: JAL Press, 1977).

Parsons, D. O., " Quit Rates Over Time: A Search and Information Approach," *American Economic Review* 63 (1973).

Pencavel, J. H., *An Analysis of the Quit Rate in American Manufacturing Industry* (Princeton University Industrial Relation Section, 1970).

Perrow, C. A., " A Famework for the Comparative Analysis of Organizations," *American Sociological Review* 32 (1967).

Perry, J. L., Wise, L. R., " The Motivational Bases of Public Service," *Public Administration Review* 50 (1990).

Pines, A., Aronson, E., Kafry, D. B., *Burnout: From Tedium to*

241

*Personal Growth* (New York: The Free Press, 1981).

Podsakoff, N. P., LePine, J. A., Lepine, M. A., "Differential Challenge Stressor-hindrance Stressor Relationships with Job Attitudes, Turnover Intentions, Turnover, and Withdrawal Behavior: A Meta-analysis," *Journal of Applied Psychology* 92 (2007).

Porter, L. W., Steers, R. M., Mowday, R. T., Boulian, P. V., "Organizational Commitment, Job Satisfaction, and Turnover among Psychiatric Technicians," *Journal of Applied Psychology* 59 (1974).

Price, J. L., "Handbook of Organizational Measurement," *International Journal of Manpower* 18 (1997).

Price, J. L., "Reflections on the Determinants of Voluntary Turnover," *International of Journal Manpower* 22 (2001).

Price, J. L., Mueller, C. W., *Handbook of Organizational Measurement* (Scranton, PA: Harper Collins, 1986).

Pynes, J. E., *Human Resources Management for Public and Nonprofit Organizations* (San Francisco: Jossey-Bass, 2013).

Rizzo, J. R., House, R. J., Lirtzman, S. I., "Role Conflict and Ambiguity in Complex Organizations," *Administrative Science Quarterly* 15 (1970).

Rousseau, D., *Psychological Contracts in Organizations: Understanding Written and Unwritten Agreements* (CA: Sage, 1995).

Sanders, J. C., "Stress and Stress Management in Public Acounting," *CPA Journal* 8 (1995).

Schaufeli, W. B., Bakker, A. B., "Job Demands, Job Resources, and Their Relationship with Burnout and Engagement: A Multisample Study," *Journal of Organizational Behavior* 25 (2004).

Schuler, R. S., "Definition and Conceptualization of Stress in Organizations," *Organizational Behavior & Human Performance* 25 (1980).

Selden, S. C., Moynihan, D. P., "A Model of Voluntary Turnover in State Government," *Review of Public Personnel Administration* 4 (2000).

Selye, H., "Further Thoughts on 'Stress without Distress'," *Medical Times* 11 (1976).

Smith, C. B., "Influence of Internal Opportunity Structure and Sex of Worker on Turnover Patterns," *Administrative Science Quarterly* 24 (1979) .

Soonhee, K., "Factors Affecting State Government Information Technology Employee Turnover Intentions," *American Review of Public Administration* 35 (2005).

Steel, R. P., Griffeth, R. W., "The Elusive Relationship Between Perceived Employment Opportunity and Turnover Behavior: A Methodological or Conceptual Artifact?" *Journal of Applied Psychology* 74 (1989) .

Steel, R. P., Ovalle, N. K., "A Review and Meta-Analysis of Research on the Relationship between Behavioral Intentions and Employee Turnover," *Journal of Applied Psychology* 69 (1984).

Steers, R. M., Mowday, R. T., "Employee Turnover and Post-Decision Accommodation Process," *Research in Organizational Behavior* 3 (1981)

The Congress of the United States Congressional Budget Office, "Employee Turnover in the Federal Government," February 1986.

Utgoff, K. C., "Compensation Levels and Quit Rates in the Public Sector," *The Journal of Human Resources* 18 (1983).

Waeyenberg, T. V., Decramer, A., Desmidt, S., Audenaert, M., "The Relationship between Employee Performance Management and Civil Servants' Turnover Intentions: A Test of the Mediating Roles of System Satisfaction and Affective Commitment," *Public Management Review* 19 (2017).

Weiss, A., "Determinants of Quit Behavior," *Journal of Labor Economics* 3 (1984).

Whitford, A. B., Lee, S. Y., "Exit, Voice, and Loyalty with Multiple Exit Options: Evidence from the US Federal Workforce," *Journal of Public Administration Research and Theory* 25 (2015).

Wolpin, J., Burke, R. J., Greenglass, E. R., "Is Job Satisfaction an

Antecedent or a Consequence of Psychological Burnout?" *Human Relations* 44 (1991).

Wright, B. E., Davis, B. S., "Job Satisfaction in the Public Sector: The Role of the Work Environment," *American Review of Public Administration* 33 (2002).

Wright, B. E., Kim, S., "Participation's Influence on Job Satisfaction: The Importance of Job Characteristics," *Review of Public Personnel Administration* 24 (2004).

Wynant, W. B., lkwukananne, U., "The Relationship between HRM Practices and Turnover Intentions: A Study of Government and Employee Organizational Citizenship Behavior in the Virgin Islands," *Public Personnel Management* 1 (2014).

Yuan, T., "Determinants of Job Satisfaction of Federal Government Employees," *Public Personnel Management* 26 (1997).

# 致　谢

本研究系我在主持的国家社科基金一般项目"公务员去职行为实证研究"（编号：14BZZ055）结题总报告的基础上修改而成的。同时也是我对博士学位论文《中国公务员辞职及其管理研究》（已由社会科学文献出版社于 2020 年 6 月出版）的延伸研究，该书的主要不足是没有对公务员辞去公职（去职）现象进行规范的实证研究，本书的目的就是弥补这一研究不足。

在长期的研究过程中，得到太多单位、领导和团队成员的支持，在这里我要由衷地表示感谢！

第一，本书的研究方向仍然是对恩师朱立言教授指导的博士学位论文研究方向的延续，恩师在指导我们的博士学位论文时曾经说过："选好一个研究方向，够你研究一辈子，是你今后的'饭碗'"。特别感谢恩师的谆谆教导。如今我一直在践行恩师的教导，持续研究公务员辞职问题。特别是在申报国家社科基金西部项目"中国古代官吏去职管理研究——中国优秀传统文化梳理及对现代国家治理的启示"时再次得到了恩师的精心指导，这令我非常感动。我的硕士生导师段尔煜教授也一直在关注我的成长。祝福朱老师、段老师身体健康、晚年幸福！

第二，我要感谢我们的研究团队！薛博师兄在调研方面给予我大力支持，在本书访谈材料的整合和数据收集方面做出非常大的贡献；我的学生李博、艾军、田蕾、段榆萍、湛琼、夏训杰、桂雨晴、王红丽、刘文凯等在资料收集和整理、财务处理、阶段性研究报告等方面做出了贡献；徐望、蒙思羽、郭晓玉、刘威等在书稿校对中付出了辛勤汗水；我的同事甘开鹏教授、于洋航博士、杨振宇博士、姜科副研究员等在研究过程中给予我很多帮助。

第三，我要特别感谢中国人力资源开发研究会人才测评专业委员会和中国公共部门人力资源管理论坛这两个专业平台！自2017年起，我的参会论文作为本研究的阶段性成果，在两个会议上共六次被评为优秀论文，得到与会专家的肯定，坚定了我们团队做好研究的信心和决心！特别感谢萧鸣政会长、任文硕秘书长、刘旭涛、刘俊生、孙健、胡晓东、潘娜等专家的持续关注和鼓励！

第四，我要感谢在研究过程中帮助和支持过本研究的各个单位领导和调研访谈对象。在研究过程中我得到了导师段尔煜教授、云南大学崔运武教授、云南省公务员局的张增利副局长、云南省高院的田成友副院长、我的老领导晏雄教授、佛罗里达大学的汪莫教授、陕西师范大学的张宝山教授、清华大学的张勉教授的悉心指导。在调研过程中，我得到了很多单位和领导的支持，他们是中央和国家机关部分公务员朋友；云南省公务员局、昆明市官渡区、文山州麻栗坡县、德宏州芒市、红河州河口县、临沧市昌源县，贵州省人大的王志略处长、毕节市黔西县的公务员朋友，甘肃省兰州市国税局的朱志刚博士等的帮助，在此特别表示衷心的感谢！同时感谢在线调研中给予大力支持的认识和不认识的公务员朋友们！

第五，特别感谢国家社科基金一般项目"公务员去职行为实证研究"为本书的出版提供全额资助！感谢云南财经大学科研处和财政与公共管理学院历任领导和同事们的大力支持和帮助！感谢社会科学文献出版社经济与管理分社恽薇社长、贾立平编辑，她们为本书的编辑出版做了大量辛勤工作！感谢本书参考过的所有国内外经典文献的作者，是你们的前期研究为本书提供了坚实的基础！同时要真心感谢家人的陪伴和支持！妻子张小萍女士为本书的调研做了大量工作，并为我做好后勤保障工作，还给大女儿阳阳生了一个妹妹安安。

"公务员去职行为实证研究"项目的研究工作以本书的出版而暂时告一段落，尽管我们尽了最大努力，终因作者才疏学浅，留下诸多不足，希望得到广大读者的宽容和指教，为我们继续做好公务员辞职问题研究的第三个系列：国家社科基金西部项目"中国古代官吏去职管理研究——中国优秀传统文化梳理及对现代国家治理的启示"提供更多借鉴和帮助。

李永康

于昆明盘龙江畔

2021 年 7 月 22 日

# 附录一 公务员去职行为实证研究访谈提纲

本调查是应国家社会科学基金项目"公务员去职行为实证研究"（14BZZ055）和云南财经大学"引进人才"项目"公务员辞去公职的问题与对策研究——以云南为例"两个项目的需要进行的研究访谈，所有访谈资料仅供研究所用，为了保护个人隐私，研究报告中将对个人信息进行技术处理。

公务员去职行为是指公务员依法辞去公职的行为。去职后公务员可能流动到其他公务员机关、事业单位、企业或者自主创业。这一行为可能会对原党政部门产生一些正面或负面的影响。有效引导和管理这一现象对党政部门、国家和社会有着重要价值。

## 访谈问题：

1. 请帮忙提供近 3 年公务员去职现象的变化情况（见表 1 和表 2）。

2. 您认为公务员去职的原因有哪些？

3. 公务员去职对原单位有哪些影响？

4. 十八大以来的从严治吏措施对公务员去职有哪些影响？

5. 今年施行的公务员养老保险金制度替代过去的退休金制度会对公务员去职产生什么影响？

6. 您认为管理公务员去职现象的难点在哪里？有何良策？

7. 您认为公务员去职的趋势是什么？

负责人：

联系电话：

邮　　箱：

### 表1　公务员近3年公务员变动情况　　　　单位：人

| 年份 | 总人数 | 新录用 | 退休 | 辞职 | 辞退 | 开除 |
|------|--------|--------|------|------|------|------|
| 2012 | | | | | | |
| 2013 | | | | | | |
| 2014 | | | | | | |
| 2015 | | | | | | |
| | | | | | | |
| | | | | | | |

### 表2　近3年公务员辞职情况

| 姓名 | 年份 | 性别 | 工作单位 | 级别 | 学历 | 服务年限 | 去向 | 辞职原因 |
|------|------|------|----------|------|------|----------|------|----------|
| | | | | | | | | |
| | | | | | | | | |
| | | | | | | | | |
| | | | | | | | | |
| | | | | | | | | |
| | | | | | | | | |
| | | | | | | | | |
| | | | | | | | | |
| | | | | | | | | |
| | | | | | | | | |
| | | | | | | | | |
| | | | | | | | | |
| | | | | | | | | |
| | | | | | | | | |

（注：如姓名不便透露，可以用数字代替）

# 附录二　离职公务员职业满意度调查

Q1　您离职前是公务员吗？（在回复下相应的空格打钩）

| 答案选项 | 回复 |
|---|---|
| 是 | |
| 不是 | |

Q2　性别（在回复下相应的空格打钩）

| 答案选项 | 回复 |
|---|---|
| 男 | |
| 女 | |

Q3　您离职前的单位_____。

Q4　您离职前的行政职务和级别是（在回复下相应的空格打钩）

| 答案选项 | 回复 |
|---|---|
| 科级以下 | |
| 科级 | |
| 处级 | |
| 厅级及以上 | |

Q5　您在原单位工作了多久？（在回复下相应的空格打钩）

| 答案选项 | 回复 |
|---|---|
| 1 年及以内 | |
| 2~3 年 | |
| 3~5 年 | |
| 5~10 年 | |
| 10~15 年 | |
| 15~20 年 | |
| 20 年及以上 | |

Q6　请选择您对您离职前的工作在以下方面的感受。（在回纵横交叉的相应的空格打钩，比如对"工作任务"持"满意"，就在与"工作任务"对应的"满意"栏打钩）

| | 非常满意 | 满意 | 一般 | 不满意 | 非常不满意 |
|---|---|---|---|---|---|
| 工作任务 | | | | | |
| 培训发展项目 | | | | | |
| 晋升机会 | | | | | |
| 薪酬 | | | | | |
| 保险福利 | | | | | |
| 工作环境 | | | | | |
| 同事 | | | | | |
| 上司 | | | | | |
| 作为一份工作整体而言 | | | | | |

Q7　您为什么离开原来的单位（政府部门）？（多选）（在回复下相应的空格打钩）

| 答案选项 | 回复 |
|---|---|
| 福利 | |
| 更好的工作机会 | |

续表

| 答案选项 | 回复 |
| --- | --- |
| 与其他员工不和 | |
| 与领导不和 | |
| 家庭原因 | |
| 工作期望 | |
| 无挑战性 | |
| 薪酬 | |
| 个人原因 | |
| 搬家 | |
| 重返校园 | |
| 工作条件 | |
| 其他 | |

Q8　关于离开原单位，您考虑了多久？（在回复下相应的空格打钩）

| 答案选项 | 回复 |
| --- | --- |
| 1 个月及以下 | |
| 1 个月到 5 个月 | |
| 5 个月及以上 | |

Q9　您离职后的去向？（在回复下相应的空格打钩）

| 答案选项 | 回复 |
| --- | --- |
| 政府部门 | |
| 国有企业 | |
| 事业单位 | |
| 私企 | |
| 自己创业 | |
| 其他_____ | |

Q10　您认为您的同事是否也有离职的想法？（在回复下相应的空格打钩）

| 答案选项 | 回复情况 |
|---|---|
| 是 | |
| 否 | |
| 不清楚 | |

Q11　关于您离职前的工作/职位，您最喜欢的是哪一点？_____

_____

Q12　关于您离职前的工作/职位，您最不喜欢的是哪一点？_____

_____

Q13　为了改善您同事的工作环境，您会做什么？

_____

_____

_____

Q14　政府部门应该如何改进人力资源管理？

_____

_____

_____

Q15　您认为您的工作对于（原）单位是否重要？（在回复下相应的空格打钩）

| 答案选项 | 回复 |
|---|---|
| 非常重要 | |
| 多少有几分重要 | |
| 根本不重要 | |

Q16 你会如何将"公务员职业"作为一个工作的选择推荐给朋友？（在回复下相应的空格打钩）

| 答案选项 | 回复 |
| --- | --- |
| 非常好 | |
| 好 | |
| 一般 | |
| 差 | |

# 附录三  公务员生活质量调查问卷

问卷编号：＿＿＿＿＿＿＿＿＿＿　　　　调查时间：＿＿＿＿＿＿＿＿

调查地点：＿＿＿＿＿＿＿＿

**调查说明：**

　　本调查目的在于了解目前公务员职业生活质量状况以及各影响因素之间的相互关系，得出结论性的报告，并为公务员管理政策和措施的制定或完善提供依据。

　　各位公务员对自己在本单位中的职业生活质量的体验都是不完全相同的，因此您的回答对于本次调查的结果会产生影响。问卷回答的质量是至关重要的，请您根据问卷的的注意事项认真回答。

　　您对本问卷的所有回答都是严格保密的，分析的结果将是结论性质的报告，不会泄露任何公务员的个人回答。本次调查的结果不会用于任何形式的个人表现评价。

**请您在填写问卷前，阅读以下注意事项：**

　　1. 请按照问题的顺序回答，不要来回跳答。我们对有些问题中容易引起混淆的地方用黑体和下划线来提醒您。

　　2. 请您在问题的备选答案中，找出最符合您真实想法（情况）的答案，并在相应的数字下划"○"。个别问题需要您填写具体的数字。请您回答所有的问题。

　　3. 您在填写问卷的过程中有任何的疑问或感觉不清楚的地方，您可以致电：13518744394，或发电子邮件至：121651831@ qq. com 进行询问。

## 1. 基本情况（人口统计学的因素）

| 描述 | 选项 |
|---|---|
| A. 您的性别是？ | ①男　②女 |
| B. 您的民族是？ | ①汉族　　②少数民族 |
| C. 请问您的年龄是？ | 25 岁及以下　②26～30 岁　③31～40 岁④41～50 岁　⑤51 岁及以上 |
| D. 您是否是党员？ | ①共产党员　②民主党派党员　③群众 |
| E. 您的教育程度是？ | ①高中及以下　②大专　③本科　④硕士及以上 |
| F. 您在公共部门的工作年限是？ | ①5 年及以下　②6～10 年　③11～15 年　④16～20 年　⑤21 年及以上 |
| G. 您所在的部门是？ | ①公检法系统　②非公检法系统 |
| H. 您每天投入工作中的时间大概是几个小时？ | ①8 个小时以下　②8～10 个小时　③10～12 个小时　④12 个小时及以上 |
| I. 您的行政级别是？ | ①地厅级及以上（含巡视员）　②县处级（含调研员）　③科级　④科员　⑤其他 |
| J. 你的单位类别属于哪一类？ | ①中央机关　②省部级单位　③地厅级单位　④县处级单位　⑤乡镇级单位 |
| K. 您属于本单位的那一类工作人员？ | ①综合管理类　②行政执法类　③专业技术类　④其他（请注明：＿＿＿＿＿＿） |

## 2. 以下是公务员对工作可能有的看法，请根据您的真实想法选择答案。

| 请仔细阅读每一句话，看是否符合您的情况，并在相应的数字上划圈"○"。<br>"1"表示"非常不同意"这句话；"2"表示"不同意"；"3"表示"既不同意也不反对"；"4"表示"同意"；"5"表示"非常同意"。 | 非常不同意 | 不同意 | 既不同意也不反对 | 同意 | 非常同意 |
|---|---|---|---|---|---|
| A. 我对目前的工作感到相当满意。 | 1 | 2 | 3 | 4 | 5 |
| B. 我的工作相当无聊。 | 1 | 2 | 3 | 4 | 5 |
| C. 我在工作中找到了真正的乐趣。 | 1 | 2 | 3 | 4 | 5 |

续表

| 请仔细阅读每一句话，看是否符合您的情况，并在相应的数字上划圈"○"。<br>"1"表示"非常不同意"这句话；"2"表示"不同意"；"3"表示"既不同意也不反对"；"4"表示"同意"；"5"表示"非常同意"。 | 非常不同意 | 不同意 | 既不同意也不反对 | 同意 | 非常同意 |
|---|---|---|---|---|---|
| D. 我常常对我的工作感到厌烦。 | 1 | 2 | 3 | 4 | 5 |
| E. 大部分的时间里，我喜欢全神贯注于我的工作。 | 1 | 2 | 3 | 4 | 5 |
| F. 我全身心地投入我的工作中。 | 1 | 2 | 3 | 4 | 5 |
| G. 我常常感到目前的工作对我来说无关紧要。 | 1 | 2 | 3 | 4 | 5 |
| H. 我能够选择我完成工作的方式。 | 1 | 2 | 3 | 4 | 5 |
| I. 我能够调整我的工作目标。 | 1 | 2 | 3 | 4 | 5 |
| J. 我有机会干我拿手的事。 | 1 | 2 | 3 | 4 | 5 |
| K. 我的工作使我用上了自己的专业和能力。 | 1 | 2 | 3 | 4 | 5 |
| L. 我的工作内容丰富。 | 1 | 2 | 3 | 4 | 5 |
| M. 在我的工作中我有机会处理各种各样的事情。 | 1 | 2 | 3 | 4 | 5 |
| N. 我不清楚自己在工作中的职责。 | 1 | 2 | 3 | 4 | 5 |
| O. 我对自己在工作中被给予的期望很清楚。 | 1 | 2 | 3 | 4 | 5 |
| P. 不同的领导常常向我提出相互冲突的工作要求。 | 1 | 2 | 3 | 4 | 5 |
| Q. 不同的同事常常向我提出相互冲突的工作要求。 | 1 | 2 | 3 | 4 | 5 |
| R. 我的顶头上司向我提出的工作要求是前后一致的。 | 1 | 2 | 3 | 4 | 5 |
| S. 我有足够的时间完成每一项工作任务。 | 1 | 2 | 3 | 4 | 5 |
| T. 我的工作负荷不重。 | 1 | 2 | 3 | 4 | 5 |
| U. 我不得不非常快节奏地工作。 | 1 | 2 | 3 | 4 | 5 |
| V. 我难以得到我工作所需的供给。 | 1 | 2 | 3 | 4 | 5 |
| W. 我有足够的装备去工作。 | 1 | 2 | 3 | 4 | 5 |

3. 以下是关于公共服务动机方面的描述，请根据您的实际想法选择合适的选项。

| 请仔细阅读每一句话，看是否符合您的情况，并在相应的数字上划圈"○"。<br>"1"表示"非常不同意"这句话；"2"表示"不同意"；"3"表示"既不同意也不反对"；"4"表示"同意"；"5"表示"非常同意"。 | 非常不同意 | 不同意 | 不同意也不反对 | 同意 | 非常同意 |
|---|---|---|---|---|---|
| A. 我对制定有益于社会的公共规划或公共政策很有兴趣。 | 1 | 2 | 3 | 4 | 5 |
| B. 我喜欢与他人分享对公共政策的看法。 | 1 | 2 | 3 | 4 | 5 |
| C. 看到人们从公共政策或项目中受益，我会深感高兴。 | 1 | 2 | 3 | 4 | 5 |
| D. 我将公共服务视为自己应尽的公民义务。 | 1 | 2 | 3 | 4 | 5 |
| E. 有意义的公共服务对我来说很重要。 | 1 | 2 | 3 | 4 | 5 |
| F. 即使牺牲我的利益，我也愿意看到公职人员对社会做最有利的事情 | 1 | 2 | 3 | 4 | 5 |
| G. 当我看到处于灾难中的人们时，我很难控制自己的感情。 | 1 | 2 | 3 | 4 | 5 |
| H. 在日常生活事件中，我感到人们之间需要互相关心。 | 1 | 2 | 3 | 4 | 5 |
| I. 我同情社会上弱势群体的困境。 | 1 | 2 | 3 | 4 | 5 |
| J. 在我看来，爱国主义包括关心他人的福利。 | 1 | 2 | 3 | 4 | 5 |
| K. 为社会或他人服务使我感觉良好，即使没有任何报酬。 | 1 | 2 | 3 | 4 | 5 |
| L. 对我而言，为社会带来变化比获得个人成就更有意义。 | 1 | 2 | 3 | 4 | 5 |
| M. 我愿意为社会利益做出巨大牺牲。 | 1 | 2 | 3 | 4 | 5 |
| N. 我崇尚社会责任高于一切。 | 1 | 2 | 3 | 4 | 5 |

4. 以下是关于回报、公务员职业发展的描述，请根据您的真实想法选择答案。

| 请仔细阅读每一句话，看是否符合您的情况，并在相应的数字上划圈"○"。<br>"1"表示"非常不同意"这句话；"2"表示"不同意"；"3"表示"既不同意也不反对"；"4"表示"同意"；"5"表示"非常同意"。 | 非常<br>不同意 | 不同意 | 既不<br>同意<br>也不<br>反对 | 同意 | 非常<br>同意 |
|---|---|---|---|---|---|
| A. 就我对工作所付出的努力来说，我所得到的回报是公正的。（回报包括物质回报和精神回报） | 1 | 2 | 3 | 4 | 5 |
| B. 我们单位的评优很大程度上取决于与领导的关系。 | 1 | 2 | 3 | 4 | 5 |
| C. 就我承担的工作职责而言，我得到的回报是公正的。 | 1 | 2 | 3 | 4 | 5 |
| D. 在我们单位，员工有很好的晋升机会。 | 1 | 2 | 3 | 4 | 5 |
| E. 内部晋升的例子在我们单位并不多见。 | 1 | 2 | 3 | 4 | 5 |
| F. 我在单位不会再有晋升的机会了。 | 1 | 2 | 3 | 4 | 5 |
| G. 我愿意沿着目前的职业阶梯持续发展下去。 | 1 | 2 | 3 | 4 | 5 |
| H. 对我来说，把目前的工作作为我今后几年内的职业目标是不行的。 | 1 | 2 | 3 | 4 | 5 |
| I. 对我来说，目前的工作可以作为我今后几年内的事业。 | 1 | 2 | 3 | 4 | 5 |
| J. 本单位为我提供了跟上与工作有关的新动向的机会。 | 1 | 2 | 3 | 4 | 5 |
| K. 本单位没有为我提供学习新知识或提高专业技能的机会。 | 1 | 2 | 3 | 4 | 5 |
| L. 本单位为我提供了在工作上提高自我的机会。 | 1 | 2 | 3 | 4 | 5 |
| M. 我在工作中用到的技能和知识在其他的单位同样需要。 | 1 | 2 | 3 | 4 | 5 |
| N. 假如我离开目前的单位，我的工作技能和知识很难再用得上。 | 1 | 2 | 3 | 4 | 5 |
| O. 我大部分的工作技能和知识只对目前的单位有用。 | 1 | 2 | 3 | 4 | 5 |
| P. 我所在的单位有科学的绩效评估办法。 | 1 | 2 | 3 | 4 | 5 |
| Q. 当我出色完成一项工作后，我得到了应有的表彰。 | 1 | 2 | 3 | 4 | 5 |
| R. 我的上级过度容忍表现欠佳的员工。 | 1 | 2 | 3 | 4 | 5 |
| S. 单位正运用科学标准来反映绩效和效率。 | 1 | 2 | 3 | 4 | 5 |
| T. 本单位严格执行奖优罚劣的标准。 | 1 | 2 | 3 | 4 | 5 |

5. 您从单位得到的收入（包括工资、奖金、福利和其他所有物质收益）一年下来大致有多少？（单位：元）。如果您工作不到一年，请您估计您可能的年收入。

| | | |
|---|---|---|
| ［1］ ≤25000 | ［2］ 25001～35000 | ［3］ 35001～50000 |
| ［4］ 50001～60000 | ［5］ 60001～70000 | ［6］ 70001～80000 |
| ［7］ 80001～90000 | ［8］ 90001～100000 | ［9］ ≥100001 |

6. 与工作相关的人际关系包括很多方面，请您根据自己的真实情况选择答案。好朋友是指在本单位外关系密切的朋友；同事是指在单位中和你接触最多的人（顶头上司不包括在内）。如果您是单身，请跳过前两项描述，从第 C 项开始。

| 请仔细阅读每一句话，看是否符合您的情况，并在相应的数字上划圈"○"。<br>"1"表示"非常不同意"这句话；"2"表示"不同意"；"3"表示"既不同意也不反对"；"4"表示"同意"；"5"表示"非常同意"。 | 非常不同意 | 不同意 | 既不同意也不反对 | 同意 | 非常同意 |
|---|---|---|---|---|---|
| A. 我的配偶不太关心我的工作。 | 1 | 2 | 3 | 4 | 5 |
| B. 我的配偶支持我的工作。 | 1 | 2 | 3 | 4 | 5 |
| C. 我可以向我的好朋友讲述我在工作中遇到的问题。 | 1 | 2 | 3 | 4 | 5 |
| D. 我的好朋友愿意听我讲有关工作方面的问题。 | 1 | 2 | 3 | 4 | 5 |
| E. 通过我的个人关系，我可以办到其他许多同级员工在本单位中办不到的事情。 | 1 | 2 | 3 | 4 | 5 |
| F. 对于单位的一些重要决定，我可以在它们未被公布前比多数的同级员工先了解到。 | 1 | 2 | 3 | 4 | 5 |
| G. 当我在单位遇到麻烦时，我可以通过我的个人关系改善我的处境。 | 1 | 2 | 3 | 4 | 5 |
| H. 我至少和一个同事很要好。 | 1 | 2 | 3 | 4 | 5 |
| I. 我很少和同事谈论重要的个人问题。 | 1 | 2 | 3 | 4 | 5 |

| 请仔细阅读每一句话，看是否符合您的情况，并在相应的数字上划圈"〇"。<br>"1"表示"非常不同意"这句话；"2"表示"不同意"；"3"表示"既不同意也不反对"；"4"表示"同意"；"5"表示"非常同意"。 | 非常<br>不同意 | 不同意 | 既不<br>同意<br>也不<br>反对 | 同意 | 非常<br>同意 |
|---|---|---|---|---|---|
| J. 我对同事的个人情况几乎一无所知。 | 1 | 2 | 3 | 4 | 5 |
| K. 我的顶头上司愿意听我讲述与工作相关的问题。 | 1 | 2 | 3 | 4 | 5 |
| L. 我的顶头上司非常关心我的工作。 | 1 | 2 | 3 | 4 | 5 |
| M. 当我工作中遇到困难时，我得不到顶头上司的帮助。 | 1 | 2 | 3 | 4 | 5 |

7. 下面的描述反映了公务员对单位可能的看法，请根据您的真实想法回答。

| 请仔细阅读每一句话，并在相应的数字上划圈"〇"。"1"表示"非常不同意"；"2"表示"不同意"；"3"表示"不同意也不反对"；"4"表示"同意"；"5"表示"非常同意"。 | 非常<br>不同意 | 不同意 | 不同意<br>也不<br>反对 | 同意 | 非常<br>同意 |
|---|---|---|---|---|---|
| A. 我为我当初选择本单位而非其他单位而感到非常高兴。 | 1 | 2 | 3 | 4 | 5 |
| B. 我对我的朋友讲，本单位是个非常不错的工作单位。 | 1 | 2 | 3 | 4 | 5 |
| C. 我的确关心本单位的发展前途。 | 1 | 2 | 3 | 4 | 5 |
| D. 告诉别人我是本单位的一员，我感到骄傲。 | 1 | 2 | 3 | 4 | 5 |
| E. 我们单位在严格执行规章和制度方面没有付出多少努力。 | 1 | 2 | 3 | 4 | 5 |
| F. 在我们单位，没有人可以逃避规章和制度的约束。 | 1 | 2 | 3 | 4 | 5 |
| G. 我在本单位的经历比我想象中的好。 | 1 | 2 | 3 | 4 | 5 |
| H. 本单位和我刚进来时的期望相符。 | 1 | 2 | 3 | 4 | 5 |

| 请仔细阅读每一句话，并在相应的数字上划圈"○"。"1"表示"非常不同意"；"2"表示"不同意"；"3"表示"不同意也不反对"；"4"表示"同意"；"5"表示"非常同意"。 | 非常不同意 | 不同意 | 不同意也不反对 | 同意 | 非常同意 |
|---|---|---|---|---|---|
| I. 总的来说，我对本单位已经感到了失望。 | 1 | 2 | 3 | 4 | 5 |
| J. 我希望离开目前单位。 | 1 | 2 | 3 | 4 | 5 |
| K. 我打算在目前的工作单位中待尽可能长的时间。 | 1 | 2 | 3 | 4 | 5 |
| L. 一般情况下我不会主动离开目前的单位。 | 1 | 2 | 3 | 4 | 5 |
| M. 假如我继续待在本单位，我的前景可能不会更好。 | 1 | 2 | 3 | 4 | 5 |
| N. 我很少寻找其他就业机会的信息。 | 1 | 2 | 3 | 4 | 5 |
| O. 我寻找其他工作单位的可能性很小。 | 1 | 2 | 3 | 4 | 5 |
| P. 我经常去探询我所得知的其他就业信息。 | 1 | 2 | 3 | 4 | 5 |
| Q. 如果我现在从本单位离职，会有很大的个人损失（包括物质和精神损失）。 | 1 | 2 | 3 | 4 | 5 |
| R. 即使我有了合适的备选单位，真要离开本单位对我来说会是非常困难的。 | 1 | 2 | 3 | 4 | 5 |
| S. 假如我没有在本单位投入如此之多的话，我会考虑在其他单位工作。 | 1 | 2 | 3 | 4 | 5 |
| T. 我觉得老待在一个单位是不行的。 | 1 | 2 | 3 | 4 | 5 |
| U. 我倾向于通过换工作来增加自己的求职资历或阅历。 | 1 | 2 | 3 | 4 | 5 |
| V. 老在一个单位待着会让我感到腻味。 | 1 | 2 | 3 | 4 | 5 |
| W. 在本单位是否加薪和晋升是根据工作量的多少来定的。 | 1 | 2 | 3 | 4 | 5 |
| X. 在本单位是否能够晋升基本上是根据个人能力的大小。 | 1 | 2 | 3 | 4 | 5 |
| Y. 当前鼓励创业的政策使我想"下海"一显身手。 | 1 | 2 | 3 | 4 | 5 |
| Z. 当前的干部管理措施太严，让我觉得压力太大，有辞职的打算。 | 1 | 2 | 3 | 4 | 5 |

8. 以下是一项工作可能提供的不同机会，您觉得它们对您的重要程度如何？

| 请仔细阅读每一句话，看是否符合您的情况，并在相应的数字上划圈 "○"。<br>"1" 表示 "非常不重要" 这句话；"2" 表示 "不重要"；"3" 表示 "比较重要"；"4" 表示 "重要"；"5" 表示 "非常重要"。 | 非常不重要 | 不重要 | 比较重要 | 重要 | 非常重要 |
|---|---|---|---|---|---|
| A. 自主地工作 | 1 | 2 | 3 | 4 | 5 |
| B. 得到公正的回报 | 1 | 2 | 3 | 4 | 5 |
| C. 公平的规章制度 | 1 | 2 | 3 | 4 | 5 |
| D. 安全地工作 | 1 | 2 | 3 | 4 | 5 |
| E. 有足够用来干工作的资源 | 1 | 2 | 3 | 4 | 5 |
| F. 明确的工作职责 | 1 | 2 | 3 | 4 | 5 |
| G. 没有相互冲突的工作要求 | 1 | 2 | 3 | 4 | 5 |
| H. 工作负荷适当 | 1 | 2 | 3 | 4 | 5 |
| I. 有增长知识和技能等资历的机会 | 1 | 2 | 3 | 4 | 5 |
| J. 有在其他单位的工作机会 | 1 | 2 | 3 | 4 | 5 |
| K. 有机会和自己的家人待在一起 | 1 | 2 | 3 | 4 | 5 |
| L. 得到职位上的晋升 | 1 | 2 | 3 | 4 | 5 |
| M. 内容丰富的工作 | 1 | 2 | 3 | 4 | 5 |
| N. 顶头上司对工作的支持 | 1 | 2 | 3 | 4 | 5 |
| O. 同事对工作的支持 | 1 | 2 | 3 | 4 | 5 |
| P. 得到的收入高（包括工资、奖金、福利和其他所有物质收益） | 1 | 2 | 3 | 4 | 5 |

9. 下面描述反映了人们可能的感情和情绪，请您根据您的一般感觉选择能够恰当描述您个人平均状况下感情和情绪的答案。

| 请仔细阅读每一句话，看是否符合您的情况，并在相应的数字上划圈"〇"。<br>"1"表示"非常不同意"这句话；"2"表示"不同意"；"3"表示"既不同意也不反对"；"4"表示"同意"；"5"表示"非常同意"。 | 非常<br>不同意 | 不同意 | 不同意<br>也不<br>反对 | 同意 | 非常<br>同意 |
|---|---|---|---|---|---|
| A. 我的生活非常有趣 | 1 | 2 | 3 | 4 | 5 |
| B. 我总能找到方法来充实我的生活 | 1 | 2 | 3 | 4 | 5 |
| C. 我常被一些小事惹恼 | 1 | 2 | 3 | 4 | 5 |
| D. 我的情绪经常起伏不定 | 1 | 2 | 3 | 4 | 5 |
| E. 大部分的时间内，我有真正感到快乐的时候 | 1 | 2 | 3 | 4 | 5 |
| F. 很小的挫折有时会让我非常烦躁 | 1 | 2 | 3 | 4 | 5 |

10. 下面是关于家庭方面的情况，请您选择最符合您目前状况的一项。如果您是单身，请跳过 B、C 两项。

| 描述 | 选项 |
|---|---|
| A. 您目前的婚姻状况？ | ①已婚　②单身　③离婚或分居　④丧偶 |
| B. 您有孩子吗？ | ①有　②没有 |
| C. 您有未上学的孩子吗？ | ①有　②没有 |
| D. 您是不是家庭的主要经济来源？ | ①是　②不是　③不适用我的情况 |

11. 以下是当今社会中关注的 4 个生活目标。假如您可以安排您的生活，您觉得这 4 个目标对您的重要性如何？

| 请仔细阅读每一句话，并在相应的数字上划圈"〇"。"1"表示"非常不重要"；"2"表示"不重要"；"3"表示"比较重要"；"4"表示"重要"；"5"表示"非常重要"。 | 非常<br>不重要 | 不重要 | 比较<br>重要 | 重要 | 非常<br>重要 |
|---|---|---|---|---|---|
| A. 有一个成功的事业 | 1 | 2 | 3 | 4 | 5 |
| B. 做一个好丈夫/妻子 | 1 | 2 | 3 | 4 | 5 |
| C. 做一个好父亲/母亲 | 1 | 2 | 3 | 4 | 5 |
| D. 做一个好儿子/女儿 | 1 | 2 | 3 | 4 | 5 |

12. 以下是一项工作可能提供的不同机会，您觉得这些机会对您的难易程度如何？

| 请仔细阅读每一句话，并在相应的数字上划圈"○"。"1"表示"非常困难"；"2"表示"困难"；"3"表示"有些容易"；"4"表示"容易"；"5"表示"非常容易"。 | 非常困难 | 困难 | 有些容易 | 容易 | 非常容易 |
|---|---|---|---|---|---|
| A. 您在其他单位找到和您目前工作一样好的工作的容易程度如何？ | 1 | 2 | 3 | 4 | 5 |
| B. 您在其他单位找到比您目前工作好一些的工作的容易程度如何？ | 1 | 2 | 3 | 4 | 5 |
| C. 您在其他单位找到比您目前工作好得多的工作的容易程度如何？ | 1 | 2 | 3 | 4 | 5 |

您辛苦了！请检查一下问卷，对某些问题的回答看看有没有遗漏。

我们非常感谢您的合作，假如您还有更多的想法或对我们调查的评论，请在下面的空白处写出。

# 附录四　验证 Price-Mueller 模型
## 所使用的量表

作者在研究中最终采用的量表为（具体的测量项目包含在问卷中，其中带"R"的表示反向记分的项目）：

1. 工作满意度：Q2_A、Q2_B（R）、Q2_C、Q2_D（R）；

2. 公共服务动机：Q3_A、Q3_B、Q3_C、Q3_D、Q3_E、Q3_F、Q3_G、Q3_H、Q3_I、Q3_J、Q3_K、Q3_L、Q3_M、Q3_N；

3. 组织承诺：Q7_A、Q7_B、Q7_C、Q7_D；

4. 工作寻找行为：Q7_N（R）、Q7_O（R）、Q7_P；

5. 去职意向：Q7_J、Q7_K（R）、Q7_L（R）、Q7_M；

6. 政治经济形势：Q7_Y、Q7_Z；

7. 机会：Q12_A、Q12_B（R）、Q12_C；

8. 亲属责任：Q11_A、Q11_B、Q11_C、Q11_D；

9. 转换成本：Q7_Q、Q7_R、Q7_S；

10. 一般培训：Q4_M、Q4_N、Q4_O；

11. 退出倾向：Q7_T、Q7_U、Q7_V；

12. 工作参与度：Q2_E、Q2_F、Q2_G（R）；

13. 积极情感：Q9_A、Q9_B、Q9_E；

14. 消极情感：Q9_C、Q9_D、Q9_F；

15. 关系：Q6_E、Q6_F、Q6_G；

16. 工作自主权：Q2_H、Q2_I、Q2_J、Q2_K；

17. 分配公平性：Q4_A、Q4_B、Q4_C；

18. 过程公平性：Q7_E、Q7_F；

19. 角色模糊：Q2_N、Q2_O；

20. 角色冲突：Q2_P、Q2_Q；

21. 工作负荷：Q2_S、Q2_T、Q2_U；

22. 资源匮乏：Q2_V、Q2_W；

23. 薪酬：Q5；

24. 职业成长机会：Q4_J、Q4_K、Q4_L；

25. 绩效评估：Q4_P、Q4_Q、Q4_R、Q4_S、Q4_T；

26. 晋升机会：Q4_D、Q4_G、Q4_I；

27. 工作单调性：Q2_L（R）、Q2_M（R）；

28. 上司支持：Q6_K、Q6_L、Q6_M（R）；

29. 同事支持：Q6_H、Q6_I（R）、Q6_J（R）；

30. 配偶支持：Q6_A、Q6_B；

31. 朋友支持：Q6_C、Q6_D；

32. 结构化量表的价值观：Q8_A～Q8_P。

**图书在版编目(CIP)数据**

公务员去职行为与去职意向实证研究 / 李永康,薛
博著. -- 北京:社会科学文献出版社,2021.8
(新时代公共管理丛书)
ISBN 978-7-5201-8788-6

Ⅰ.①公… Ⅱ.①李…②薛… Ⅲ.①公务员-辞职
-研究-中国 Ⅳ.①D630.3

中国版本图书馆 CIP 数据核字(2021)第 157959 号

·新时代公共管理丛书·

公务员去职行为与去职意向实证研究

著　者 / 李永康　薛　博

出 版 人 / 王利民
组稿编辑 / 恽　薇
责任编辑 / 宋淑洁　贾立平
责任印制 / 王京美

出　　版 / 社会科学文献出版社·经济与管理分社(010)59367226
　　　　　　地址:北京市北三环中路甲 29 号院华龙大厦　邮编:100029
　　　　　　网址:www.ssap.com.cn
发　　行 / 市场营销中心(010)59367081　59367083
印　　装 / 三河市龙林印务有限公司

规　　格 / 开　本:787mm×1092mm　1/16
　　　　　　印　张:17.25　字　数:265 千字
版　　次 / 2021 年 8 月第 1 版　2021 年 8 月第 1 次印刷
书　　号 / ISBN 978-7-5201-8788-6
定　　价 / 138.00 元